普通高等学校
军事理论教程

主　编　李延荃

人民出版社

责任编辑　陈鹏鸣　白　珺

封面设计　杨　瑜

图书在版编目（CIP）数据

普通高等学校军事理论教程 / 李延荃主编. — 北京：人民出版社，2011
ISBN 978-7-01-010069-2

Ⅰ.① 普… Ⅱ.① 李… Ⅲ.① 军事理论—高等学校—教材　Ⅳ.① E0

中国版本图书馆 CIP 数据核字（2011）第 139288 号

普通高等学校军事理论教程
PUTONGGAODENGXUEXIAOJUNSHILILUNJIAOCHENG
主　编　李延荃

人民出版社出版发行
（北京市朝阳门内大街 166 号　邮政编码：100706）
网址：http://www.peoplepress.net

艺堂印刷（天津）有限公司印刷　新华书店总店北京发行所经销
2011 年 7 月第 1 版　2018 年 7 月第 8 次印刷
开本：787×960 毫米　1/16　印张：16.75
字数：286 千字

ISBN 978-7-01-010069-2　定价：26.00 元
购书电话：010-62960802

《普通高等学校军事理论教程》
编委会

主　编　李延荃
副主编　李　杰
编　者　(按姓氏笔画排序)

　　冯立新　许　鹏　李　杰

　　李　浩　李红锦　李延荃

　　陈　凯　陈　晨　张　晖

前　言

　　为了紧跟世界新军事变革的步伐，及时更新知识，我们在《普通高等学校军事理论课讲义》的基础上，结合教学实际，组织编写了本教材，作为大学军事理论教学的必备教材。

　　本教材严格按照新大纲设置的课程目标、课程体系和知识内容编写。在编写过程中，我们力求体现以下几点：

　　一是时代性。以科学发展观为指导，紧跟新世纪新阶段国防和军队建设发展，运用军队院校和科研机构的最新资料和研究成果，充分反映当前国内外军事发展的最新动态。

　　二是权威性。本教程的编写人员都是长期耕耘在军事教育训练第一线的教员、学者，既有很高的军事理论素养和丰富的教学经验，又对大学生国防教育的特点和规律有较为深入的研究，能够较好地把握大学生军事理论教学的需求。

　　三是通俗性。军事科学是一门抽象性、实践性较强的科学，其知识体系相对独立。我们力求用通俗简练的语言阐释军事理论知识，以便学生在较短的时间内了解和掌握军事基础。

　　四是适用性。本教材与教学实际结合紧密，针对性、适用性较强。此外，我们还以附录的形式，把军事技能训练的要领收入本教材，可供学生军训时参考。

　　本教程的编写得到了中国人民解放军学生军训工作办公室、国防大学信息作战与指挥训练教研部领导以及人民出版社大学教材中心编辑的大力支持和指导，并借鉴和参考了部分公开出版的军事理论专著、教材和论文，在此深表谢意！

　　由于编者水平有限，不足之处在所难免，敬请广大师生及其他读者批评指正。

编　者

目 录

导　言

依据《中华人民共和国国防法》、《中华人民共和国兵役法》、《中华人民共和国国防教育法》和《中国教育改革和发展纲要》等法律法规的有关规定，军事课（含军事理论教学和军事技能训练）作为大学生的必修课，列入普通高等学校的教学计划。2007 年教育部和总参谋部、总政治部重新颁发的《普通高等学校军事课教学大纲》规定："军事课程以国防教育为主线，以军事理论教学为重点，通过军事教学，使学生掌握基本军事理论与军事技能，增强国防观念和国家安全意识，强化爱国主义、集体主义观念，加强组织纪律性，促进综合素质的提高，为中国人民解放军训练储备合格后备兵员和培养预备役军官打下坚实基础。"

一、普通高等学校军事理论课的主要内容及教学目标

普通高等学校军事理论课主要介绍军事科学的一般知识，是对军事科学综合性、普及性教育。

军事科学是研究战争与战争指导规律的科学，它源于战争实践，并用于指导战争实践和国防、军队建设。军事科学是一个完整的知识体系，主要包括军事理论科学和军事技术科学两大组成部分。军事理论科学又可分为军事思想和军事学术两大门类，分别形成若干学科。军事思想包括战争观和战争与军事问题的方法论、战争指导思想、建军指导思想等。它的任务是揭示战争本质和基本规律，研究武装力量建设和使用的基本原则。军事学术是研究战争指导和军队建设规律与方法的各学科的统称，包括战略学、战役学、战术学、军队指挥学、军制学、军队政治工作学、军事后勤学、军事装备学、军事训练学。军事技术科学的研究对象，包括现代各种武器装备的研制、生产、使用和维修保养等技术，以及军事工程和军事系统工程等。

《普通高等学校军事课教学大纲》规定，军事理论课教学的主要内容包括：中国国防、军事思想、国际战略环境、军事高技术和信息化战争。

中国国防，主要介绍国防基本概念、国防历史、国防法规、国防建设和国防动员等知识。其教学目标是，了解我国国防历史和国防建设的现状及其发展趋势，熟悉国防法规和国防政策的基本内容，明确我军的性质、任务和军队建设指导思想，掌握国防建设和国防动员的主要内容，增强依法建设国防的观念。

军事思想，主要介绍军事思想的基本概念、形成与发展、体系与内容，毛泽东军事思想，邓小平新时期军队建设思想，江泽民国防和军队建设思想，胡锦涛关于国防和军队建设重要论述等知识。其教学目标是了解军事思想的形成与发展过程，熟悉我国现代军事思想的主要内容、地位作用及科学含义，树立科学的战争观和方法论。

国际战略环境，主要介绍战略环境基本理论，国际战略格局的现状、特点及发展趋势，我国周边安全环境的演变、现状及发展趋势，世界军事形势的发展及影响等知识。其教学目标是了解国际战略格局的现状、特点和发展趋势，正确认识我国周边安全环境的现状和安全策略，增强国家安全意识。

军事高技术，主要介绍军事高技术的概念、分类及对现代作战的影响，精确制导、隐身伪装、侦察监视、电子对抗、航天、指挥控制和新概念武器等高技术的发展及其在军事领域的运用，以及世界新军事变革等知识。其教学目标是了解军事高技术的内涵、分类、发展趋势及对现代战争的影响，熟悉高技术在军事上的应用范围，掌握高技术与新军事变革的关系，激发学习科学技术的热情。

信息化战争，主要介绍信息化战争的基本含义、主要特征与发展趋势，信息化战争与国防建设等知识。其教学目标是了解信息化战争的形成、发展趋势和与国防建设的关系，熟悉信息化战争的特征，树立打赢信息化战争的信心。

二、学习军事理论课的重要意义

战争，是人类历史上的特殊社会现象，与人类的生存与发展息息相关。中国古代兵圣孙武在《孙子兵法》开篇中即写道："兵者，国之大事，死生之地，存亡之道，不可不察也。"美国著名未来学家托夫勒在《未来的战争》一书扉页上引用了一句托洛茨基的话："也许你对战争毫无兴趣；但是，战争对你却兴趣正浓。"为了反对战争，制止战争，保卫国家和民族的安全与发展，维护国家的经济利益，每个公民都应该了解战争，学习和掌握一定的军事理论知识。这对承载着国家和民族未来发展希望的青年学生而言，更应如此！

（一）强化国防观念，增强责任意识

当今时代，军事的范围和内容不断拓展，军事与政治、经济、外交、教育和科学技术等领域的关系更加紧密，军事斗争从某种意义上说已上升为国家的综合国力竞争。综合国力的构成要素既包括军事、经济、科技等"硬"件因素，也包括国民素质和精神等"软"件因素。毫无疑问，国家的安全必须以一定的经济、军事实力为后盾，但还要有国民精神为基础。一定的经济、军事实力只有与国民的爱国热情、国防观念、责任意识结合起来，才能发挥出巨大的威力。

历史上有很多弱小国家因为同仇敌忾、团结御侮最终战胜强敌的事例，也有不少貌似强大的国家由于骄奢淫逸、疏于国防导致兵败亡国的例证。第一次世界大战中，法国面对占明显优势的德国，实行全国总动员，军民高呼"德国人不得通过"的口号，在凡尔登防线奋勇抗击，虽然牺牲了50多万人，但终于顶住了德国的进攻，保卫了国家的安全。然而，一战胜利后，法国国内和平主义盛行，忽视了对人民进行有效的国防教育，结果在第二次世界大战时，仅仅40天的时间就演出了一幕兵败国亡的悲剧。

大学生是国家和民族的未来，青年学生的国防观念和意识将关系到国家未来的安全与发展。通过军事理论课学习，进一步加深当代大学生对党、对祖国、对人民军队的感情，培养他们高度的爱国主义精神和责任意识，使他们明确个人在国家生活中的地位，确立为国家和民族尽职履责的使命感和责任感，增强国防观念和国家安全意识，提高民族凝聚力和向心力。这是功在千秋的伟业。

（二）认清国际形势，"居安思危"

我国早有"居安思危，思则有备，有备无患"的古训。这是历史经验的总结，是经过无数历史事实证明了的哲理。唐王朝建国初期，唐太宗李世民内修文德，外治武备，发展生产，奖励耕战，出现了"贞观之治"的盛景。然而到了唐玄宗天宝年间，唐玄宗在盛世中逐渐丧失了御敌卫国的观念，"听惯梨园歌管声，不知旌旗弓与箭"，因而导致"安史之乱"，强盛一时的大唐王朝由此

一蹶不振。

当前，国际形势正在发生着深刻而复杂的变化。经济全球化、世界多极化、社会信息化进程不可逆转，和平、发展、合作的时代潮流不可阻挡，但国际战略竞争和矛盾也在发展，全球性挑战更加突出，安全威胁的综合性、复杂性、多变性日益明显。国际战略力量失衡的局面在短期内不会改变；一些大国制定外层空间、网络和极地战略，发展全球快速打击手段，加速反导系统建设，增强网络战能力，企图抢占新的战略制高点；核扩散、意识形态较量、领土和边界纠纷、宗教纠纷、能源环境冲突等热点问题持续升温。

我国面临的安全挑战更加多元和复杂。西方敌对势力出于牵制和阻挠我国发展的战略意图，一面保持与我接触和合作，一面加大对我防范和遏制力度，千方百计给我制造各种麻烦和障碍，对我实施战略围堵；"台独"分裂势力及其分裂活动仍是两岸关系和平发展的最大障碍和威胁，两岸关系发展还面临不少复杂因素的制约；"东突"、"藏独"分裂势力对国家安全和社会稳定造成严重危害；维护国家领土主权、海洋权益压力增大；能源资源、金融、信息、自然灾害等非传统安全问题上升。与此同时，随着改革不断深化和经济结构调整不断推进，我国经济生活中一些深层次矛盾和问题凸显，国内政治安全和社会稳定也面临十分复杂的形势。

无数历史经验证明，在和平时期，人们的和平麻痹思想容易滋长，国防观念容易淡化。因此，通过军事理论知识学习，使大学生清醒地认清国际、国内形势，居安思危，增强忧患意识，筑牢思想防线。这对于巩固和加强国防、保证国家长治久安，具有重要意义。

（三）打下军事基础，培养国防后备力量

目前，我国正在进行大规模的经济建设，需要一个和平安定的国际环境。要获得和保持这样一个和平环境，就需要有一支数量适中、质量可靠的常备军与众多高质量的后备力量相结合的威慑力量作支撑。在普通高校开设军事理论课，使大学生掌握一定的军事基础知识，是做好兵员储备和预备役军官培养工作的重要措施，可以实现寓兵于民，寓官于校。这对于加强国防后备力量建设，具有十分重大的战略意义。

大学生具有文化程度高、接受能力强、知识更新速度快等特点。在普遍学习和掌握军事理论知识的基础上，挑选一部分专业对口、符合担任军官职务条件的

大学生，再集中一定时间进行专业训练，就可服军官预备役，或充实到部队去弥补军队院校培养专业技术人才的不足。

从2000年起，中央军委决定依托地方高等学校培养国防生。2001年，修改后的《征兵工作条例》明确规定可以从全日制高等学校在校学生中征集新兵，目前我军每年从地方高等学校征集数万名大学生入伍。这些措施对于改变我军官兵知识结构，提高综合素质，加快军队现代化建设，都具有十分重要的意义。

（四）扩大知识面，提高综合素质

科学研究表明，一个人要想成为某一领域的专家，需要学习掌握5万个以上相对独立、呈游离状态的知识单元。一旦需要，作为潜意识存在的知识贮备，才能非逻辑地迸发连接，实现信息跃迁，为你提供足够的想象力和判断力。军事科学是一门综合性很强的学科，涉及政治、经济、天文、地理、历史等各个学科，自然科学与社会科学兼通，具有很强的哲学与方法论特征。一部《孙子兵法》，既可领略高深的兵家权谋，也可从中学到经商之道，甚至还可作为文学名篇赏析。

大学生学习一点军事理论知识，既可以懂得军事常识，又可以扩大知识面，开阔视野，提高综合素质，这对于培养大学生的创造力和综合思维能力十分有益。因此，著名科学家钱学森曾经说过："一个科学家，如果没有军事知识，那么他还不是一个完善的科学家，他的大脑思维脉络还缺了一根重要的经络。"

三、学习军事理论的基本方法

各门课程都有它自身的特点和规律，学习各门课程都要从把握其特点和规律入手，采取相应的学习方法。学习军事理论课也同样如此，只有学习方法得当，才能收到事半功倍的效果。

首先，要领会高等学校军事理论课的教学目的。大学生军事理论课的教学目的是了解军事科学的一般理论，掌握研究战争、军队和国防建设等军事活动的一般规律，而不是军事科学的全部内容体系。因此，学习中要重点了解并掌握战争的起源、根源、性质以及战争与政治、经济等的关系，从中探求战争指导的战略与战术。

其次，要把握战争、军队、国防三者之间的关系。战争是阶级社会政治斗争的必然结果，军队是战争的产物，又是直接为战争服务的，国防是为了防止战争发生和应付可能发生的战争，军队是国防的基本力量和象征。三者相互依存、相互影响，学习时要从三者间的必然联系中找出它们的规律性。

第三，要从基本概念的理解入手，掌握各个单元的主要内容和相互关系，注重理解有关概念的内涵、基本原理与原则。

第四，要学以致用。学习的目的是为了应用，学习军事理论课也不例外，一定要应用所学的知识指导自己的实践，把军事理论的概念、范畴、原理应用到平时的工作、学习和生活之中，解决实际问题。尤其是要结合个人实际，加强世界观改造和道德修养，树立远大的理想和抱负，全面提高综合素质。

第一单元　中国国防

⚖ 学海导航：
1. 中华人民共和国国防部网站。
2. 国防在线网站。
3. 中国国防生网站。

学习目标

1. 了解国防的含义、基本要素和我国国防历史。
2. 了解我国现代化国防建设的现状及成就。
3. 熟悉国防法规和国防政策的基本内容。
4. 了解我国武装力量的构成、发展和作用。
5. 明确国防动员和武装力量建设的内容和要求，增强依法建设国防的观念。

第一讲　中国国防

"民无兵不安，国无防不立。"一个国家、一个民族，最重要的无非两件大事：一件是生存与安全问题，一件是发展与富强问题。国防关系到国家的安危和民族的兴衰，是国家生存和发展的安全保障。

一、国防概述

(一) 国防的含义和要素

国防，就是国家为防备和抵抗侵略，制止武装颠覆，保卫国家的主权、统一、领土完整和安全所进行的军事及与军事有关的政治、经济、外交、科技、教育等方面的活动。

从上述定义中可以看出，国防包括以下要素。

1. 国防主体

国防的主体，是国防活动的实行者，通常为国家。国防是国家的事业，是国家的固有职能。国防随着国家的产生而产生，随着国家的发展而发展，最终也必将随着国家的消亡而消亡。

2. 国防对象

国防的对象是指国防所要防备、抵御和制止的行为。根据《中华人民共和国国防法》的界定，国防的对象：一是外敌侵略，二是敌对势力武装颠覆。

3. 国防职能

国防的基本职能，是维护国家的生存与发展，具体表现为：

(1) 捍卫国家的主权。国家和主权不可分割，主权是一个国家独立处理自己的内外事务、管理自己国家的最高权力，是国家存在的根本标志。如果一个国家的主权被剥夺，其他的一切，包括国家的独立、领土完整、传统的生活方式、基本政治制度、社会准则和国家荣誉、尊严等，都无从谈起。捍卫国家主权，始终是国防职能中第一位的、根本的职能。

(2) 保卫国家的统一。国家的统一是指国家由一个中央政府对领土内一切居民和事务行使完整的管辖权，不允许另立政府或分割国家的管辖权。从国际法的角度来说，保卫国家统一、反对分裂，历来是一个国家的内部事务，绝不允许外国干涉。

(3) 保卫国家的领土完整。领土是指位于国家主权支配下的地球表面的特定部分以及其底土和上空，包括领陆、领水和领空。领土是国家存在和发展的自然物质前提，是构成国家的基本要素之一。领土完整的含义是：凡属本国的领土，决不能丢失，决不允许被分裂、肢解和侵占。

(4) 维护国家的安全。国家要正常地生存和发展必须有一个安全的内外环境。一旦国家遭到外来侵略和颠覆，安全受到威胁，国防就要发挥自己的职能，抵御和挫败外来的侵略和颠覆，确保国家的和平与稳定。当国内敌对分子勾结外国敌对势力进行武装暴乱，危及国家安全时，国防力量就要采取措施，防止和平息这种内外勾结的暴乱，保卫国家安全。

图1-1 国之军威

4. 国防手段

国防手段是指为了达到国防目的而采取的方法和措施。根据《中华人民共和国国防法》的规定，我国国防的手段包括军事以及与军事有关的政治、经济、外交、科技、教育等方面的活动。

（1）军事手段。军事手段是国防的主要手段。与其他国防手段相比，军事手段的特点是：第一，军事手段是最具有威慑作用的手段，它可以对各种形式的外来侵犯进行有效阻止或遏制；第二，军事手段是唯一能够有效对付武装侵略的手段，它可以用军事力量特有的打击能力给侵略者造成物质和精神的严重损害，迫使其中止侵略行动，放弃侵略企图；第三，军事手段是解决国家之间矛盾冲突的最后手段，当国家之间主权、利益的矛盾积累达到极限时，就只有通过最高的斗争形式——武装冲突或战争去进行彻底解决。同时，军事手段还能够成为各种非军事手段的有力后盾，可以强化各种非军事手段的国防功能。

（2）政治手段。作为国防手段之一的政治手段，指的是"与军事有关的"政治活动，而不是政治本身的全部含义。政治与国防关系密切。一方面，国防直接保卫的国家主权，是政治的第一需要；国防直接保卫的国家领土，是政治的物质前提；国防直接保卫的国家安全利益与发展利益，是政治的根本追求。国家政权、政治制度也要靠国防力量来捍卫。另一方面，政治对国防起着决定性的支配作用。国家的政治需要，决定国防的根本性质和基本类型；国家的政治指导思想和路线，决定国防的方向、方针和原则；国家的政治制度，决定国防的根本体制；国家的政治素质，制约国防的客观效应。

（3）经济手段。经济是国防的基础，社会经济制度决定国防活动的性质，社会经济状况决定国防建设的水平。现代条件下，无论是国防建设还是国防斗争，都要广泛采用经济手段。这些手段主要有国防经济活动、经济动员、经济战、经济制裁等。

(4) 外交手段。国防外交活动主要是指国家与国家之间为了国防目的而开展的外交活动。由于这种外交主要涉及军事领域，所以又称军事外交。它既有一般外交的特征，又具有区别于其他外交工作的特殊规律，是集外交与军事于一体的活动。军事外交具体可划分为：军事双边往来、多边军事交往、非官方军事交往、军事科技交流和军工合作、军事结盟、军事援助、军事经济合作、边防管理等。

除上述因素外，与军事有关的科技、教育等，也是国防的重要手段。

（二）国防的基本类型

国防的基本类型可分为扩张型、自卫型、联盟型和中立型四类。

1. 扩张型

少数奉行霸权主义、强权政治的国家，以本国安全和防务需要为幌子，把其他国家和地区纳入自己的势力范围，恣意侵犯别国主权和领土，干涉他国内政，侵略和颠覆其他国家。

2. 自卫型

强调主要依靠本国力量，并借助其他国家和国际社会的支持，维护国家主权和安全。

3. 联盟型

一些国家为弥补自身力量的不足，以结盟的形式联合其他国家进行防卫。联盟型国防又可分为一元体系联盟和多元体系联盟。前者是以某一大国为盟主，其他国家居于从属地位；后者各国基本处于平等伙伴关系，共同协商防卫大计。在联盟型国防中，也可以分为扩张和自卫两种情况。

4. 中立型

主要是一些中小发达国家，为了保障本国的安全，对外奉行中立政策，不介入外部事务。执行中立型国防政策的国家，有的采取完全不设防的形式；有的则全民防卫，通过高度武装来确保中立。

中国的社会主义性质、制度和政策，决定了我国的国防为"自卫型"国防。《中华人民共和国宪法》明确规定："中国坚持独立自主的对外政策，坚持互相尊重主权和领土完整、互不侵犯、互不干涉内政、平等互利、和平共处的五项原则，发展同各国的外交关系和经济、文化的交流；坚持反对帝国主义、霸权主义、殖民主义，加强同世界各国人民的团结，支持被压迫民族和发展中国家争取和维护民族独立、发展民族经济的正义斗争，为维护世界和平和促进人类进步事业而努力。"《中华人民共和国国防法》规定："国家独立自主、自力更生地建设和巩固国防，实行积极防御战略，坚持全民自卫原则。"

（三）现代国防的基本特征

现代国防是对传统国防的继承和发展，是一种全新的观念和国防实践活动，大体有以下五个方面的特征。

1. 现代国防是国家综合国力的集中体现

与传统国防相比，现代国防不再单纯依靠军队或武装力量保卫国家安全，而是依靠综合国力的"全民国防"和"社会国防"。综合国力，是指政治、经济、军事、科技、文化、外交、自然、精神等力量的集合。一个国家只有具备雄厚的综合国力，才具有强大的国防实力；只有统筹运用国防实力，"硬实力"与"软实力"相结合，才能有效地防备和抵御侵略，制止武装颠覆，确保国家的生存与发展。

2. 现代国防是多种斗争形式的综合角逐

随着社会的发展，对国家安全利益的威胁也日益多元化，除了兵戎相见的"硬对抗"，还有形式多样的"软"威胁，如和平演变、经济和科技封锁、信息攻防等等。单纯的军事行动，已不能满足国家安全防卫的需要。即使兵戎相见的现代战争，也不再只是武力对抗，而是综合运用军事行动、政治对话、外交谈判、经济封锁、心理施压和军备控制等多种斗争形式和手段，在更加广阔的领域进行综合的角逐和较量。

3. 现代国防是国家行为，也是国际行为

世界多极化，经济全球化，已成为国际社会发展的标志性特征。全球化与国际化的发展，进一步加强了世界各国在政治、经济、军事、外交等领域的相互依存和相互合作。国防行为不再只是国家行为，也是国际行为。现代国防，既要统筹、协调和处理好国内事务，也要密切关注周边和国际形势变化，周密谋划和妥善处理好国际事务，才能确保国家生存与发展。对于我国来说，尤其要团结和联合世界上一切爱好和平的国家和人民，共同反对帝国主义、霸权主义、强权政治、恐怖主义和各种国际犯罪，努力促进世界和平，为我国生存与发展争取有利的外部环境。

4. 现代国防具有多层次的目标体系

现代国防斗争的目标具有多层次特征。按范围可分为自卫目标、区域目标和全球目标。自卫目标着眼于维护国家主权，这对所有国家都是一样的。区域目标则不同，有的着眼于自卫和维护周边地区的和平与安宁；有的则是在周边地区进行挑衅、扩张和蚕食。全球目标对不同的国家区别则更大，有的着眼于称霸世界；有的则着眼于维护世界和平和消除战争威胁。从国防的内涵讲，国防也有不同层次的目标。在国家面临紧急威胁时，国防的目标是首先解决存亡问题；在一般威胁情况下，国防的目标是解决安危、荣辱问题；在保障国家建设与发展上，国防的目标还有保卫和促进发展的问题。可以说，存亡、安危、荣辱、兴衰是国防目标的四个层次。

5. 现代国防与国家经济建设的关系更加密切

国家经济发展的总水平制约着武器装备发展的水平和国防力量的规模质量。当今世界科技的迅猛发展，促使武器装备不断更新，现代国防对资源、财力的需求和对国家经济部门的依赖性日益扩大。同时，国防又能为保证经济建设的顺利进行和为人民的和平劳动创造一个安全稳定的环境。它还能发挥社会经济功能，多方面地支援和促进国防经济建设，如参加救灾抢险和重点工程项目建设、利用国防工业的人才和技术设备优势从事民用生产和科研等，均可实现国防"增殖"，为国家创造财富。

二、中国国防历史

我国国防的历史源远流长。在人类社会的历史长河中，神州大地先后经历了奴隶社会、封建社会、半殖民地半封建社会和社会主义社会。国防也经历了无数个强盛与衰落的交替，从而给我们留下了许多宝贵的国防遗产和深刻的历史教训。

（一）古代国防

我国古代国防，始于公元前 21 世纪夏朝建立，止于 1840 年第一次鸦片战争爆发，历经约 4000 年、20 多个朝代的兴衰更迭。从整个历史看，古代前期，即从春秋战国到秦汉和盛唐，国防日趋发展，不断强盛，以至发展到鼎盛。夏王朝的建立，标志着中国最初的国防产生。秦始皇统一全国后，国防才真正担负起巩固政权和抗击外敌入侵的双重任务。为巩固国防，秦王朝采取了一系列综合国防措施：设郡而治，筑路通邮，实施军屯等。盛唐时期，非常重视国防建设，注重讲武，苦练精兵，改良兵器，执行"怀柔四方、华夷一体"的防务政策，使唐朝北部边疆出现了数十年无兵灾战祸的太平盛世。古代后期，即从中唐到两宋、晚清，国防的基本趋势是由弱到强，再从强盛走向衰落。具体到各个朝代，国防的总体发展大都是由兴而盛，由盛及衰。其间固然不乏极盛之前的短暂衰落，衰败之后的一时复兴，但终其一朝，由盛及衰的总体趋势和规律没有改变。

> **资料窗**
>
> **中国历史上十次统一战争**
>
> 一是公元前 221 年，秦灭六国，建立了历史上第一个疆域广大的大帝国；二是刘邦通过五年楚汉战争，打败项羽，建立汉朝；三是汉光武帝以复兴汉室为名，削平地方割据势力，于公元 36 年重新建立起中华多民族统一的国家；四是公元 280 年，晋武帝司马炎兵分六路，大举伐吴，结束三国鼎立的局面；五是隋文帝于公元 589 年灭陈、东晋，使 273 年的分裂局面归于一统；六是李渊建立唐朝，于公元 625 年消灭各地方割据势力，重新统一中国；七是赵匡胤"陈桥兵变"取代后周，实现国家局部统一；八是元世祖忽必烈于公元 1279 年灭南宋，实现统一；九是明太祖朱元璋灭亡元朝和地方势力，统一全国；十是清军进入北京后，陆续攻灭李自成、张献忠及南明、永历政权，并于 1683 年收复台湾，实现祖国的完全统一。

中国古代国防内容丰富，成就辉煌。

1. 建立了独特的军制

军制就是军事制度，包括武装力量体制、军事领导体制和兵役制度等。在武装力量体制上，一般区分为中央军、地方军和边防军。中央军通常由御林军和其他较为精锐的部队组成，担任警卫京师和宫廷的任务；地方军担负地区的卫戍任务，由地方长官统领；边防军负责戍守边疆，并一般兼有屯田任务。秦统一后，设立专门管理军事的机构，最高军事长官是太尉。隋朝对国家机构进行改革，专门设立了主管军事的部门——兵部。各朝代在军事领导体制方面的做法虽然不尽一致，但皇权至上，军队的调拨使用大权始终掌握在皇帝手中。各个朝代的兵役制度，随着政治、经济、人口状况的发展而变化，曾经实行过民军制、征兵制、世兵制、府兵制和募兵制等各种兵役制度。

2. 重视国防工程建设

城池是中国古代国防建设中时间最早和数量最多的工程。长城是城池建设的延续和发展。运河作为古代军事交通的重要途径，既有国防作用又有经济价值。明朝以后，海防工程建设也得到高度重视。

图1-2 古代国防工程——长城

资料窗

长 城

长城是中国古代最宏伟的国防工程，始建于战国时期。秦始皇统一中国后，为巩固国防，防御北方匈奴南侵，把秦、燕、赵三国长城连为一体，形成西起临洮（今甘肃岷县）、北傍阴山、东至辽东的宏伟工程。后经历代数次修建，至明代形成了西起嘉峪关，东至山海关，总长约6300千米的万里长城。

3. 注重发展军事技术

中国古代军事技术走在世界前列，并对世界军事乃至世界经济的发展产生过深远影响。金属冶炼技术的发明和逐步成熟，为铸造先进的冷兵器提供了技术支撑。中国的"四大发明"，尤其是指南针、火药的发明，成就了古代"水师"和宋代以后火器的发展，引起了军事上划时代的变革。

4. 国防理论系统完善

中国古代重视对国防实践的理论总结，产生了许多不朽的军事著作，如《孙子兵法》、《孙膑兵法》、《吴子兵法》、《司马法》、《尉缭子》、《六韬》、《三略》、《唐太宗·李卫公问对》等。这些军事著作对于指导战争和加强国防起到了重要的理论指导作用。

（二）近代国防

中国近代国防，从1840年第一次鸦片战争爆发到1949年新中国成立，处于清朝后期和民国时期，经历了国家衰落、国防衰败、屡战屡败、丧权辱国的屈辱历程。

1. 清朝后期国防

自"康乾盛世"之后，清朝政治日趋腐败，经济每况愈下，国防日渐衰败。第一次鸦片战争后，西方列强大举入侵，中国从此一蹶不振，有国无防，内乱外患，逐步沦为半殖民地半封建社会。

在军事制度方面，鸦片战争后，清朝成立了总理衙门，开始实施"洋务新政"。八国联军侵华后，清政府深感军备落后，企图通过改革军制加强军事，遂改总理衙门为外务部，裁撤兵部，成立陆军部。在武装力量体制方面，清军入关后，为弥补兵力不足，在少量八旗兵基础上，将汉人编成绿营军。1851年以后，为镇压太平天国运动，清廷号召各地乡绅编练乡勇，湘军和淮军逐渐成为清军主力。中日甲午战争后，又开始编练新军。

在兵役制度方面，清朝八旗兵实行兵民合一的民军制。甲午战争中，湘军和淮军大部溃散，清朝开始"仿用西法，编练新军"。新军采用招募形式，对新兵的年龄、体格、文化程度等有了较为严格的规定。

在武器装备方面，满洲人曾使用先进的火炮打下江山，却没有再进一步发展。朝廷担心汉人的火器制造威胁其统治地位，禁止地方官自行研制新炮，甚至禁止民间学习火器铸造技术。

在海防建设方面，鸦片战争后，清朝政务日益腐败，防务日渐废弛。海防要塞年久失修，火炮性能落后，炮弹威力甚小，且不能及远。西方列强凭借坚船利炮，趁虚而入，打开了中国封闭的国门，中国的香港、澳门、台湾和澎湖列岛相继被英、葡、日侵占，东北乌苏里江以东、黑龙江以北的大片领土被沙俄侵占，西部帕米尔地区被俄英瓜分。

2. 民国时期国防

辛亥革命虽然推翻了清朝的统治，建立了中华民国，但并没有改变中国任人宰割的命运。西方列强为维护其在华利益，纷纷扶植各派军阀为自己的代理人，加紧对中国的掠夺。各派军阀为争权夺利，混战不已，中国依然是有边不固，有海无防。

以"五四"运动为标志，中国反帝反封建的资产阶级民主革命发展到新阶段。1921 年 7 月，中国共产党成立，给灾难深重的中国人民带来了光明和希望，中国革命开始步入新的发展时期。1931 年"九·一八"事变爆发，国民党政府奉行"攘外必先安内"的政策，一味妥协退让，出卖民族利益，使东北大片国土迅速沦陷。1937 年 7 月 7 日，日本发动"卢沟桥事变"，大举入侵中国，中华民族到了生死存亡的紧要关头。

中国共产党高举团结抗日的旗帜，与国民党再度合作，组成了广泛的抗日民族统一战线，抗日战争的正面战场、敌后战场和全民族抗日力量有机结合，历经 8 年艰苦卓绝的奋战，终于取得了中国近代史上第一次抗击外敌侵略的彻底胜利。抗日战争胜利后，全国人民迫切需要和平安宁的建设环境，但国民党当局为了独揽政权，竟背信弃义，妄图以武力消灭中国共产党及其领导的军队。经过 3 年解放战争，中国共产党领导的人民军队，推翻了国民党的反动统治，建立了社会主义新中国，开启了中国国防的新篇章。

(三) 国防历史的启示

跌宕起伏的中国国防史，留给我们极其深刻的历史启迪。

1. 经济发展是国防强大的基础

经济是国防的物质基础，国防的强大有赖于经济的发展。我国古代凡是有作为的政治家、军事家和王朝，无不强调富国强兵。秦以后的汉、唐、明、清各代前期国防的强盛，都是与民休养生息、发展经济的结果；与此相反，以上各朝代的衰败，也都由于经济的衰落导致国防的孱弱所致。无数历史史实证明，经济发展是国防强大的基础。

2. 政治清明是国防巩固的根本

综观中华民族古代发展历程，凡是兴盛时期，都十分注重修明政治，实行比较清明的治国安邦之策。秦国原为西部小国，自商鞅变法以后，修政治、明法度、发展生产，国力和国防日渐强盛，战胜六国，统一中国，修筑长城，国防巩固。汉、唐强盛时期，情况也与此相似。清朝中后期和民国时期，政权腐败，政府无能，导致国防衰弱、有国无防、丧权辱国。

3. 国家统一和民族团结是国防强大的关键

翻开几千年的国防史，人们会发现这样一个规律：凡是国家统一、民族团结的时期，国防就巩固、就强大；凡是国家分裂、民族矛盾尖锐的时期，国防就虚弱、就颓败。

4. 军事技术优劣对国防成败具有重要影响

军事技术决定武器装备、战略战术并严重影响着作战胜负。虽然武器装备不是战争胜负的决定因素，但对战争胜负有重要影响。"落后就要挨打"，所谓"落后"，除了政治的、经济的、国家不统一、民族不团结的落后外，军事技术和武器装备落后，确是关系着国防和战争成败极其重要的因素。

历史的教训最为深刻，经验弥足珍贵，值得我们永远记取。

三、新中国国防成就

中华人民共和国成立以来，经过 60 多年的艰苦努力，我国国防取得了举世瞩目的成就。今天的中国之所以能巍然屹立在世界东方，并享有很高的声誉，主要是我国在政治上独立、经济上发展和国防的不断强大。

(一) 捍卫和维护了国家安全利益

新中国成立以来，我们取得了抗美援朝、中印边境自卫反击战、抗美援越、援老战争的胜利，有效地捍卫和维护了国家安全利益。除此之外，我军还取得了珍宝岛、西沙、南部边境地区自卫还击战等军事斗争的胜利，充分体现了新中国珍爱和平，积极防御，自卫反击，坚决捍卫国家主权和安全的国防政策。

(二) 铸造了一支现代化的合成军队

新中国成立以来，人民军队建设实现了由单一陆军向诸军兵种合成军队的发展，不仅掌握了种类比较齐全的常规武器装备，而且拥有了具备一定威慑力的原子弹、氢弹等核战略武器。目前人民军队继续向着更高阶段迈进，军队建设逐步实现由数量规模型向质量效能型、由人力密集型向科技密集型的转变；在武器装备发展方面，根据信息化条件下局部战争的需要，努力发展高技术"杀手锏"武器；在体制编制调整方面，进一步压缩了军队规模，优化诸军兵种比例结构，完善体制，使军队体制编制更加适应现代联合作战的需要；在教育训练方面，着力培养新型高素质军事人才，推进机械化条件下军事训练向信息化条件下军事训练转变。

(三) 形成了综合的国防工业和国防科研体系

新中国成立以来，我国国防工业从小到大，从低级到高级，逐步建立起了包括电子、船舶、兵器、航空、航天、核能等门类齐全和综合配套的国防工业体系，基本满足了人民解放军从单一陆军向陆军、海军、空军、第二炮兵诸军兵种合成军队发展的需要。在尖端技术方面，原子弹、氢弹和人造地球卫星的研制成功，使中国成为世界上少数几个独立掌握核武器及空间技术的国家，在常规武器装备方面，中国已经实现了由仿制到自行研制的根本转变，有力地提高了军队武器装备的现代化水平。

(四) 国防后备力量不断发展壮大

新中国成立后，党和国家十分重视国防后备力量建设。改革开放以来，党中央、国务院、中央军委明确提出"精干的常备军和强大的后备力量相结合"的方

图1-3　学生军训

针，使国防后备力量建设进入新阶段，形成了民兵与预备役相结合的具有中国特色的国防后备力量体系，下大力重点抓了基干民兵队伍建设和预备役部队建设，加强了训练，改进了武器装备，使后备兵员的整体素质有了明显提高；注重宏观指导，边海防、大中城市和重点地区的国防后备力量合理布局；民兵、预备役部队在参战支前、保卫边疆、发展生产、扶贫帮困、抢险救灾、维护社会治安等方面发挥了重要作用，为国家的改革、发展和稳定做出了巨大的贡献；健全了国防动员机构，能够保证国家在发生战争的情况下，很快由平时状态转入战时状态，调动足够的人力、财力和物力应对战争；加强了国防教育，学生军训工作全面展开，发展形势良好。

四、中国现行国防政策

国防政策，是国家在一定时期所制定的关于国防建设和国防斗争的行动准则。我国现行国防政策要点如下。

(一)　维护安全统一，保卫核心利益

中国的国防政策是由中国的国家利益、社会制度、对外政策和历史文化传统等因素所决定的。维护国家利益，一是要始终把维护国家的主权、统一、领土完整和安全放在第一位，把保卫祖国、抵抗侵略、维护统一、反对分裂，作为国防政策的出发点和立足点。二是要为国家的改革开放和发展提供一个和平稳定的内外环境。巩固国防，抵抗侵略，制止武装颠覆，保卫国家的主权、统一、领土完整和安全，是中国国防政策的基本目标，也是中国宪法赋予中国武装力量的主要职责。

(二)　全民自卫，独立自主巩固国防

在国防建设和国防斗争中，要继承和发扬人民战争的优良传统，坚决地依靠广大人民群众的力量，坚持军民结合、全民自卫的原则，把国防事业植根于人民群众之中，以保证一旦发生战争，能够充分动员广大人民群众实行全民自卫。中

国必须独立自主地建设和巩固国防。独立自主，就是立足于依靠自己的力量来保障国家的安全。坚持国家利益高于一切的原则，独立地处理一切对外军事事务。

（三）积极防御，防御与反击相结合

中国在战略上实行防御、自卫和后发制人的原则，坚持"人不犯我，我不犯人，人若犯我，我必犯人"的原则。但这种防御不是消极的，防御中也有进攻。它是和平时期努力遏制战争与准备打赢自卫战争的有机统一，是战争时期战略上的防御与战役战斗上的积极攻势行动的有机统一。

（四）国防建设与经济建设协调发展

国防建设与经济建设协调发展，是中国国防建设一个长期的基本方针。国防现代化需要国家雄厚的经济力量和技术力量的支持，国防现代化水平只能随着国家经济实力的增强而逐步提高。

（五）维护世界和平，反对侵略扩张

中国坚持和平共处五项原则，独立自主地处理对外军事关系，支持国际社会采取的有利于维护世界和地区和平、安全、稳定的活动，支持国际社会为公正合理地解决国际争端、军备控制和裁军所做的努力。坚持"互信、互利、平等、协作"为核心的新安全观，推动国际安全合作。

思考题：

1. 现代国防有哪些特征？
2. 从中国国防历史看，我们主要可以得到哪些启示？
3. 新中国国防主要成就有哪些？
4. 我国现行国防政策的要点有哪些？

第二讲　国防法规

国防法规是调整国防和武装力量建设领域各种社会关系法律规范的总和。国防法规是国家国防政策的法律体现，是指导国防活动的行为准则，是国家法律体系的重要组成部分。健全的国防法规是建设现代化国防的重要保证，是提高军队战斗力做好各项军事斗争准备的强大法制武器。

一、国防法规的产生和发展

国防法规的前身是军事法规。军事法规是随着国家和战争的出现而产生的。我国古代典籍中就有"师出于律"、"刑始于兵"的记载，说明军事斗争是一种集体活动，需要密切协调、统一行动，必须制定一些规矩加以约束和赏罚，这就是军事法规的雏形。

在奴隶社会，军事法规的主要形式是临战前统治者发布的誓命文诰。如《尚书》中就有甘誓、汤誓、牧誓、大诰、费誓等篇章。这些既是战争动员令，也是最初的军事法规。

进入封建社会，军事法规的形式发生了明显改变，这时已经有了稳定的成文法，不再是临时性的军事誓言了。而且，军事法规的调整范围不断拓展，军事立法、司法以及监督制度也逐步建立起来。

秦是我国历史上第一个统一的封建制国家，注重依法治国、依法治军。湖北云梦睡虎地出土的竹简证明，秦朝的法律有二十九种，其中包括《军爵律》、《戍律》、《傅律》等多部军事法律。《军爵律》是根据军功授予本人爵位或赎免亲属罪责的法律；《戍律》是关于边防、城防的法律；《傅律》是关于兵役制度的法律。秦朝法律规定，男子17岁就要登记注册以应兵役。

隋唐时期，军事法规更加完善。唐代制定了《擅兴律》、《军防令》、《兵部格》、《兵部式》等一系列军事法规，形成了由"律、令、格、式"构成的比较完备的军事法规体系。大体来说，律是刑事法规，令是关于国家和军队基本制度的法规，格是具体的行政法规，式是办事行文的程序。

元朝，蒙古族统治者入主中原以后，也十分重视军事法制建设，其独到之处是，在法典中首次设置了《军律》专篇，并制定了各种军事"条画"，如《省谕军人条画二十三款》、《晓谕军人条画十四款》等，作为治军的依据。

明朝，集历代军事法之大成，并有重要创新。《大明律》改变了自秦汉以来把军事法分列于多篇的做法，集中专列《兵律》一篇，使《大明律·兵律》成为覆盖军事全局的基本法。与此相适应，专门的军事法规也很多，如《军卫法》等。

清朝，以《大明律》为蓝本制定了《大清律·兵律》，并根据该朝特点制定了《军令》，以后又定期编修有关军事内容的《则例》，最终形成了数量较多、应时性较强的军事法律规范。

近代，中国适应世界军事变革的历史潮流，借鉴西方法治思想，军事法制建设也有所进步。1933 年 6 月，民国政府颁布了我国历史上第一部《兵役法》，规定实行征兵制，并建立了预备役制度。但是，由于国民党政治腐败，国家内忧外患，形势混乱，《兵役法》并没有得到很好的贯彻执行，国民党军队扩充通常靠抓壮丁。

新中国成立后，国家十分重视国防法规建设，相继颁布了《兵役法》、《民兵组织条例》以及军队的各种条令条例。特别是改革开放以来，国家加大了国防立法的力度，制定了一系列国防法规，逐步形成了具有中国特色的国防法规体系。

二、国防法规的特性及分类

（一）国防法规的特性

国防法规是一个国家统治阶级的意志在国防建设领域中的法律体现。它与国家宪法和其他法律一样，具有一般法律的"共性"，即鲜明的阶级性、高度的权威性、严格的强制性、普遍的适用性和相对的稳定性。同时国防法规还具有区别于其他法律法规的特殊性，主要表现在以下四个方面。

1. 调整对象的军事性

国防法规是用来调整国防和武装力量建设领域的各种社会关系的，这些社会关系所涉及的行为主体并不都是军队和军人。国防是国家行为，是整个国家的事，是全民族的事。无论是行政部门、经济部门、科技、文化、教育等部门，还是社会各阶层人士都与国防有密切的关系。因此，国防法规是我国法律体系和法制建设中一个重要的、独立的法律门类。它调整对象的军事性决不意味着国防法规只管军队，不管地方。一切社会团体和个人都必须按照国防法规的要求，履行自己的国防义务。

2. 公开程度的有限性

公开性是法律固有的特性，因为法律只有公开才能使人们普遍了解和遵守。现代法制更强调公开，从立法程序公开、法律内容公开、执法活动公开到监督检查公开等等。所以，一般的法律不存在保密问题。但国防法规有些不同，公开程度是有限的。从整体上来说，法律的公开性原则对国防法规也是适用的，一些基本的、主要的国防法规是公开的，如《国防法》、《国防动员法》、《兵役法》、《军事设施保护法》等；但有一部分国防法规，特别是关于军队作战、训练、编制、装备和战备工作等方面的法规只限一定范围的人员了解，如各种《战斗条令》、《军事训练条例》、《战备工作条例》等，都规定了保密等级。所以说，国防法规的公开性是有限的，是公开性和保密性相结合的。为了加强法制，对能公开的国防法规，要尽量公开，以便大家了解和遵守。同时，为了国家安全，该保密的国防法规也要严格保密，以免国家利益受到损害。

3. 司法适用的优先性

国防法规优先适用，是指在解决与国防利益、军事利益有关的法律问题时，如果国防法规和其他法规都有相关的规定，则以国防法规的规定作为司法依据，以国防法规作为评判是非的标准和采取行动的准则，其他法规要服从国防法规。同时要注意，优先适用不是指的先后顺序，而是一种排他性的选择。在解决与国防利益、军事利益有关的法律问题时，只有国防法规适用，其他法规不适用。

4. 处罚措施的严厉性

国防法规所保护的国防利益，是关系国家安危、民族存亡的重大利益，因而对危害国防利益的犯罪实行比较严厉的处罚。同一类型的犯罪，危害国防和武装力量建设的要从重处罚。如《刑法》规定，抢劫罪通常处三年以上十年以下有期徒刑；而冒充军警人员抢劫的，抢劫军用物资的，依国防法规将处十年以上有期徒刑、无期徒刑或者死刑。破坏公用电信设施罪，处三年以上七年以下有期徒刑，破坏军事通信设施罪，要处三年以上十年以下有期徒刑；情节特别严重的，处十年以上有期徒刑、无期徒刑或者死刑。同一类型的犯罪，战时还要从重处罚。所谓战时，是指国家宣布进入战争状态，或者处置突发性暴力事件也以战时论处。如《兵役法》规定，平时应征公民拒绝服兵役，通常是行政处罚（两年内不得被录取为国家公务员、国有企业职工，不得出国或者升学，还可以同时处以罚款）。而战时则要依法追究刑事责任，通常要判 2~3 年有期徒刑。对军人违反职责的犯罪历来是从重处罚，所谓"军法无情"。这是军事斗争的特殊性决定的，是保障完成军事任务的需要。

（二）国防法规的分类

国防法规是由不同层次、不同门类的国防法律规范构成的相互联系、相互制约和协调的法律体系。

我国的国防法规，按立法权限区分为四个层次：第一个层次是法律，由全国人民代表大会及其常务委员会制定。第二个层次是法规，由国务院和中央军委制定。由中央军委制定的为军事法规；由国务院制定或国务院与中央军委联合制定的为军事行政法规。第三个层次是规章，由军委各总部、各军兵种、各军区制定的为军事规章；由国务院有关部委与军委有关总部联合制定的为军事行政规章。第四个层次是地方性法规，是由省、自治区、直辖市人民代表大会及其常务委员会制定的贯彻执行国家国防法规的实施办法、实施细则、补充规定等。

我国的国防法规按调整领域可划分为十六个门类：一是国防基本法类，二是国防组织法类，三是国防教育法类，四是军事管理法类，五是军事刑法类，六是军事诉讼法类，七是国防经济法类，八是国防科技工业法类，九是国防动员法类，十是兵役法类，十一是军人优抚法类，十二是军事设施保护法类，十三是特区驻军法类，十四是紧急状态法类，十五是战争法类，十六是对外军事关系法类。

三、相关国防法规介绍

（一）国防基本法类

国防基本法类，是调整国防和武装力量建设领域各种社会关系的基本行为准则，对国防和武装力量建设具有全面的规范作用。国防基本法类主要包括：《中华人民共和国宪法》中有关国防和军事制度的规定和《中华人民共和国国防法》。《宪法》是国家的根本大法，它规定了国家的根本制度和根本任务，同时，也是国防法规的"母法"，它对国防和军事等方面的制度做出了基本规定。如：第一章总纲中规定了我国武装力量的性质、任务和武装力量建设的基本方针；第二章公民的基本权利和义务中规定了公民的国防义务；第三章国家机构中规定了国家机构的国防职权。

《国防法》是 1997 年 3 月 14 日由八届全国人大五次会议审议通过的，是我国国防和武装力量建设领域的主要法典，共有十二章，七十条。《国防法》主要规定了国防活动的基本原则，国家机构的国防职权，武装力量，边防、海防和空防，国防科研生产，国防经费，国防动员和战争状态，公民、组织的国防义务和权利，军人的义务和权益，对外军事关系等。

1. 国防义务

国防义务，是指由宪法和法律规定的公民、组织在国防方面应当履行的责任。它不同于道德义务或宗教义务。国防义务是法定义务，是由国家强制力保证其落实的。《中华人民共和国宪法》第五十五条规定："保卫祖国、抵抗侵略是中华人民共和国每一个公民的神圣职责。依照法律服兵役和参加民兵组织是中华人民共和国公民的光荣义务。"《宪法》还规定，"中华人民共和国公民有维护祖国的安全、荣誉和利益的义务，不得有危害祖国的安全、荣誉和利益的行为。"

根据《国防法》的规定，公民应承担六项国防义务：接受国防教育，保护国防设施，保守国防秘密，支持国防建设，协助军事活动，依法服兵役。

《国防法》第五十二条规定，"公民和组织应当保护国防设施，不得破坏、危害国防设施。公民和组织应当遵守保密规定，不得泄露国防方面的国家秘密，不得非法持有国防方面的秘密文件、资料和其他秘密物品。"

《国防法》第五十三条规定，公民和组织应当支持国防建设，为武装力量的军事训练、战备勤务、防卫作战等活动提供便利条件或者其他协助。

《国防法》第五十五条规定，依照法律服兵役和参加民兵组织是中华人民共和国公民的光荣义务。

2. 国防权利

国防权利，是指宪法、法律赋予公民、组织在国防方面享有的权力或利益。按照权利与义务一致的原则，公民在履行国防义务的同时，也享有相应的国防权利。公民所享有的最基本的国防权利是和平劳动和正常的学习、生活受保护的权利；同时《国防法》还赋予公民对国防建设事业提出建议的权利；对危害国防的行为进行制止和检举的权利；在国防活动中受到直接经济损失获得补偿的权利等。

3. 国防义务与国防权利的辩证关系

权利与义务，是构成法律关系的两个基本方面，它们既是对立的，又是统一的。所谓对立，就是质的含义不同。权利是主动的，可以放弃；义务是被动的，则必须履行。所谓统一，就是两者同时产生，密切联系，互为条件，相辅相成，是一致的。权利与义务一致，表现在三个方面：

一是对等性。《宪法》所规定的武装力量的任务中有一条，保卫人民的和平劳动，这也就意味着公民享有和平劳动被保护的权利。公民履行各种国防义务等于享受和平劳动以及正常的生活、学习被保护的权利，这是权利义务总量相等最突出的表现。

二是平等性。从公民之间的关系上来考察，依照宪法和法律，我国公民不分民族、种族、性别、职业、宗教信仰、教育程度、财产状况和居住期限，平等地享有法定的国防权利，也平等地承担国防义务。不允许存在只享受权利而不履行义务的公民，也不存在只履行义务而不享受权利的公民。法律面前人人平等。

三是同一性。有些国防权利和国防义务是同一的，它既是国防权利，又是国防义务。例如《国防法》第五十条规定，"依照法律服兵役和参加民兵组织是中华人民共和国公民的光荣义务。"这既是公民的一种义务，又是公民的一种权利。依照法律规定被剥夺政治权利的人，不得服兵役。这就是从权利角度规定的。被剥夺政治权利的人，同时也被剥夺了服兵役的权利。同时还规定，身体残疾不适合服兵役的人，免服兵役。这又是从义务角度规定的，免除残疾人服兵役的义务，这是国家对残疾人的照顾。

资料窗

国防经费

为保障国家生存与发展安全的专项费用，即国家为防备和抵抗侵略，制止武装颠覆，保卫国家的主权、统一、领土完整和安全所进行的军事活动，以及与军事有关的政治、经济、外交、科技、教育等方面活动的费用，一般是国家财政拨款。

从总体上来讲，国防权利与国防义务具有一致性，它们之间是对等的、平等的、同一的。但权利和义务的一致性在国防方面又有特殊的表现，在一定局部、在一定层次上又表现为不对等、不平等。

一是和平时期公民往往享受不到国防建设活动所带来的直接利益，因为这时公民的和平劳动还没有受到外来侵略的现实威胁，但也必须承担相应的国防建设义务，因为国防建设属于预先投资，必须长期规划，长远建设，等到威胁临头再进行国防建设就来不及了。

二是不同地区的公民享受的国防权利和承担的国防义务是不平等的。平时，边海防地区的公民承担了较多国防义务，协助部队守卫边防，享受与内地同样的国防权利。局部战争情况下，战区和邻近战区的公民要承担较多的国防义务，参战支前等，而其他地区公民承担的国防义务则相对较少。

三是每一个公民在参与国防活动时，他所享受的权利和他所承担的义务也往往是不对等的。例如，战争期间，国家可能因为作战需要而征用公民的物资、车辆、船只等。服从征用，是公民应尽的国防义务，而履行这一义务必须要承受一定的经济损失。国防法虽然规定对直接经济损失给予补偿，但却不能适用民法那种等价补偿的原则。特别是有些国防义务的付出可能会流血牺牲，而生命是无价的，更无法像经济损失那样进行补偿。同时还要明确，有些补偿是在战后落实的。公民不能把预先得到补偿作为接受动员、征用的条件。战时或紧急状态下，国家可先征用后补偿。

资料窗

世界上第一部国防教育法

公元前8世纪左右，斯巴达城邦国家的第一个立法者来库古，在把习惯法编纂为成文法时，制定了世界上第一部国防教育法——《国民军事教育法》，由此揭开了古希腊文明与强盛的一页。

（二）国防教育法类

国防教育法类是对全民进行国防教育的法律规范。国防教育关系到国家安全，国防的根基来自长期对国民的国防教育。尤其对青年学生的国防责任教育是关系国家生死存亡的社会工程。

新中国成立后，国家十分重视用法律来规范国防教育活动。在《国防法》、《国防动员法》、《兵役法》、《教育法》等法律中都有关于国防教育的内容。如《国防法》第四十条规定，"普及和加强国防教育是全社会的共同责任。国家通过开展国防教育，使公民增强国防观念、掌握国防知识、发扬爱国主义精神，自觉履行国防义务。"

2001年4月28日，九届全国人大常委会第二十一次会议通过的《中华人民共和国国防教育法》是关于国防教育的专门法律。《国防教育法》共六章，三十八条，主要规定了国防教育的地位、目的，国防教育的方针、原则，国防教育的领导、保障，学校的国防教育，社会的国防教育和法律责任等。《国防教育法》的公布实施，标志着我国国防教育事业迈入了法制化轨道。

资料窗

全民国防教育日

2001年4月28日，九届全国人大常委会第二十三次会议通过《全国人民代表大会常务委员会关于设立全民国防教育日的决定》，规定每年的九月第三个星期六为全民国防教育日。

1. 国防教育的目的

《国防教育法》第三条规定："国家通过开展国防教育，使公民增强国防观念，掌握基本的国防知识，学习必要的军事技能，激发爱国热情，自觉履行国防义务。"

2. 学校的国防教育

《国防教育法》单设第二章学校国防教育，主要考虑学校的国防教育是全民国防教育的基础。青少年是祖国发展的未来，是国家持续发展的强大后备力量。根据青少年身心发展的特点，《国防教育法》规定："高等学校、高级中学和相当于高级中学的学校应当将课堂教学与军事训练相结合，对学生进行国防教育。高等学校应当设置适当的国防教育课程，并可以在学生中开展形式多样的国防教育活动。""军事机关应当协助学校组织学生的军事训练。"

3. 国防教育的主要内容

国防教育的内容主要包括国防理论教育，国防精神教育，国防知识教育和国防技能教育，以及战备形势教育、国防任务教育、敌情等特定教育。这些教育相互联系、相互渗透、相互促进，其核心是爱国主义的精神教育。

要通过国防教育，增强全体公民的国防观念。而要增强公民的国防观念，必须培养公民的三种意识：

一是增强忧患意识。所谓忧患意识，就是对国家面临的安全威胁始终有着清醒的认识，时刻保持必要的危机感、紧迫感。我国古代圣贤孟子曾留给我们以警世之言："入则无法家拂士，出则无敌国外患者，国恒亡。然后知生于忧患，而死于安乐也。"今天的中国，虽然综合国力和国际影响力都大大增强，但我们面临的种种安全隐患和外来威胁依然是严峻和紧迫的，除了国家统一、领土主权等传统安全威胁外，霸权主义和强权政治、恐怖主义以及社会重大危机等非传统安全威胁也时刻危害着国家的和平与安全。我们在国家安全问题上绝不能有丝毫的懈怠。

二是培养尚武意识。所谓尚武不是穷兵黩武，而是要崇尚军事职业，学会保卫祖国的技能本领，在国家利益面临严重威胁时，敢于挺身而出，发扬"一不怕苦，二不怕死"的精神，坚决

图2-1 提出"天下兴亡，匹夫有责"的顾炎武

捍卫国家利益和安全。可以预料，在今后很长一段历史时期内，我国周边安全形势仍不容乐观，尤其是祖国统一大业任重道远。尽管两岸形势目前有所缓和，但是"台独"的根源没有消除，在外部势力的支持下，台独分子仍然会以各种方式推动"台独"，分裂祖国。我们真诚地希望并且竭尽全力争取以和平方式实现祖国统一，但我们决不承诺放弃使用武力。一旦出现迫不得已的严重局面，我们就要采取果断措施，以武止独。维护国家统一的军事行动需要全国人民的大力支持，尚武精神在新形势下仍然是不可或缺的。

三是树立高度的责任意识。国民履行国防义务观念的强弱是一个国家民族精神的集中体现，也是民族向心力和凝聚力的重要象征，关系到国家、民族的兴衰成败和长治久安。广大青年学生要铭记"天下兴亡，匹夫有责"，时刻准备着，为国家安全承担一份责任、贡献一份力量。

（三）兵役法类

兵役法类是规定国家兵役制度的法律规范，是公民依法服兵役的法律依据。新中国的第一部《兵役法》是1955年7月由第一届全国人民代表大会第二次会议审议颁布的。1984年5月31日，六届全国人大二次会议通过重新修订了《兵役法》。1998年12月29日，九届全国人大常委会第六次会议又对《兵役法》进行了修改。

现行《兵役法》，共十二章，六十八条。主要规定了国家的基本兵役制度，平时征集，士兵的现役和预备役，军官的现役和预备役，民兵、预备役人员的军

事训练，学生军事训练，战时兵员动员，对违法行为的惩处等。

1. 兵役制度

兵役法的核心是兵役制度。当代各国所实行的兵役制度主要有两种：一是义务兵役制，也称征兵制，就是国家以法律规定公民必须服一定期限兵役的制度，具有强制性。二是志愿兵役制，也称募兵制，就是根据本人的意愿和军队的需要，通过签订合同的形式确定服役期限的制度，不具有强制性。

我国《兵役法》第二条规定："中华人民共和国实行义务兵与志愿兵相结合、民兵与预备役相结合的兵役制度。"义务兵与志愿兵相结合，是常备军的兵役制度；民兵与预备役相结合，是后备力量的兵役制度。这是一种具有中国特色的兵役制度。我们既保留了义务兵役制，又实行志愿兵役制；既坚持了传统的民兵制度，又建立了现代预备役制度。这样可以充分吸收各种兵役制度的优长，最有效地加强武装力量建设。

2. 公民履行兵役义务的主要形式

《兵役法》第三条规定："中华人民共和国公民，不分民族、种族、职业、家庭出身、宗教信仰和教育程度，都有义务依照本法的规定服兵役。"这一规定表明，公民的兵役义务是普遍的，所有公民都有义务按照法律的规定服兵役。公民履行兵役义务的主要形式有三种：服现役，服预备役，学生军事训练。

（1）服现役。现役是公民在军队中所服的兵役。参加中国人民解放军和武装警察部队都是服现役。公民服现役的途径：一是应征服现役，即每年征兵时报名参军。二是报考军事院校。普通中学学生可以报考军事院校，如被录取即便入伍。三是应招为国防生。国防生是军队依托地方普通高校培养的学生。国防生在学习期间由军队提供学费和一定的生活补助费，毕业后分配到军队工作。四是大学毕业生入伍。除国防生之外，军队还根据需要从地方院校毕业生中选拔一部分技术军官，大学毕业生接受选拔成为军官，这也是服现役的一个途径。

《兵役法》规定：应征公民是维持家庭生活的唯一劳动力或正在全日制学校就学的学生，可以缓征。2001年9月修订的《征兵工作条例》第二十五条规定："依法可以缓征的正在全日制高等学校就学的学生，本人自愿应征并且符合条件的，可以批准服现役，原就读学校应当按照有关规定保留其学籍，退伍后准其复学。"这一规定并没有改变兵役法关于缓征的基本规定，正在全日制高等学校就学的学生，仍属于缓征对象，但是本人自愿的可以征集。这样既可以满足一部分大学生从军报国的愿望，又充分照顾到了他们的切身利益。大学生参军有利于提高部队兵员的素质，有利于军队的现代化建设，所以国家鼓励在校大学生报名参军。国家教育部和其他有关部门联合出台了有关的奖励政策，规定参军大学生退伍后，在专升本、考研、调整专业、减免学费、增加奖学金等方面享有一定优惠政策，以调动大学生参军的积极性。

（2）服预备役。预备役是公民在军队之外所服的兵役。在我国，凡是参加民兵组织的和经过预备役登记的，都属于预备役人员。预备役包括军官预备役和士兵预备役，并根据与现役部队职能相接近的程度各自区分为第一类预备役和第二类预备役。按照兵役法的规定，公民服士兵预备役和参加民兵组织的年龄是一致的，都是 18 岁到 35 岁。服预备役的途径：一是经过登记服预备役。《兵役法》规定，每年 9 月 30 日之前要对到年底满 18 岁的男性公民进行兵役登记，女性公民不进行兵役登记，登记后经审查合格的称为应征公民。应征公民当年未被征集服现役的，一律服第二类士兵预备役。同时，兵役机关还专门对退伍军人和地方与军事专业对口的技术人员进行预备役登记，审查合格的人员服第一类士兵预备役或军官预备役。二是参加民兵组织服预备役。我国实行民兵与预备役相结合的兵役制度，所有的民兵都是预备役人员，参加民兵组织也就是服预备役。三是编入预备役部队服预备役。预备役部队是以现役军人为骨干，以预备役军人为基础，按照军队的编制体制组建起来的准正规部队。编入预备役部队担任军官或士兵，都是服第一类预备役。

（3）学生军事训练。学生军训是指地方高校和高级中学的在校学生，依照国家兵役法的有关规定，接受军事基础理论教育和基本军事技能训练的活动。开展学生军事训练有非常重要的战略意义：

一是学生军事训练是公民履行兵役义务的一种形式。现行《兵役法》第四十三条规定："高等院校的学生在就学期间，必须接受基本军事训练。根据国防建设的需要，适合担任军官职务的学生，再进行短期集中训练，考核合格的，经军事机关批准，服军官预备役。"在高等院校和高级中学就读的学生，应自觉服从学校的军事训练安排，认真履行应承担的兵役义务，完成军事训练科目，达到训练目标。

二是学生军事训练是加强国防后备力量建设的战略举措。学生通过军事训练，增强国防意识，掌握一定的军事理论知识和军事技能，提高依法履行兵役义务的自觉性，有利于战时快速实施兵员动员，可以为国家储备大量高素质的军事后备人才，为建设强大的国防后备力量奠定坚实的基础。

三是学生军事训练是提高自身综合素质的重要手段。军事训练不仅对国家有利，对学生个人也有利。我国古代学校教育就强调要学习"六艺"。现代青年更应该掌握基本的国防知识和军事技能。学生通过军事训练，不仅可以丰富知识，增强体魄，而且可以培养爱国奉献的责任意识，令行禁止的纪律观念，扎实奋斗的拼搏精神。这些优秀的品质、良好的素质，能使学生们的成长发展终身受益。

资 料 窗

在校大学生征兵工作有关规定问答

1. 有关从全日制高等学校在校学生中征集新兵工作由哪个部门什么时间规定的？

答：2001 年 9 月 5 日国务院、中央军事委员会第 316 号令公布了修改后的《征兵工作条例》。该条例拓宽了征兵范围，明确规定可以从全日制高等学校在校学生中征集新兵，这为征集高素质兵员创造了有利条件。

2. 修改后的《征兵工作条例》是如何就有关从全日制高等学校在校学生中征集新兵进行规定的？

答：修改后的《征兵工作条例》规定："依法可以缓征的正在高等学校就学的学生，本人自愿应征并且符合条件的，可以批准服现役，原就读学校应当按照有关规定保留其学籍，退伍后准其复学。"这是适应新的形势、提高兵员素质、加强国防和军队现代化建设的重要举措。这既满足了在校大学生投笔从戎、报效祖国的夙愿，又照顾到了他们的切身利益，保证其退伍后能继续在校学习，对优化兵员结构，加强军队质量建设，实现我军现代化建设跨越式发展，有着重要意义。

3. 国家从全日制高等学校在校学生中征集新兵是从什么时候开始的？

答：为落实《征兵工作条例》的规定，根据国务院、中央军委征兵命令精神，从2001 年冬季征兵开始，先在部分高等学校进行了试点，在总结试点经验基础上，2002 年逐步铺开。

4. 从全日制高等学校在校学生中征集新兵的范围和对象是如何规定的？

答：教育部、总参谋部、总政治部[2001]参联字 4 号文件明确，由各省（自治区、直辖市）根据实际情况，研究确定在条件具备的部分高等学校中进行试点，征集的对象为男性学生。为便于征兵政治审查，以征集入学前户口所在地与就读学校同在一个省（自治区、直辖市）的学生为宜。教育部、公安部、民政部、总参谋部、总政治部[2002]参联字 1 号文件明确，各省（自治区、直辖市）要在 2001 年试点的基础上，扩大范围，适当增加试点全日制高等学校的数量。征集的对象为本人自愿入伍的男性学生，并可征集部分女性学生。

5. 从全日制高等学校在校学生中征集新兵的标准和条件是如何规定的？

答：文件规定，征集在校学生的年龄为年满 18 至 22 岁；征集的政治条件，按公安部、总参谋部、总政治部《关于征集公民服现役政治条件的规定》和有关规定执行；体格条件，按国防部颁发的《应征公民体格检查标准》和有关规定执行，其视力标准按国防部征兵办公室 2000 年 8 月下发的《关于调整征兵体检视力检查标准的通知》执行（与普通公民应征入伍标准相同）。

6. 是不是所有在校大学生随时都可以申请参军？

答：不对。一般情况下，征集全日制高等学校在校学生，与征集普通公民入伍一样，须按照国务院、中央军委征兵命令执行。通常为每年的 11、12 月份。

7. 从全日制高等学校在校学生中征集新兵有哪些基本程序？

答：征集在校学生的工作，按照本人报名、学校推荐、体检政审、批准入伍的程序进行。高等学校与所在地的县（市、区）人武部门负责组织在校学生入伍的动员、报名和目测摸底工作，研究提出参加征兵体检人员的名单。高等学校所在地的县（市、区）征兵办公室，负责组织应征学生的体格检验工作。对体检合格的在校学生，由省级征兵办公室组织协调有关地区和部门，按规定进行政治审查。对体检政审合格者，由其就读学校所在地的县（市、区）征兵办公室批准入伍。

8. 国家对全日制高等学校在校学生参军后保留学籍和复员是如何规定的？

答：教育部、总参谋部、总政治部[2001]参联字 4 号文件规定，对高等学校自愿应征入伍的在校生，可保留学籍至退出现役后一年内。退出现役后一般应回原学校原专业复学，如确有必要须转换专业的，由所在学校确定。在服现役期间因公伤残的，有学习能力和生活自理能力者，复学后免交学费。退出现役后复学，其家庭经济困难的，由学校酌情适当减免学费。复学后报考研究生的，在同等条件下可优先录取。高等学校在校学生入伍后，部队在选取士官、直接提升军官，以及复学毕业后接受补充部队等方面给予优待。

9. 全日制高等学校在校学生参军应如何妥善安排学业？

答：教育部、公安部、民政部、总参谋部、总政治部[2002]参联字 1 号文件强调，在校大学生入伍前，学校应尽可能安排他们参加本学期其所学课程的考试，也可以根据其平时的学习情况，对本学期课程免试，直接确定成绩和学分，并保留学籍到退役后一年内。对已经修完规定课程或已修满规定学分，符合毕业条件的，学校可准予毕业，发给其毕业证书。在校大学生入伍后，有条件的可以参加原学校组织的函授或自学原专业课程，经部队团级单位批准可以参加学校组织的考试。

10. 全日制高等学校在校学生参军可享受哪些优待安置政策？

答：国家有关文件明确，对批准入伍的在校大学生，服役期间，其家属享受军属待遇，并由其入学前户口所在地人民政府按照本省（自治区、直辖市）有关义务兵家属优待的规定给予优待。退出现役后，不愿复学的大学生，由入学前户口所在地的退伍军人安置机构负责接收，并按照城乡退役士兵的有关政策规定，做好他们的安置工作。

思考题：

1. 如何理解国防法规的特性？

2. 什么是国防义务？公民应承担的国防义务主要有哪些？

3. 结合个人认识谈谈如何培养公民的国防观念。

4. 如何理解大学生参加军事训练的意义？

第三讲　中国武装力量

武装力量，是国家或政治集团所拥有的各种武装组织的统称。一般以军队为主体，由军队和其他正规与非正规的武装组织构成。武装力量的最高统帅，通常由国家或政治集团的最高领导人担任。

一、中国武装力量的构成

《中华人民共和国国防法》规定："中华人民共和国的武装力量，由中国人民解放军、中国人民武装警察部队和民兵组成"。它的基本体制是"三结合"。

在革命战争年代，为了适应人民战争需要，中国共产党领导中国人民建立了野战军、地方军和民兵三结合的武装力量体制。新中国成立后，国家根据国际国内形势的发展变化，在继承发扬优良传统的基础上，逐步形成了由中国人民解放军、中国人民武装警察部队和民兵构成的新的三结合武装力量体制。1984年5月，由全国人民代表大会通过的《中华人民共和国兵役法》，正式确立了这一新体制。

（一）中国人民解放军

中国人民解放军建立于1927年8月1日，是中华人民共和国武装力量的骨干，是抵抗侵略、保卫祖国、维护国家主权和安全的主要力量。

中国人民解放军，由现役部队和预备役部队组成。其中，现役部队是国家的常备军，包括陆军、海军、空军、火箭军和战略支援部队。主要担负防卫作战任务，必要时可以依照法律规定协助维护社会秩序和依照相关协议参加国际维和，以及遂行其他非战争军事行动。预备役部队是以现役军人为骨干、预备役人员为基础，按规定体制编制组成的部队。预备役部队列入中国人民解放军序列，平时归省军区（卫戍区、警备区）建制领导，按照规定进行训练，必要时可以依照法律规定协助维护社会秩序，战时根据国家发布的动员令转为现役部队。

（二）中国人民武装警察部队

中国人民武装警察部队（简称武警部队）组建于1982年6月19日，是以武装的形式执行国内安全保卫任务和维护社会秩序的现役部队，是中华人民共和国武装力量的重要组成部分，在维护国家安全和社会稳定、保障人民安居乐业中肩负着神圣使命。

武警部队平时担负的任务：维护国家主权和尊严，维护社会治安，保卫党政领导机关、重要目标和人民生命财产安全。战时，协助解放军进行防卫作战。

图 3-1 三军仪仗队

目前，武警部队正按照"多能一体、有效维稳"的战略要求，发展执勤安保、处突维稳、反恐突击、抢险救援、应急保障、空中支援力量，完善以执勤处突和反恐维稳为主体的力量体系，提高以信息化条件下执勤处突能力为核心的完成多样化任务能力，努力建设一支现代化武装警察部队。

武警部队包括内卫部队和黄金、森林、水电、交通部队，以及边防、消防、警卫部队。

图 3-2 中国人民武装警察

1. 内卫部队

内卫部队是武警部队主要组成部分，受武警总部的直接领导管理。主要任务：承担固定目标执勤，保障国家重要目标的安全；处置各种突发事件，维护国家安全与社会稳定；反恐怖，主要是反袭击、反劫持、反爆炸；支援国家经济建设，遇有严重灾害时，执行抢险救灾任务。

2. 黄金、水电、交通和森林部队

黄金部队主要担负黄金地质勘察、黄金生产任务；水电部队主要承担国家能源重点建设项目，包括大中型水利、水电工程以及其他建设任务；交通部队主要担负国家交通重点建设项目，包括公路、港口及城建等施工任务；森林部队主要担负森林的防火灭火以及维护林区治安、保护森林资源的任务。

3. 边防、消防和警卫部队

边防部队主要担负边境检查、管理和部分地段的边界巡逻以及海上缉私任

务；消防部队主要担负防火灭火任务；警卫部队主要担负党和国家领导人、省市主要领导及重要来访外宾警卫任务。

（三）民 兵

图3-3 女民兵

中国民兵创建于第一次国内革命战争时期，是不脱离生产的群众武装组织，是我国武装力量的组成部分，是解放军的强大后备力量。

民兵平时担负战备执勤、抢险救灾和维护社会秩序等任务，战时担负配合常备军作战、独立作战、为常备军作战提供战斗勤务保障以及补充兵员等任务。

在革命战争年代，民兵为民族解放和新中国建立作出了巨大的贡献。建国后，民兵仍在建设祖国、保卫祖国中发挥着重大作用。

目前，全国的民兵工作，在国务院、中央军委的统一领导下，实行地方党委、政府和军事系统的双重领导。地方各级党委和人民政府，对民兵工作实行统一计划和部署。

民兵组织已经遍及广大城乡，一般以乡（镇）、行政村和厂矿企业为单位，按照民兵人数多少，分别编为班、排、连、营、团。

按照《中华人民共和国兵役法》的规定，凡年满18岁至35岁符合服兵役条件的男性公民，除征集服现役者外，编入民兵组织服预备役。民兵分为基干民兵和普通民兵。28岁以下退出现役的士兵和经过军事训练的人员，以及选定参加军事训练的人员，编为基干民兵。其余18岁至35岁符合服预备役条件的男性公民，编为普通民兵。根据需要，也可吸收女性公民参加基干民兵。

二、中国武装力量的领导指挥体制

中国武装力量坚持"党指挥枪"的原则，确保各类武装力量在中国共产党的绝对领导之下。在新一轮国防和军队改革中，党中央着眼于贯彻新形势下政治建军的要求，按照"军委管总、战区主战、军种主建"的总原则，对中国武装力量领导指挥体制进行了重大改革。

中共中央军事委员会（简称中央军委）是中国武装力量的最高领导机关。中央军委实行主席负责制，中央军委主席为中国武装力量的统帅。中央军委组成人员为：中央军委主席，副主席若干人，委员若干人。

中央军委实行多部门制，由 7 个部（厅）、3 个委员会、5 个直属机构共 15 个职能部门组成，即：军委办公厅、军委联合参谋部、军委政治工作部、军委后勤保障部、军委装备发展部、军委训练管理部、军委国防动员部、军委纪委、军委政法委、军委科技委、军委战略规划办公室、军委改革和编制办公室、军委国际军事合作办公室、军委审计署、军委机关事务管理总局。

作战指挥体系由"军委——战区——部队"三级构成。战区在原来的

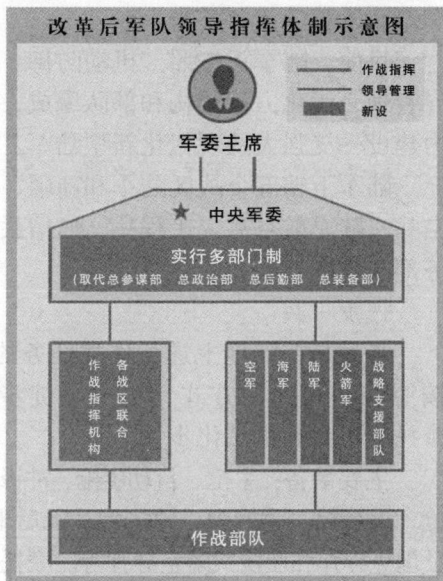

图 3-4 改革后军队领导指挥体制

沈阳军区、北京军区、济南军区、南京军区、广州军区、成都军区、兰州军区等七大军区基础上，重新调整组建东部战区、南部战区、西部战区、北部战区、中部战区五大战区。战区平时不直接领导管理部队，专司联合作战指挥职责。

领导管理体系由"军委——军种——部队"三级构成。军种领导机关主要负责各军种平时的建设与管理，除原来的海军、空军领导机关外，第二炮兵改称火箭军，新组建成立了陆军、战略支援部队领导机关。

三、中国人民解放军各军种的任务、编成与武器装备

（一）陆 军

陆军，是中国人民解放军的基础，是主要在陆地遂行作战任务的军种，对维护国家主权、安全、发展利益具有不可替代的作用。陆军是我军最早建立的武装力量，但长期以来没有陆军领导机关。2015 年 12 月 31 日，陆军领导机关正式成立。这是新一轮国防

图 3-5 陆 军

和军队改革的重要举措。

目前，陆军正按照"机动防御、立体攻防"的战略要求，加强顶层设计和领导管理，优化力量结构和部队编成，加快实现区域防卫型向全域作战型转变，努力建设一支强大的现代化新型陆军。

陆军下辖五个战区陆军和新疆、西藏两个军区，由步兵、装甲兵、炮兵、防空兵、陆军航空兵、工程兵、通信兵、防化兵、电子对抗兵等兵种和各种专业勤务部队组成。

1. 步兵

步兵是在陆地上遂行作战任务的兵种，按照机动和战斗方式，可分为徒步步兵、摩托化步兵和机械化步兵。

主要装备：手枪、自动步枪、冲锋枪、机枪、火箭筒、手榴弹、迫击炮、无后坐力炮、反坦克导弹和便携式防空导弹等。摩托化步兵装备有各种输送车辆，机械化步兵装备步兵战车、装甲输送车等输送车辆。

图 3-6　99 式主战坦克

2. 装甲兵

装甲兵是主要遂行地面突击任务的兵种。它具有较强的火力、快速机动能力和较好的装甲防护能力，是陆军的重要突击力量。

主要装备：各型主战坦克，水陆坦克、扫雷坦克、侦察坦克等特种坦克。还装备有步兵战车、自行火炮、装甲输送车、装甲侦察与指挥车等战斗与勤务保障车辆。

3. 炮兵

炮兵是主要遂行火力突击任务的兵种。它是陆军主要火力突击力量。

主要装备：各种型号、口径与用途的加农炮、榴弹炮、加农榴弹炮、火箭炮、迫击炮、反坦克导弹等。

4. 防空兵

防空兵是主要遂行地面防空作战任务的兵种。它是陆军对空战斗的主要力量，能在各种情况下掩护合成军队战斗行动的空中安全。

主要装备：高射机枪、高射炮和各型中低空、中近程地空导弹。

5. 陆军航空兵

陆军航空兵是主要遂行航空火力支援地面作战和机降作战任务的兵种，由直升机飞行部队和飞行保障部队等组成。它具有空中机动、空中突击和空中保障能力，能在复杂地形、多种气象条件下遂行战斗任务和保障任务，可以在野战条件下快速投入战斗，能对地面战斗实施及时的空中支援。

主要装备有：攻击直升机、运输直升机和其他类型的专用直升机。

图3-7　122毫米车载榴弹炮

图3-8　地空导弹

6. 工程兵

工程兵是担负工程保障任务的兵种，是军队工程保障的技术骨干力量。它主要担负构筑工事，修建道路、桥梁、渡场、港口、机场，设置、排除障碍物，实施工程伪装，消除核生化武器袭击后果等任务。

主要装备有：地雷、爆破、筑路、渡河、桥梁、伪装、野战供水、工程侦察等器材和工程机械设备。

7. 通信兵

通信兵是担负通信保障任务的兵种。它主要遂行保障军队通信联络，建立和管理军队指挥信息系统，组织实施观通、导航、军邮等任务。

主要装备有：固定通信装备器材、野战通信装备器材和其他装备器材等。

8. 防化兵

防化兵是担负防化保障与喷火、发烟任务的兵种。它主要遂行核观测、化学观察、化学和辐射侦察；组织部队和人民实施核生化防护，以及消除袭击后果；实施喷火、施放烟幕等任务。

主要装备有：核爆炸观测、核辐射侦察、化学侦察、洗消车辆和喷火、发烟器材等设备。

9. 电子对抗兵

电子对抗兵是应用电子对抗装备遂行电子战任务的兵种。它包括雷达对抗兵和通信对抗兵等。

主要装备有：各种型号的电子侦察、电子干扰和电子伪装设备器材等。

（二）海 军

海军成立于 1949 年 4 月 23 日，是中国人民解放军在海战场遂行作战任务的战略军种，是海上作战行动的主体力量。担负着保卫国家海上方向安全、领海主权和维护海洋权益等任务。

新形势下，海洋关系国家长治久安和可持续发展，海军对维护国家主权和安全、捍卫国家统一、拓展国家战略利益具有重要作用。目前，海军正按照"近海防御、远海防卫"的战略要求，逐步实现由近海防御型向近海防御与远海护卫结合型转变，构建合成、多能、高效的海上作战力量体系，提高战略威慑与反击、海上机动作战、海上联合作战、综合防御作战和综合保障能力，努力建设一支强大的现代化海军。

海军下辖北海、东海、南海三个舰队，主要有水面舰艇部队、潜艇部队、海军航空兵、陆战队、岸防部队及各种专业勤务部队组成。

1. 水面舰艇部队

水面舰艇部队是在水面遂行作战任务的兵种。它包括水面作战舰艇部队、登陆作战舰艇部队和勤务支援舰船部队。可攻击敌海上、沿岸和一定纵深内的陆上目标，参加夺取制海权、登陆和抗登陆、封锁和反封锁、保护或破坏海上交通线作战等。

主要装备：驱逐舰、护卫舰、导弹艇、猎潜艇、布雷舰、扫雷舰（艇）、登陆舰（艇）、气垫船和各种专业勤务舰船等。舰载武器有各型舰舰导弹、舰空导弹、多种口径的舰炮、反潜武器（深水炸弹）、鱼雷和舰载直升机等。

2. 潜艇部队

潜艇部队是主要在水下遂行作战任务的兵种。它包括战略导弹潜艇部队和攻击潜艇部队。可攻击敌大中型水面舰船、潜艇和陆上战略目标，攻击和封锁敌港口、基地，破坏敌海上交通线以及对敌实施侦察、反潜、布雷、巡逻和运送人员物资等。

> **资料窗**
>
> **国际航海通用计量单位**
>
> 国际航海通用计量距离的长度单位为海里，1 海里为 1852 米；计量短距离的单位用链表示，1 链 =1/10 海里；航海速度以节（海里／小时）为计量单位，舰船每小时航行 1 海里为 1 节。

主要装备：常规动力潜艇、攻击核潜艇和战略导弹核潜艇。艇上装备有弹道导弹、巡航导弹、鱼雷、水雷等多种武器。

3. 海军航空兵

海军航空兵是主要在海洋和濒海上空遂行作战任务的兵种。它包括岸基航空兵和舰载航空兵。可攻击敌海上、空中目标，袭击敌方并保护己方的海军基地、港口、沿海机场和海上交通线，争夺海洋战区和濒海战区的制空权与制海权，从空中掩护、支援海上舰船作战等。

主要装备：多种型号的歼击机、歼击轰炸机、轰炸机、运输机、水上飞机、反潜机、侦察机、预警机、巡逻机和直升机等。机载武器有各种空舰、空地、空空导弹，火箭弹，航空火炮、鱼雷和深水炸弹等。

图 3-9　水面舰艇

图 3-10　潜艇

4. 岸防兵

岸防兵是部署在沿海重要地段、岛屿，主要遂行海岸防御作战任务的兵种。它包括海岸导弹部队和高射炮兵部队等。可突击敌海上舰船、保卫基地、港口和沿海重要地段，扼守海峡、水道，掩护近岸海上交通线和舰船，支援岛岸和要塞守备部队作战等。

主要装备：各种型号的岸舰导弹，各种岸舰火炮、火箭炮、高炮等。

图 3-11　歼击轰炸机群

图 3-12　机动式岸舰导弹

5. 陆战队

陆战队是主要遂行登陆作战任务的海军兵种。通常由陆战步兵、装甲兵、炮兵、工程兵、通信兵、侦察兵、防化兵等组成。它可单独或配合其他军兵种实施登陆作战，参加海军基地、港口和岛屿的防御作战及特种作战。

图 3-13　两栖步兵战车

主要装备：步兵各类枪械、小口径火炮、反坦克导弹、防空导弹、各种压制火炮、舟桥、冲锋舟、气垫船、两栖坦克、装甲输送车及特种装备和作战器材。

（三）空 军

空军建立于 1949 年 11 月 11 日，是遂行空中作战任务的战略军种，是空中作战行动的主体力量。担负着保卫国家领空安全和领土主权、保持全国空防稳定等任务。

空军具有高速机动、远程作战和猛烈突击的能力。它既能单独作战，又能协同其他军种实施联合作战，在国家安全和军事战略全局中具有举足轻重的地位和作用。目前，空军正按照"空天一体、攻防兼备"的战略要求，实现国土防空型向攻防兼备型转变，构建适应信息化作战需要的空天防御力量体系，提高战略预警、空中打击、防空反导、信息对抗、空降作战、战略投送和综合保障能力，努力建设一支强大的人民空军。

空军下辖五个战区空军，主要由航空兵、地面防空兵、空降兵、雷达兵，以及通信兵、电子对抗兵等其他专业勤务部队组成。

1. 航空兵

航空兵是空军的主要兵种，主要遂行空中作战和保障任务。

主要装备：各型歼击机、歼击轰炸机、强击机、轰炸机等作战飞机，以及侦察机、运输机、电子干扰机、预警机、加油机等专业飞机。机载武器包括航空火炮、航空火箭、航空炸弹、空空导弹、空地导弹和鱼雷等。

2. 地面防空兵

地面防空兵是主要遂行地面防空作战任务的兵种。它包括地空导弹部队和高炮部队。担负着保卫国家重要目标安全的重任，是国土防空作战的中坚力量，主要用于要地防空和争夺制空权斗争，必要时高炮部队也可遂行歼灭地面、水面目标的任务。

主要装备：各种型号的地空导弹和高炮。

图 3-14　歼-10A 双机编队

图 3-15　远程地空导弹

3. 空降兵

空降兵是主要遂行伞降和机降作战任务的兵种。通常用于空降到重要目标或地域，突击敌部队、指挥机构、重要军事设施和后方供应系统，以及支援在敌后作战的部队行动等。

主要装备有：步兵轻武器、各型火炮、反坦克导弹、肩杠式防空导弹，以及特种装备和各型降落伞和伞兵战斗车、伞兵突击车等。

4. 雷达兵

雷达兵是主要遂行对空目标探测和报知空中情报任务的兵种。通常用于对空警戒侦察、保障有关机构对航空飞行器的指挥引导和实施航空管制等。

主要装备有：各种型号和程式的地面警戒、引导雷达等。

图 3-16　空降兵

图 3-17　远程雷达

（四）火箭军

火箭军由原第二炮兵改称，成立于 1966 年 7 月 1 日，主要担负遏制他国对中国使用核武器、遂行核反击和常规导弹精确打击任务。火箭军是我国战略威慑的核心力量，是我国大国地位的战略支撑。

图 3-18　东风-31A 战略核导弹

火箭军与海军战略核潜艇部队和空军战略轰炸机部队构成我国三位一体的战略核力量，既可单独作战，也可与其他军种实施联合作战。目前，火箭军正按照"核常兼备、全域慑战"的战略要求，增强可信可靠的核威慑和核反击能力，加强中远程精确打击力量建设，增强战略制衡能力，努力建设一支强大的现代化火箭军。

火箭军部队下辖试验基地、导弹基地和弹头基地。基地主要编导弹旅、发射营。

主要装备有：各种型号中近程、中远程、洲际弹道导弹以及巡航导弹。

（五）战略支援部队

战略支援部队是维护国家安全的新型作战力量，是在新一轮国防和军队改革中将各类战略性、基础性、支撑性都很强的保障力量进行功能整合后组建而成的，是我军新质作战能力的重要增长点，其领导机关成立于 2015 年 12 月 31 日。战略支援部队的使命任务是支援陆军、海军、空军和火箭军的作战行动，使我军在航天、太空、网络和电磁空间战场能取得局部优势，保证作战的顺利进行，它是联合作战的重要力量。

目前，战略支援部队坚持体系融合、军民融合，努力在关键领域实现跨越发展，高标准、高起点推进新型作战力量加速发展、一体发展，努力建设一支强大的现代化战略支援部队。

思考题：

1. 我国"三结合"武装力量体制是由哪些力量构成的？

2. 中国人民解放军陆军、海军、空军、火箭军各由哪些主要兵种组成？

3. 火箭军的使命任务是什么？

4. 如何理解战略支援部队是我军新质作战能力的重要增长点？

第四讲　国防动员

国防动员是"国家根据国防的需要，使社会诸领域全部或部分由平时状态转入战争状态或紧急状态所进行的活动"。

按照国防动员的规模，可分为总动员和局部动员。总动员是指在全国范围内实施的国防动员；局部动员是指国家在部分地区或部门进行的动员。总动员和局部动员在一定的条件下可以互相转化。按照国防动员的方式，可分为公开动员和秘密动员。公开动员是公开发布动员令，宣布进入战争状态实施的动员；秘密动员是为了避免暴露战略企图，在各种伪装措施掩护下隐蔽地实施动员。

一、国防动员的地位与作用

国防动员是国防活动的重要内容之一，是准备和实施战争的重要措施。无论是古代战争、还是现代战争，全面战争、还是局部战争，常规战争、还是非常规战争，都离不开动员。因此，国防动员对于保障战争胜利具有十分重要的地位与作用。

（一）国防动员是打赢战争的基础环节

为遏制战争爆发并夺取战争的胜利积聚强大的战争力量，是国防动员的基本功能与任务。这是因为，战争是实力的较量，国防动员不仅能够通过平时的准备，为战争实施积聚强大的战争潜力，而且可以通过建立一套平战转换机制，使这种潜力在战争爆发后迅速转化为实力，从而为保障战争的胜利奠定必要而坚实的物质基础。另外，国防动员还是遏制危机的有效手段。实践中，有许多国家通过积聚力量和显示使用力量的决心，有效地制止了战争的爆发。

资料窗

伊拉克战争中的动员

在伊拉克战争中，美国所征召的预备役人员，有许多是医疗卫生、装备维修和工程建筑等方面的专家，一些没有编入预备役的专业人员也参加到了战场技术保障，如爱国者导弹的生产商派出一些"白领"专家，到战场随队保障。

（二）国防动员是应对紧急突发事件的有效措施

国防动员的最初功能是应对战争的需要，但现代条件下，随着各种灾难事故和突发事故的频繁发生，国防动员的功能逐步得到拓展，它在应对和处置各类突发事件中也发挥着重要作用。因此，当国家遇到突发事件时，国防动员活动可以凭借自身的准备和特有的机制，使国家或地区在需要时进入一定的应急状态，动员国家、军队和社会的力量，抗御自然灾害、处置各种自然和人为的事故与灾难，维护人民群众的生命财产安全。

（三）国防动员是支援经济和社会发展的重要力量

国防动员"平战结合、军民结合、寓军于民"的原则，使得国防动员建设的成果可以直接为经济建设服务。和平时期，国家的中心任务是提高社会生产力，改善人民生活，对国防建设不可能有很多的投入。要使有限的国防经费，获得尽可能强的国防力量，就必须提高国防建设效益。其有效办法就是建设精干的常备军，加强后备力量建设，健全与完善动员体制，做到"平时少养兵，战时多出兵"。这样，不仅可以经常保持较强的国防整体威力，而且可以减轻国家负担，促进经济和社会发展。

二、国防动员的主要内容

国防动员的内容十分丰富，主要包括：人民武装动员、国民经济动员、人民防空动员、交通战备动员和政治动员等几个方面。

（一）人民武装动员

人民武装动员是国家将后备力量充实到军队，使军队和其他武装组织由平时状态转入战时状态所进行的活动。人民武装动员是国防动员的主体与核心，通常包括：现役部队动员、后备兵员动员、预备役动员和民兵动员。

现役部队动员是指将中国人民解放军各军兵种部队和武装警察部队从平时编制转为战时编制，按动员计划进行扩编，达到齐装满员。现役部队动员，主要内容：一是进入临战状态。接到动员命令后立即召回外出人员，停止转业、复员、退伍、探亲和休假等活动，启封库存的武器装备，作好战斗准备。二是实行战时编制。不满编的部队迅速按战时编制补充兵员和装备，达到齐装满员。三是扩建现役部队。扩建部队以现役部队为基础，扩建时的兵员空缺，由预备役官兵补充。四是组建新的部队。按照动员计划和部队编制方案，从现役部队或军事院校抽调官兵，搭建部队架子，同时征召预备役官兵，组成新的部队。

资料窗

《国防动员法》关于预备役人员储备与征召的有关规定

一是规定国家根据国防动员的需要，按照规模适度、结构科学、布局合理的原则，储备预备役人员；储备的规模、种类和方式由国务院、中央军事委员会决定。

二是规定国家决定实施国防动员后，县级以上人民政府的兵役机关、被征召的预备役人员所在单位以及被征召的预备役人员的责任和义务。

三是规定预编到现役部队和编入预备役部队的预备役人员、预定征召的其他预备役人员，离开预备役登记地 1 个月以上的，应当向其预备役登记的兵役机关报告。

后备兵员动员是指征召适龄公民到军队服现役的活动，主要是征召预备役军官和士兵补充到现役部队。根据战争的需要，国务院、中央军委还可以决定征召36~45 岁的男性公民服现役。后备兵员动员是直接为现役部队动员服务的，是与现役部队动员同步的活动。其主要用途：一是补充不满编的现役部队；二是补充扩建和新组建部队；三是补充战斗减员的部队。

预备役部队动员是指国家为实施战争或应对其他危机，征召预备役部队并使之达到可遂行任务的状态的活动。通常包括：征召所属人员，配发装备、物资，进行临战训练，组织动员等。预备役部队动员是战时迅速扩编军队的重要组织形式。《中华人民共和国国防法》规定，预备役部队"战时根据国家发布的动员令转为现役部队"。

民兵动员是指国家为实施战争或应对其他危机，征召民兵并使之达到可遂行任务的状态的活动。民兵是不脱离生产的群众武装组织，是保卫祖国的一支重要力量，战时可以配合军队作战和担负支援保障任务，也可以独立担负后方防卫作战和维稳任务。

（二）国民经济动员

国民经济动员是国家将经济部门、经济活动和相应的体制从平时状态转入战时状态所进行的活动，主要包括：工业动员、农业动员、贸易动员、财政金融动员、科学技术动员、医疗卫生动员和劳动力动员等。

工业动员是指国家调整和扩大工业生产能力，增加武器装备及战争需要的其他工业品产量的活动。通常包括：统筹安排军需民用，调整工业布局，改组生产与产品结构，实行快速转产，扩大军品生产；组织工厂企业进行必要的搬迁、复产以及作战物资的生产和储备等，最大限度地把工厂企业潜力转化为实力。

农业动员是指国家调整和挖掘农业生产潜力，维护农业设施，增加粮食、棉花、油料、肉类及其他农副产品的产量和国家征购量，满足战争和社会生产、生活对农产品需求的活动。

贸易动员是指国家在商品流通领域实行战时管理体制和战时商贸政策，控制商品流通秩序和流向，以满足战争和人民生活对各种商品的需求。主要内容是对国有贸易和对外贸易管制。

财政金融动员是指国家为保障战争需要而采取的筹措和分配资金，维持财政金融秩序的活动。通常包括：实行战时税制，实行战时预算，增加举借债务，加强金融监管。

科学技术动员是指为保障战争对科学技术的需要，国家统一组织和调整科研机构、科研人员、科研设备、资料及成果所进行的活动。通常包括：科研机构动员，科技人员动员，科技经费、设备和物资动员，科技成果和科技情报动员。

医疗卫生动员是指统一调度和使用医疗卫生方面的人力、药品器材、设备和设施，满足战争对于医疗卫生的需要所进行的活动，主要包括：实行医药卫生管制，组织战时医疗救护，搞好卫生防疫。

资料窗

战争开支

有关资料表明，第一次世界大战，各国直接用于战争的军费开支达1863亿美元。第二次世界大战，各国直接军费达1.35万亿美元。越南战争中，美国消耗了2000多亿美元。海湾战争，美国耗资达611亿美元。而伊拉克战争，美国至今为止已经撇出去4000多亿美元。

劳动力动员是指国家统一调配和使用劳动力，开发劳动力资源，以满足武装力量扩编、军工生产及其他领域对人力的需求所进行的活动。通常包括：根据战争需求调配和使用劳动力，实行战时就业制度，扩大劳动力资源总量，实行战时劳动制度，提高劳动强度和效率。

（三）人民防空动员

人民防空动员是指国家发动和组织人民群众防备敌人空袭、消除空袭后果进行的活动。通常包括：人防预警动员、群众防护动员、重要经济目标防护动员、人防专业队伍动员等。

人防预警动员是为了获取防空斗争所必须的情报，为组织民众防护和进行抢救抢修提供信息保障。

群众防护动员是为了保护人民生命安全，保存后备兵员和劳动力资源，保证人心安定和社会稳定，维持战时生产和生活秩序。

重要经济目标防护动员是为了减轻战争破坏程度，保护关键的生产能力。高技术局部战争表明，空袭经济目标、摧毁国防潜力对战争的进程和结局具有决定性影响，搞好重要经济目标防护动员十分重要。

人防专业队伍动员是根据战时消除空袭后果的需要，按照专业系统组成担负抢救抢修等防空勤务的群众性组织需要所进行的活动。主要任务包括：平时组建各种人防专业队伍，进行必要的训练和演练，有针对性地落实抢修器材、装备和物资；战时适当扩充人防专业队伍，组织开展抢救、抢修行动，消除空袭后果，维护社会治安。

（四）交通战备动员

交通战备动员包括交通运输动员和通信动员，是国家统一管制各种交通线路、设施、工具和通信系统，组织和调动交通、通信专业力量为战争服务的活动。

交通运输动员是指国家为了适应战争需要，组织和利用各种交通运输线路、设施和工具，进行人员、物资和装备输送的活动。通常包括：铁路、公路、水路和航空等运输方式的动员。交通运输动员，对于充分利用所拥有的交通运输能力，发挥交通运输在战争或危机中的重要作用，保持战争时期和应对危机时社会生产、生活的正常运转，具有重要意义。

通信动员是指国家为了适应战争需要，统一组织调动通信资源和力量，综合运用多种通信手段，保证通信联络安全、稳定、畅通所进行的活动。通信动员由军队通信部门、地方通信部门和通信动员部门共同组织实施。通常包括：对国家通信网络实行统一管制，征集和调用民用通信资源和力量，组织通信防卫，抢修抢建通信线路和设施，确保军队指挥顺畅、军地联络通畅。

（五）政治动员

政治动员是指国家或政治集团为实施战争或应对其他军事危机，在政治和思想方面进行的活动。主要包括：对政治体制进行必要的调整、整合内部和外部的政治力量、战时宣传教育和面向社会的思想发动。有效的政治动员，对于迅速实现政治体制的平战转换，形成多种政治力量共同对敌的局面，占据有力的舆论阵地，充分调动社会各界参加和支持战争的积极性具有重要意义。

平时政治动员主要表现为国防教育。其内容主要包括国防观念、国防知识、军事技能和国防等方面的教育，目的是增强国防观念和维护国家安全意识，提高履行国防义务的自觉性。国防教育以全民为对象，重点是国家机关工作人员、武装力量编成人员和青年学生。

战时政治动员主要包括国内政治动员和外交舆论宣传。国内政治动员，是政府、军队和社会团体等，运用各种宣传工具，对全国军民进行以爱国主义和革命英雄主义为核心的国防教育，使之增强国防观念，坚定打败敌人、夺取胜利的信心。外交舆论宣传，是国家通过各种外交活动和对外宣传，揭露敌人的战争阴谋，控诉敌人的战争暴行，瓦解敌方的战斗意志，争取世界爱好和平国家的声援和支持，建立国际统一战线，或建立战略协作关系。

三、国防动员的实施程序

国防动员的组织实施通常按照进行动员决策、发布动员命令、充实动员机构、修订动员计划和落实动员计划等步骤进行。

(一) 进行动员决策

进行动员决策是国防动员实施过程中首先要解决的问题。只有实施了动员决策，整个国家的政治、军事、经济、文化和外交部门等领域才能相应地转入战时体制，进行动员的各项活动。进行国防动员决策的关键，是正确分析判断敌情。必须充分利用各种手段，广泛收集各国尤其是敌国的政治、经济、军事等各方面的情况，并对这些情况进行综合分析，尽早洞察敌国的战争企图，从而视情况确定动员实施的时机、规模和方式等。

(二) 发布动员令

动员命令是宣布全国或部分地区、某些部门转入战时状态的命令。动员命令的发布，关系战争的胜负和国家的命运，各国大都由最高权力机关或国家元首、政府首脑发布。《中华人民共和国国防法》第十条规定：全国人民代表大会依照宪法规定，决定战争与和平的问题。决定全国总动员或者局部动员。第十一条规定：中华人民共和国主席根据全国人民代表大会的决定和全国人民代表大会常务委员会的决定，宣布战争状态，发布动员令。

发布动员令的方式，分为公开发布和秘密发布两种。动员令发布后，能否实施快速动员，在很大程度上取决于动员令的传递速度。所以，无论是公开动员还是秘密动员，都应该充分运用所有允许的传递形式，以最快的速度，将动员令传递到有关机构和人员。

（三）充实动员机构

国防动员机构是指平时负责动员准备、战时负责动员实施的组织领导机构。一旦实施战争动员，和平时期的动员机构，无论在人力上还是物力上，都难以适应需要，必须及时调整和加强。一方面，要扩大组织，增加人员。战时，一切为了夺取战争的胜利，动员机构任务十分繁重，工作量大，只靠平时的编制员名额，远远满足不了其需要；另一方面，还要赋予动员机构应有的职权，使其具有较高的权威性。国防动员事关国家安危，责任重大，如果权力有限，指挥无力，处处受制，就难以完成繁重的动员任务，进而影响战争的顺利进行。

（四）修订动员计划

国防动员计划是实施国防动员的依据。在面临战争的情况下，由于国际战略环境和国内条件都发生了变化，事先制定的动员计划难免与战争的实际情况不完全吻合，所以要及时予以修订。修订动员计划，要注意统筹规划，关照全局，突出重点，兼顾一般。修订动员计划，一般与充实动员机构同时进行。

（五）落实动员计划

落实动员计划是使计划见之于行动，是实施国防动员的关键环节。动员令发布之后，负有动员任务的地区和部门，应根据修订的动员计划，迅速转入战时体制。各行业以及社会生活的各个方面，都应以保障战争胜利为轴心迅速进行调整。其中，武装力量要迅速转入战时状态。现役军人一律停止转业、退伍、探亲和休假，外出人员立即归队。预备役部队应迅速集结、发放武器装备，并抓紧时间进行训练，准备承担作战任务。民兵应作好应征准备，同时启封武器装备，成建制进行训练，并准备承担各项任务。地方政府要根据上级下达的动员任务，积极实施动员行动。各行业、各阶层都要动员起来，落实国防动员任务，为赢得战争的胜利贡献自己的力量。

思考题：

1. 什么是国防动员？其分类有哪些？
2. 国防动员的地位和作用是什么？
3. 国防动员的主要内容有哪些？
4. 国防动员的实施程序是什么？

第二单元　军事思想

⚖ 学海导航：
1. 全民国防教育网。
2. 中国人民革命军事博物馆网。
3. 人民网军事频道。

学习目标

1. 了解军事思想的形成与发展过程。
2. 初步掌握我军军事理论的主要内容。
3. 明确我军的性质、任务和军队建设的指导思想。
4. 树立科学的战争观和方法论。

第五讲　中国古代军事思想

　　军事思想是关于军事领域基本问题的理性认识。通常包括战争观、军事问题认识论和方法论、战争指导思想、国防和军队建设思想等。军事思想是人们长期从事军事实践的经验总结和理论概括。

　　中国古代军事思想，是指中国奴隶社会、封建社会时期的军事思想。它是中国特定历史时期军队建设、国防建设和战争实践经验的理论升华。尽管那时还没有形成现代意义上的军事科学体系，但军事思想已发展成为一个相对完善成熟的理论体系。它有着丰富多彩的内容，对中国近代、现代乃至外国军事思想的发展，都产生过重要影响，许多内容至今仍有积极的意义。它的许多真理性的认识，将伴随着人类走向遥远的未来。

一、中国古代军事思想发展的历史分期与主要内容

根据中国古代军事思想形成与发展的脉络，结合中国社会发展的基本情况，中国古代军事思想的发展大致可以分为三个历史时期，即孕育萌生时期、系统成熟时期和后续发展时期。

（一）中国古代军事思想的孕育萌生——夏、商、西周时期的军事思想

夏、商、西周（公元前 2070 年—前 770 年）是奴隶制国家开始出现、形成并发展至顶峰的时期，也是中国古代军事想孕育和萌生的重要时期。这一时期社会生产力水平还十分低下，国家机器很不完备，社会组织也相对简单。

当时军队使用的武器装备，夏代以木、石等自然兵器为主，商和西周时代的武器装备，则以青铜兵器为主，且工艺纯熟，制作精良。战车，在夏代即已出现，但由于制作技术和材料的限制，那时战车的数量很少，仅限于高级指挥官乘用；至商代，战车制作技术已经成熟，使用规模也逐渐增大；周代，战车已成为军队的重要装备。

图 5-1　描述古代战争的壁画

就兵制而言，夏代，因为生产力水平仍然很低，不能养活过多的脱产军人，那时国家还没有常备军。平时仅由少数不需要参加生产劳动的上层贵族组成卫队，担任王室警卫。一旦发生战争，王室便临时征集平民组成军队进行作战。夏代军队的主要兵种是步兵。商代，军队主要的作战力量依然来自民军制，但是，已由原来的临时征集发展为有预定编制和隶属关系的民军制。商代军队有步兵和车兵两个兵种，步兵为主，车兵为辅，步兵和车兵分别编组作战。西周，王室组建了规模庞大的常备军。除王室军队外，其他诸侯国，也依爵位高低组建了常备军：方伯二师，诸侯一师。军队的兵种依然是步兵和车兵，但随着战车数量的增多，车兵遂发展为主要兵

种，车战也渐成主要作战方式。

夏、商、西周三代的战争，概括起来有三种类型。一是王朝更替的战争，如商灭夏的鸣条之战，周灭商的牧野之战。二是巩固统治的战争，表现为镇压反叛方国及抵御外族方国侵扰的战争，如夏启伐有扈之战。三是扩大统治的战争，即为了掠夺奴隶和财产而对外族方国攻伐的战争。当时的作战方式，步战则以密集队形正面冲杀，集团肉搏；车战则摆开宽正面的方阵队形，往复格斗。

夏、商、西周时期，人们对许多社会现象的认识尚处于一种懵懂状态。对于战争的认识也是如此。这一时期，人们对于战争这一社会现象的认识可以分为三个层次。

第一个层次：对战争问题的蒙昧认识——天命论的战争观。认为人类社会之所以有战争，是因为上天已经厌弃了一些人，而授权另一些人对之代行天罚。因此，对于战争的起因、战争的胜负乃至战争的发起时间、战争的方法等，认为只有上天才能决定，所以，每次战争都要以占卜的形式向上天请命，预测吉凶。举凡军队的组织、集合、出发、进攻、防御、侦察、驻扎，仗该打不该打，打得赢打不赢，等等，都要请上天说个明白。

第二个层次：对战争问题的感性认识——惩罚论的战争观。认为上天之所以要以战争的方式、征伐的手段、剥夺其权利和地位的结果对一些人进行惩罚，是因为这些人有罪，罪在违背了大家公认的价值观——敬天保民，这些人上不敬天，下不恤民，自然应该受到天谴。

第三个层次：对战争问题的能动认识——朴素唯物论的战争观。透过王朝更迭战争，得出了"天命靡常""天不可信"的结论，对神灵之天的存在产生怀疑与动摇，对神灵之天的作用也产生了怀疑与动摇。进一步认识到，天是没有什么意志的，所谓天的意志实在是人民的意志，是人民的意志决定了国运的兴亡与战争的胜负。当然，这种认识离历史唯物论的科学认识还差之甚远。但是，就是这种认识，已经踏进了真理的门坎，决定了中国古代军事思想的主导倾向。

"国之大事，在祀与戎"。战争是当时社会实践活动的主要内容之一，是决定历史发展的重大事件，所以，战争问题便成为当时人们研究的重大课题，也因此形成了相对丰富的研究成果。当时，就已有专门论述军事与战争问题的典籍问世，如《军政》《军志》《令典》。这些书早已散佚，但从一些古籍中引用的语录来看，已有相当的研究成果。此外，在《尚书》《周易》等当时即已成书的典籍中，也对战争与军事问题有大量论述。这一时期军事思想主要成果有：

1. 推崇正义战争，主张师出有名

《周易·师》卦辞说："师贞，丈人吉，无咎。"意谓兴兵打仗，首先要把握的是战争的性质和将帅人选的确定，只要坚持正义的战争，又有德才优秀的将帅的指挥，就能取得胜利，就不会有什么祸患。因为正义战争可以获得广泛支持，利于争取人心，凝聚力量；可以鼓舞己方斗志而瓦解敌方士气。所以，夏、商、周三代开国君主在夺取政权和巩固政权的军事斗争中，无不通过揭露对手的罪行来证明己方行动的正义性。

2. 关注制胜要素，强调德胜为先

《军志》说：有德不可敌。这一观点可说是三代时期军事思想成果的最重要成绩。它体现了把政治作为重要的制胜要素，是政胜思想的反映。这一观点也在当时被反复强调。西周统治者一再申戒要实行"敬德保民"的思想就是事例。此外，其他诸如对战机、地利、人和等制胜要素的论述，也多有所见。如《军志》说"先人有夺人之心，后人有待其衰"，讲的是要争取先机之利；《军政》说"见可而进，知难而退"，讲的是对战机和形势的把握；《军志》讲"失地之利，士卒迷惑，三军困败；饥饱劳逸，地利为宝"，讲的是地利；《周易·晋·六三》说"众允，悔亡"，讲的是人和。

3. 从严治军，师出以律

《周易·师·初六》讲"师出以律，否臧，凶"，意谓出师打仗，必须纪律严明，如果这一点做得不好，就会吃败仗。因此，从严治军，三代一以贯之。例如，《尚书·甘誓》中，夏启命令众人说："左不攻于左，汝不恭命；右不攻于右，汝不恭命；御非其马之正，汝不恭命。用命，赏于祖；弗用命，戮于社，予则孥戮汝。"《尚书·汤誓》中，商汤则说："尔尚辅予一人，致天之罚，予其大赉汝！尔无不信，朕不食言。尔不从誓言，予则孥戮汝，罔有攸赦。"《尚书·牧誓》中，周武王说："今日之事，不愆于六步、七步，乃止齐焉。夫子勖哉！不愆于四伐、五伐、六伐、七伐，乃止齐焉。勖哉夫子！尚桓桓，如虎如貔，如熊如罴，于商郊。弗迓克奔以役西土，勖哉夫子！尔所弗勖，其于尔躬有戮！"多么明白、坚决而有震撼力。

4. 全局运筹，重计尚谋

《孙子》曰："昔殷之兴也，伊挚在夏；周之兴也，吕牙在殷。"伊尹、吕尚，殷、周之重臣，乃智慧超群之人。殷周之兴，原因固多，而伊尹、吕尚之出谋画策、运筹帷幄，却是至关重要的。如对敌用间，掌握敌情，离间敌之内部力量，用阴谋以倾政；实行德政，笼络人心，争取与国；佯顺敌意，韬光养晦，麻痹敌人，积蓄力量；剪敌羽翼，孤立强敌，营造有利态势；善择战机，突然袭击；见善勿舍，时至勿疑，决心坚定，指挥果断等。

（二）中国古代军事思想的逐步成熟——春秋战国时期的军事思想

春秋战国（公元前 770 年—公元前 221 年），是我国由奴隶制社会向封建社会转变的时期，也是社会处于大动荡、大变革、大发展的时期。这一时期，随着社会政治、经济、文化、科技的全面发展，军事思想的发展也呈现出百花齐放的盛景，以《孙子兵法》为代表的一大批兵书产生，把古代兵学理论推向了时代的高峰，使中国古代军事思想的发展出现了一个高潮，并在社会变革中逐步走向成熟。

图 5-2　中国古代兵圣孙子

这一时期，军队的武器装备，随着社会经济和科技的发展，有了一个大的飞跃。铁兵器已广泛运用，兵器的杀伤力大大增强。兵器种类日渐繁多，兵器分类明确，性能各异，逐渐趋于制式化、系列化。除野战兵器外，攻城守城的兵器，各种渡河器材、工程作业器材也都各成系统。已初步形成了冷兵器时代兵器的结构体系。

这一时期兵制的改革尤为显著。首先是打破了西周关于军队限额的定制，使限额军队建制向无限额军队建制发展。诸侯国无论爵位高低，均可称其所能，依其所用建立自己的军队。其次是突破国野限制，扩大兵员范围，完成了世袭兵制向征兵制的转变。其三是南方诸国普遍建立了"舟师"，至战国时骑兵已成为一个重要兵种。

这一时期，战争，特别是争霸、兼并战争频繁，战场范围扩大，军队机动频繁，强调军队行动的运动性和战术运用的灵活性。因而，车战便由兴盛而衰弱，代之而起的是步战、骑战与城战。随着社会的发展，战争的规模越来越大，用兵数量越来越多，战争的连续性、持久性增强，战略、战役、战术的思想和行动逐渐产生，阵法、战法也呈现出多样化。为了守疆卫土，筑城建塞的军事工程迅速兴起，一些国家开始在边境修筑长城。

春秋战国时期，频繁的战争迫切地呼唤着军事理论的指导。而社会政治、经济、文化的发展，又为军事思想的发展提供了良好的环境和思想方法；多种多样的战争实践，又为军事思想的发展提供了丰富的研究资料。因此，这一时期可以说是中国古代军事思想发展的黄金时期，取得的军事思想成果尤为丰富。

1. 对战争本质的理性思考

对战争本质进行理性思考，是中国古代军事思想成熟的重要标志。

关于战争起因的研究。认为战争并非是上天的安排，也并非是自有人类就有，而认为是人类发展过程中的一种特殊社会现象，是社会矛盾激化的产物。战争产生的原因是物质利益、经济利益、政治利益矛盾的不可调和。吴起对战争的基本原因进行了这样系统的理论概括："凡兵之所启者五，一曰争名，二曰争利，三曰积恶，四曰内乱，五曰因饥。"

关于战争与政治的关系的研究。首先认为战争、军队是关系到国家生死存亡的重大政治举措。孙子道："兵者，国之大事，死生之地，存亡之道，不可不察也。"管子说："君之所以卑尊，国之所以安危者，莫要于兵。"其次，认为战争是由政治派生的，战争是现象，政治是本质。《尉缭子·兵令上》说："兵者，以武为植，以文为种；武为表，文为里。"第三，认为政治是决定战争胜负的首要因素。孙子论兵就着重提出了"道"的概念，他说："道者，令民与上同意也。"主有道，上下方能一心，上下一心，就能胜利。《管子·重令》则指出："凡兵之胜也，必待民之用也，而兵乃胜。"第四是认为，军事政治必须密切结合，互存互用，方能保证达成意图。孔子就说："有文事者，必有武备；有武备者，必有文事。"

关于战争与经济的关系的研究。认为战争是一种对社会财富消耗极大的活动，没有一定的物质基础作保证，战争便无法进行。如孙子说："凡兴师十万，出征千里，百姓之费，公家之奉，日费千金。"管子则明确指出："国贫而用不足，则兵弱而士不厉；兵弱而士不厉，则战不胜而守不固；战不胜而守不固，则国不安也。""地之守在城，城之守在兵，兵之守在人，人之守在粟。"孙子还说："军无辎重则亡，无粮食则亡，无委积则亡。"因此，富国才能强兵，发展国家经济，是强兵的基础；充足的物资储备和强有力的后勤保障，是取得胜利的必要条件。

关于战争性质的研究。认为就战争本身而言，有义战，有非义战。其正义性应从从事战争一方的动机与效果来判断的。《左传》中讲，武有七德，即"禁暴、戢兵、保大、定功、安民、和众、丰财。"《文子》则认为战争有五种情况："用兵者五：有义兵，有应兵，有忿兵，有贪兵，有骄兵。诛暴救弱，谓之义。"认为：义兵，则符合人民的利益要求，能顺应人民的愿望。因而，应拥护正义战争，实行正义战争，这样，就能获得人民的支持，就能"王天下"。因此又说："举事以为人者，众助之；以自为者，众去之。众之所助，虽弱必强；众之所去，虽大必亡。""义兵王，应兵胜，忿兵败，贪兵死，骄兵灭。"晏子也说："安仁义而乐利世者，能够服天下。"

2. 完整系统的治军之道

春秋时期，天下纷争，战乱频仍，欲保全国家利益，必须建立一支强大的军队。

在建军治军方面，首先，强调的是必须"立法定制，"必须坚持依法建军，依法治军。其次，要发展精兵利器。兵器，是构成军队战斗力的重要物质基础，是军队所以能履行使命的手段。墨子说："库无备兵，虽有义而不能征无义。"管子也说："凡兵有大论，必先论其器，""器械功，则伐而不废"，"不能致器者，不能制政。"第三，要教戒为先，以治为胜。《司马法》说："士不先教，不可用也。"孔子也说："以不教民战，是谓弃之。"军队只有经常性地进行严格系统训练，才能出战斗力。所以，强调把军队训练成明礼义、知荣辱、明法令、知进退、技艺精、善于战的威武之师。第四，按名督实，选将任将。将者，国之辅也。孙子说："知兵之将，民之司命，国家安危之主也。"因此，必须按照"智、信、仁、勇、严"的标准选将任将。

3. 谋深计远的全胜之策

全胜思想是孙子战略指导思想的核心。孙子说："凡用兵之法，全国为上，破国次之；全军为上，破军次之；全旅为上，破旅次之；全卒为上，破卒次之；全伍为上，破伍次之。"既要消灭敌人，又要保全自己。要以最小的代价获取胜利。要做到"兵不顿而利可全。"全胜的最好方式是"不战而屈人之兵"。不战而屈人之兵的主要方法途径就是"伐谋、伐交、伐兵"。伐谋，就是要掌握敌人的战略动向，洞察敌人的战略意图，通过采取综合行动，打乱敌人的战略部署，抑制敌人的意志和行动。伐谋的另一个方面，就是要修明政治，内圣外王，增强综合国力，既求德胜政胜，又要威慑敌人，即所谓战争于朝廷。伐交就是通过外交斗争，瓦解敌人同盟，使其"交不得合"，迫于势单力孤而不敢贸然发动战争。同时还要扩大、巩固己方联盟，争取最广泛的支持。伐兵就是做好充分的战争准备，对敌造成强大的军事威慑力，使敌不敢轻起战端。伐兵是伐谋、伐交的重要依托，没有充分的准备和强大的军事实力做后盾，"伐谋，伐交"就是一句空话。

为了谋全胜，必须进行精心策划，即庙算，充分发挥一切有利因素，最大程度地抑制敌人的战斗力要素，进行最优化决策，以达"兵未接而夺敌"之效。

实现全胜最基本的要求是"先为不可胜，以待敌之可胜。"因此，必须重战、慎战、备战。必须做到"合于利而动，不合于利而止"；必须安不忘危，保持经常戒备，"无恃其不来，恃吾有以待也；无恃其不攻，恃吾有所不可攻也。"

4. 丰富多彩的作战理论

春秋战国时期，是中国古代军事思想的大发展时期，因而也是作战理论最为丰富多彩的时期。这些作战理论，揭示出战争指导的基本规律，具有普遍的指导意义。

知行统一的战争指导观。知行统一，是人类一切社会活动的最重要、最基本的原则和方法。在中国乃至世界的古代军事理论家中，孙子第一个提出了"知己知彼，百战不殆；知天知地，胜乃可全"的战争指导中的真理性认识。这一认识，彻底摈弃了战争认识上的天命论和不可知论，反映了普遍性的军事规律。战争实践告诉人们，"知"是指导"行"、至于"胜"的必要前提。对于敌情、我情、天情、地情，知之愈细、知之愈确、知之愈准，则愈有助于科学决策和行动，取胜的可能性愈大。因而孙子又进一步说："知彼知己者，百战不殆；不知彼而知己，一胜一负；不知彼不知己，每战必殆。"

识众寡之用的以劣胜优观。兵力数量的对比是预测战争胜负的重要条件。常理，众者胜，寡者败。故孙子说"胜兵若以镒称铢，败兵若以铢称镒。"但孙子并不是机械僵化地进行兵力对比计算，而是把如何巧妙地运筹战场上兵力对比的关系作为发挥指挥艺术的平台。识众寡之用，其核心就是巧妙地采用谋略艺术，改变战场力量对比，使战场力量对比发生有利于我的变化，造成有利于我而不利于敌的态势，变寡为众，出奇制胜，消灭敌人。正确地掌握众寡之用的方法，就是在全局兵力对比处于劣势的情况下，通过发挥主观能动性，调动敌人，使敌人分散兵力，而我则相机集中兵力于一处，创造局部优势，各个消灭敌人。即孙子所说："形人而我无形，则我专而敌分；我专而为一，敌分而为十，是以十攻其一也。我寡而敌众，能以寡击众者，则吾之所与战者，约也。"而在战场态势的营造上，要懂得奇正之变，巧妙运用示形、虚实、造势等战法，调动敌人，迷惑敌人，出敌不意，攻敌不备，灵活应变，出奇制胜。

贵胜不贵久的制胜理论。在战争指导上，古今中外无不要求速胜。欲达速胜，就必须准确料敌，发现敌人弱处，制造敌人失误，打击敌人要害。"批亢捣虚"，则易速胜。

践墨随敌的用战原则。践墨随敌，就是原则性和灵活性相结合。践墨，是说用兵作战要遵守那些被实践证明是正确的原则、原理、方法，即顺应战争的一般规律。随敌，是说要根据战场情况的变化，灵活采取应对方法。战场情况千变万化，一成不变地生搬硬套作战原则，机械地执行作战计划和命令，只能招致失败。所以孙子说："水因地而制流，兵因敌而制胜。故兵无常势，水无常形，能因敌变化取胜者，谓之神。"

（三）中国古代军事思想的后续发展——秦至前清时期的军事思想

秦至前清（公元前 221 年—公元 1840 年），是中国封建社会制度在全国范围内确立及全面发展的时期。

这一时期，军事技术得到了很大的发展。秦以后，就进入了以铁兵器为主的时代。到了汉代，已完全淘汰了青铜兵器。炼铁技术的进步使军队武器装备的攻击性能和防护力不断提高。唐代中期发明了火药，宋代初年火药应用于军事，由此，拉开了冷兵器时代向火器时代过渡的序幕。北宋初年，已开始用火药制造燃烧性兵器；南宋时期，爆炸性火器已普遍用于作战；元朝初年，金属火铳已创制。之后，至明清两代，其他形制的火枪火炮也相继用于战争。

这一时期军事制度的发展，首先体现在中央集权军事领导体制不断得到强化和完善。皇帝对军队拥有最高的统治权，皇帝以下，设置中央军事行政和军事指挥机构，保证皇帝对全国军队实施有效控制。其次，在兵种结构上，车兵逐渐消失，步兵、骑兵为主要兵种，水军仍在发展，火器部队——神机营、炮手营也先后出现。

这一时期的军事实践异常丰富。战争的类型有，王朝更迭的战争、封建军阀割据战争、实现统一和维护统一的战争、巩固和维护国家安全的战争、农民起义战争和抵御外敌入侵的战争等。

这一时期军事思想发展的特点，一是兵家思想与儒道思想合流，儒道文化对兵学思想产生了重要而有系统的影响。二是在研究方法上，史论结合，举事明理。先秦论兵言简意赅，而这一时期出现的兵书，既有对古代兵法的诠释，又有对历代战争经验的总结和评述，还有对解决当代现实军事问题的理论研究，论据充足，论证充分。三是形成了完善的中国古代军事思想。在对前人军事思想继承的基础上，又有了许多创新性发展；在对先秦兵书进行整理编纂的同时，又有大量新的兵学著作问世。中国古代军事思想已蔚为大观，形成体系。

资料窗

"武经七书"

中国古代军事著作，典籍浩瀚，仅见诸著录的就有4000部以上，现存约500部，其中以《武经七书》最具代表性。《武经七书》是宋代政府编纂的武学教材，包括七部古代军事著作，分别是《孙子兵法》《吴子》《司马法》《尉缭子》《六韬》《三略》和《李卫公问对》。《孙子兵法》是我国现存最早的兵书，为春秋末孙武所著，共82篇，图9篇，今仅存13篇，包含极其丰富的军事思想，代表了我国古代军事思想的最高成就；《吴子》由战国时吴起等辑录，共48篇，是对《孙子兵法》的新发展；《司马法》为战国时齐威王命大夫整理的古司马法，共150篇，今仅存5篇；《尉缭子》传说为战国时的尉缭所作，今存24篇；《六韬》传说是周代吕望（姜太公）所作，现存6卷；《三略》是西汉末年的一位隐士所著；《李卫公问对》记录的是唐太宗与李靖之间的问答。

1. 臻于完善的战略思想

战略思想在先秦高度发达的基础上，运用更加灵活，理论更臻完善。主要表现为：

军政并举的战略观。秦及其以前，战争频繁，几乎国无宁日。所以当时战略思想的建构，主要是立足于指导战争的思考，治国方略偏重于武功。汉以后，天下统一，人心思定，战略思想必须实现由战争时期向和平时期转变。战略思维，不能仅囿于军事方面的考量，必须克服秦时主张的"克难平乱，非兵不济"的偏颇认识。必须站在国家全局的立场上，着眼于长治久安，以大战略的眼光去思考，所以产生了"文武并用""文武并兴"的战略思想。制定战略，必须首先确立政治的主体地位；实现战略目标，必须以修政、政胜为本，必须实行德治义化，实行仁政王道，同时也必须富国强兵。

攻守相谐的战争指导理论。攻与守，是辩证的统一。先秦的兵书兵论中，论攻多，论守少。秦的战争实践，也是攻多守少。秦以后，天下大定，无论就战争指导的基本规律看，还是从军事斗争的现实需要看，在战略制定上，都要辩证地处理好攻与守的关系，要审时度势，知攻守之宜。

这一时期的战略思想，适应夺取政权、巩固政权的需要，还对根据地思想、统一战线思想以及本土战略防御思想有所论述。

2. 长治久安、因情设策的国防理论

与春秋战国时相比，这一时期的基本情况是：大部分朝代，都是国家统一、政权稳定、边界线固定，而与周边民族间的矛盾突显。因此，国防便成为这一时期巩固国家政权、维护长治久安的重要课题。在这方面，首先是确立了"安不忘危、治不忘乱"的国防指导思想。其次是采取了徙民实边的守边策略。秦以后，由于边界线长，地处偏远，边境地区人口少，自然环境较差，守边的最大问题是给养需依靠战略后方供给和兵力向前线调动。秦时靠征发士卒，轮番守边。此举不仅困难重重，而且造成国内矛盾重重。引发反抗秦朝统治战争的导火线，就是征发戍卒问题。所以，汉文帝时，晁错就建议说："令远方之卒守塞，一岁而变，不如胡人之能。不如选常居者，家室田作，且以备之。"这一建议被朝廷采纳。从汉至清，这一策略一直坚持不辍。第三就是怀柔德化、民族和睦的边疆政策。实践证明，无论是汉唐，还是明清，只有当国势强大时，这一策略方可奏效。第四是筑长城，建要塞，守边关，控险要。著名的长城防御体系，从先秦到晚明，将近两千年时间，始终发挥着巨大的作用。明清时代，为了抵御倭寇的侵袭，就在沿海要点建塞筑城，设兵布防，建立了多层次的海防体系。

3. 不断创新的作战思想

由于战争实践丰富，作战手段发展，作战方法多样，所以这一时期的作战思想取得了长足的进步。首先是十分重视用谋。曹操就说："欲攻敌，必先谋。"而在谋略运用中，又提出了"心战为上"的作战指导思想。其次是各个击破的斗争策略思想，战略上是如此，战役战斗上也是如此。第三是"用兵之术，知变为大"的作战指导思想。每一场战争，每一次战斗，必须根据变化了的情况，采取相宜的策略和方法。诚如岳飞所说："阵而后战，兵法之常，运用之妙，存乎一心。"

4. 精兵选练的治军论

随着兵器的发展变化、作战对象的变化、作战环境的变化，作战样式和方法也必然发生变化，尤其是在火器出现以后。为了适应这些变化，对军队的能力素质就必然提出新的要求，尤其是对兵员质量的要求，达到了历史上前所未有的高度。明代徐光启就曾对此评论说："千方百计，总以精兵为根本，若无精兵，虽多得良将无可用，多有奇谋不得用，多造利器莫能用，多结外援弗敢用也。"解决这一问题的基本途径，就是选精兵、严部伍，勤练实练，从严治军。宋以后，曾有过许多这方面的论著，较著名的如宋代官修的《武经总要》《何博士备论》，明代戚继光著作的《纪效新书》《练兵记实》等。

二、中国古代军事思想的基本特征

中国古代军事思想，根植于中国特有的社会土壤，吸吮着中国特有的文化营养，反映了中国特定历史时期的军事实践，与西方军事思想相比，具有一些独特的特征。

(一) 军事思想的早熟与缓慢发展

在古典军事理论发展史上，中国古代军事思想的早熟是举世公认的。当中国社会还处在早期文明发展时，我们的祖先就把战争智慧视为生命的一体，用自己的生命和鲜血浇灌着古老的兵学之花。我国有史可查的最早的兵书大约初始于西周，《周礼》中的《夏官司马》就具有军事著作的内容特征。《尚书》中的"誓"，则类似后代的战争动员令。举世公认的世界最辉煌的古代兵法名著《孙子兵法》，是中国现存最早、影响最大、流传最广的兵书，被公认为为"世界第一兵书"。

相对于以《孙子兵法》为代表的中国兵学而言，西方兵学的成熟要晚得多。大约在公元前1世纪以前，西方国家的军事著述和史学著述是不分的，他们还没有按照军事理论的逻辑需要来构筑兵学理论的大厦，而只习惯于在战争事件与神怪传说中夹杂着对战争与军队问题的零星认识。4世纪时，古罗马人韦格蒂乌斯《论军事》一书的问世，才结束了军事著述与史学著述不分的现象。实际上，西方兵学的成熟还要晚些，正如美国国防大学战略研究所所长柯林斯所说："19世纪以前的西方，军事著作的任务大多留给了历史学家，而且只含着一鳞半爪的战略知识。"而能与《孙子兵法》相媲美的，唯《战争论》而已。

然而，纵观中国古代军事思想的发展历史，成熟之早与缓慢发展成为其运行的主要特点之一。在中国古代军事思想走过了第一个发展高峰后，中国即进入了漫长的封建社会，各封建王朝为了加强中央集权制，防止皇权旁落，适应封建统治的需要，或"罢黜百家，独尊儒术"；或"高鸟尽，良弓藏；敌国灭，谋臣亡"；或"杯酒释兵权"，从根本上削弱了兵家在社会政治生活中的地位。与此同时，封建王朝的统治者惟恐兵书流落民间，或焚书禁书，收归官有；或抵毁淘汰，严审苛选；或以文设狱，大兴讨伐，窒息了学术研究的空气，加上封建王朝的频繁更替，在学术氛围上形成了一种恶性循环，从而使兵学的研究和军事思想的发展呈现出曲折缓慢的特点。

（二）非兵家论兵与舍事言理的论兵传统

非兵家论兵是中国军事思想在发展过程中呈现出的又一个特点。其主要表现：

论兵者非止兵书。中国古代军事思想的产生并不是一开始就以兵书的形式出现的，它最初散见于国家的典章法令和其他文献中。在我国浩如烟海的古代史料中，就蕴含着十分丰富的军事思想的内容。诸子著作中的论兵篇章，不仅规模恢宏，论述精深，而且所反映的思想具有广泛的社会性。这些非兵书中的军事思想，反映了当时社会对军事问题的普遍认知，是中国古代军事思想的重要组成部分。

言兵者非止兵家。兵家是古代军事家和军事著述家的总称，是专门研究军事问题的一个学术流派。除兵家之外，在中国历史上还有儒家、道家、阴阳家、法家、名家、墨家、纵横家、杂家、农家、小说家十类。这些不同的学术流派，都有各自完整独立的研究方向和思想体系，然而，他们以各自学派的研究方向为主的同时，又都兼论军事，并且围绕当时社会的军事、政治、经济、哲学、道德、法律诸多领域的问题，相互争鸣，各抒己见，不仅活跃了学术研究的空气，也推动着古代军事思想向着广度和深度发展。

言兵却不限于兵。在中国古代不论是兵家言兵，还是非兵家言兵，并不是就军事研究军事，而是将军事与政治、经济、人文、自然、心理、艺术等有关因素摄于一体，以"欲明兵法，先明方略；欲明方略，先明史事，取古今战争得失之数，设身处地以求之，博习其故，可以得实理"的严肃的史学态度和很高的军事哲学修养，从哲学的高度观察、评论战争，解释战争运动的条件，揭示战争规律和战争指导规律，形成"舍事言理"论述军事问题的传统，从而使中国古代军事思想具有较强烈的哲学思辩性、较高的理论概括性、较深远的宏观超前性和较广泛的社会通用性。

（三）崇尚道义与追求和平的价值取向

中国古代军事思想从来就把崇尚道义，追求和平作为研究军事问题的价值取向。这是中华民族长期以来反对扩张、知足戒贪传统思想文化的积淀及其在军事思想中的反映。早在先秦时期，兵家就把"止戈为武"作为思考战争问题的逻辑起点。《司马法》指出："杀人安人，杀之可也；攻其国，爱其民，攻之可也；以战止战，虽战可也。"明确把"安人""爱其民""止战"作为进行战争的目的。《孙子兵法》则把"道"作为战争取胜的首要因素，把"不战而屈人之兵"作为军事战略的最高境界。秦统一后，繁衍、生息在多民族共同体之中的中国人民，不论朝代如何更替，信仰如何不同，都始终保持一种对和平的热切向往和不懈追求，对统一国家的高度认同和极力维护，这种传统思想文化经过长期的积淀和升华，逐渐形成了一种独具特色的传统观念，即"先王之道，以和为贵，贵和重人，不尚战也"。这种传统观念代代相因，发扬光大，从而成为中国古代军事思想的一个基本特征。

（四）贵谋贱战与以智驭力的战争致胜模式

在中国古代军事理论宝库中，丰富多彩的奇谋方略最引人注目。翻开中国古代的历史典籍，其中对战争的记述，无不在运筹帷幄的谋略上浓墨重彩，精雕细刻，而在战争经过的描写上则是惜墨如金，语焉不详。在中华民族的观念中，人们膜拜的不是手持丈八长矛、一声怒吼吓退百万大军的张飞，也不是碧眼苍髯、手持两把扳斧有进无退的李逵，而是羽扇纶巾、布衣草履的诸葛亮、张良，因为前者被视为一介武夫，而后者才是智慧的化身。孙武及其他历代兵学家，对千百年积累下来的战争经验和重视谋略运用的传统思维进行了系统的理论总结，《孙子兵法》中所提出的"十二诡道"，《百战奇法》《三十六计》所概括出的130多条战争法则，都是熔炼中国传统谋略思想而形成的纯真结晶。这些耳熟能详、出口能诵的奇法妙计，是中国传统战争智慧得以存在并不断深化的思想和社会基础。

思考题

1. 中国古代军事思想的历史分期和各时期军事思想的主要成果是什么？
2. 如何理解孙子的全胜思想？
3. 中国古代军事思想的基本特征是什么？

第六讲 毛泽东军事思想

毛泽东军事思想是以毛泽东为代表的中国共产党人关于中国革命战争和军队问题的科学理论体系。它是毛泽东思想的重要组成部分，是马克思列宁主义普遍原理与中国革命战争和国防建设实际相结合的产物，是中国共产党领导中国人民及其军队长期军事实践经验的科学总结和集体智慧的结晶，同时也多方面汲取了古今中外军事思想的精华。

一、毛泽东军事思想的形成和发展

毛泽东军事思想的形成和发展，是同中国革命战争的发生、发展和胜利紧密联系在一起的。新中国成立后，毛泽东军事思想适应国防建设和军事斗争的需要，继续得到了丰富和发展。

资料窗

十月革命

1917 年 11 月 7 日（俄历 10 月 25 日）深夜，在列宁领导下，彼得格勒涅瓦河上的"阿芙乐尔"号巡洋舰向冬宫发起炮击，起义者占领冬宫。与此同时，全俄苏维埃第二次代表大会在斯莫尔尼宫开幕，成立了工农革命政府——人民委员会。这次大会，标志着无产阶级新型国家的确立。到 1918 年 3 月，俄国全境从城市到乡村，各级苏维埃政权相继建立起来。俄国十月革命的胜利和苏维埃政权的建立，开创了人类历史的新纪元。

（一）毛泽东军事思想的产生

从 1921 年中国共产党成立到 1935 年 1 月遵义会议前，是毛泽东军事思想的产生时期。这一时期我们党最大的成就就是开创了中国革命的道路，即农村包围城市、武装夺取政权的道路。

在俄国十月社会主义革命的影响下，经过 1919 年"五四"运动，中国无产阶级的先锋队中国共产党于 1921 年 7 月 1 日成立，党的第一次全国代表大会所通过的第一个纲领中，原则地申明了用革命手段推翻旧政权的历史任务。毛泽东所著《中国社会各阶级的分析》和《湖南农民运动考察报告》，鲜明地阐发了关于中国广大劳苦农民在革命中具有巨大作用的观点。

然而，彻底地认识武装斗争在中国革命中

的极端重要性，还是在蒋介石、汪精卫于 1927 年春、夏相继发动反革命政变，使大革命遭到失败以后。在中国革命的紧急关头，毛泽东提出必须"保存武力"和"上山"的主张。同年 8 月 1 日，周恩来等领导发动了南昌起义，打响了武装反抗国民党反动派的第一枪，标志着中国共产党独立领导武装斗争、创建革命军队的开始，中国革命进入土地革命战争时期。8 月 7 日中共中央召开紧急会议，毛泽东在发言中强调，全党"要非常注意军事，须知政权是由枪杆子中取得的。" 1927 年 9 月，毛泽东领导发动了湘赣边界秋收起义，并在井冈山地区创建了第一个农村革命根据地。至 1928 年 6 月，党在全国范围内相继领导举行了近百次武装起义。毛泽东军事思想就是在这样的时代条件下，为了适应指导中国革命战争的历史需要，而逐步形成发展起来的。

在此期间，毛泽东先后写下了《中国的红色政权为什么能够存在?》《井冈山的斗争》《中国共产党红军第四军第九次代表大会决议案》《星星之火，可以燎原》等著作。毛泽东的上述实践与著作，为中国革命及其武装斗争指明了以农村包围城市、最后夺取全国胜利的正确道路，规定了人民军队基本的建军路线和作战原则，从而成功地解决了中国革命究竟应当走什么道路和如何建军、如何作战三个根本问题。由此，毛泽东军事思想的基本内容已经产生，为其科学体系的形成奠定了坚实的基础。

（二）毛泽东军事思想的形成

从 1935 年 1 月遵义会议到 1945 年 8 月抗日战争胜利，是毛泽东军事思想的形成时期。

中央苏区第五次反"围剿"失败，中共中央和中央红军主力被迫于 1934 年 10 月开始举行战略转移。1935 年 1 月召开的遵义会议，重新确立了毛泽东在红军和中共中央的领导地位，从而在危难关头挽救了中国共产党、中国工农红军和中国革命。在以毛泽东为核心的党中央、中央军委的领导指挥下，红军胜利完成了长征。

1937 年 7 月，中国人民抗日战争全面爆发。中共中央提出全国抗日战争必须实行全面抗战的路线和持久胜敌的总方针；确定共产党所领导的八路军实行由国内正规战争向抗日游

图 6-1　毛泽东写作《论持久战》

击战争的军事战略转变，执行独立自主的山地游击战的方针，创造根据地，牵制和相继歼灭敌人，配合友军作战。

这一时期，毛泽东先后发表了《中国革命战争的战略问题》《抗日游击战争的战略问题》《论持久战》《战争和战略问题》等军事论著，以及具有重要军事内容的哲学名篇《实践论》和《矛盾论》。这些著作，对历时十年的土地革命战争经验做了系统的理论总结和哲学概括，揭示了中国革命战争的根本规律和各项基本指导原则，科学地预见了抗日战争的发展进程，系统地回答了中国革命战争如何才能以弱胜强、以劣势装备战胜优势装备之敌的有关问题，同时，也深刻阐明了战争的本质和研究战争问题的科学方法，揭示了军事领域的一系列普遍规律和共通法则。这表明毛泽东军事思想作为一个具有鲜明中国特色的军事理论科学体系已经建立起来。尔后，随着战争形势的发展，毛泽东又对建设抗日根据地、发展敌后抗日游击战争、在坚持抗日民族统一战线的原则下进行反对国民党顽固派制造摩擦的斗争，以及加强军队政治建设、加强军政军民团结、军队实行生产自给等诸多重大问题，提出了一系列方针、政策和指导原则。从而为夺取抗日战争的胜利，提供了全面可靠的理论指导。

1945年4月，中国共产党第七次全国代表大会在延安召开。朱德在所作的军事报告《论解放区战场》，提出了"毛主席的军事思想"这一概念，并就这一科学概念的具体内容进行了系统的阐发。此次大会前后，中共中央和八路军、新四军的其他一些领导人，也分别对毛泽东军事思想作出了若干阐述。至此，毛泽东军事思想所涉及的无产阶级战争观和方法论、人民军队、人民战争的战略战术等内容，都已发展成为系统的理论，形成了比较完整的军事科学体系。

资料窗

十大军事原则

①先打分散和孤立之敌，后打集中和强大之敌。②先取小城市、中等城市和广大乡村，后取大城市。③以歼灭敌人有生力量为主要目标，不以保守或夺取城市和地方为主要目标。保守或夺取城市和地方，是歼灭敌人有生力量的结果，往往需要反复多次才能最后地保守或夺取之。④每战集中绝对优势兵力（两倍、三倍、四倍，有时甚至是五倍或六倍于敌之兵力），四面包围敌人，力求全歼，不使其漏网。在特殊情况下，则采用给敌以歼灭性打击的方法，即集中全力打敌正面及其一翼或两翼，求达歼灭其一部、击溃其另一部的目的，以使我军能够迅速转移兵力歼击他部敌军。力求避免打那种得不偿失的、或得失相当的消耗战。这样，在全体上，我们是劣势（就数量来说），但在每一个局部上，在每一

个具体战役上，我们是绝对的优势，这就保证了战役的胜利。随着时间的推移，我们就将在全体上转变为优势，直到歼灭一切敌人。⑤不打无准备之仗，不打无把握之仗，每战都应力求有准备，力求在敌我条件对比下有胜利的把握。⑥发扬勇敢战斗、不怕牺牲、不怕疲劳和连续作战（即在短期内不休息地接连打几仗）的作风。⑦力求在运动中歼灭敌人。同时，注重阵地攻击战术，夺取敌人的据点和城市。⑧在攻城问题上，一切敌人守备薄弱的据点和城市，坚决夺取之。一切敌人有中等程度的守备、而环境又许可加以夺取的据点和城市，相继夺取之。一切敌人守备强固的据点和城市，则等候条件成熟时然后夺取之。⑨以俘获敌人的全部武器和大部人员，补充自己。我军人力物力的来源，主要在前线。⑩善于利用两个战役之间的间隙，休息和整训部队。休整的时间，一般地不要过长，尽可能不使敌人获得喘息的时间。

（三）毛泽东军事思想的发展

抗日战争胜利后，经过解放战争、抗美援朝战争和社会主义建设时期，毛泽东军事思想得到了全面的丰富和发展。

解放战争中，毛泽东的战争指导艺术，达到了炉火纯青的程度。在此期间，他撰写的《集中优势兵力，各个歼灭敌人》《三个月总结》《解放战争第二年的战略方针》《目前形势和我们的任务》《评西北大捷兼论解放军的新式整军运动》《将革命进行到底》等著作，不仅进一步丰富了人民战争理论和战略防御理论，而且创造出独具特色的包括战略决战和战略追击在内的战略进攻理论；不仅发展了运动战和游击战理论，而且创造了包括大中城市攻坚战在内的大规模阵地战理论。

抗美援朝战争中，中国人民志愿军摸索创造了在现代战争和异国特定地理条件下，以劣势装备战胜优势装备之敌的大量新鲜经验。其中，包括在现代条件下进行运动战、近战、夜战，打"零敲牛皮糖"式的小歼灭战的经验；进行以坑道为骨干，与野战工事相结合的坚固阵地防御作战的经验；开展抗击敌"空中绞杀"斗争、确保战区后勤运输线畅通的经验；诸军兵种协同作战和准备抗敌大规模登陆作战等方面的经验。这些经验，为毛泽东军事思想增添了关于现代化战争指导的内容。

建国前夕，毛泽东就明确指出："我们不但要有一个强大的陆军，还要有一个强大的空军和一个强大的海军"，为和平时期建军指明了方向。建国后，毛泽东提出了必须建设强大的现代化国防，以保卫国家安全和国内经济建设的历史任务；制定了反对外来侵略的积极防御战略方针；确定了为自卫而发展包括导弹、核武器在内的高新技术装备，建立中国自己的国防科研和国防工业体系的指导思想和总体部署；提出了加强人民解放军的革命化、现代化、正规化建设，民兵建设和战略后方建设，以及发展中国的军事科学等一系列指导方针，从而形成了毛泽东国防建设思想，构成了毛泽东军事思想一个新的组成部分。

二、毛泽东军事思想的主要内容

毛泽东军事思想作为一个完整的科学体系，内容十分丰富。主要包括战争观和方法论、人民军队、人民战争、人民战争的战略战术和国防建设理论五部分，其核心是人民战争思想。

（一）战争观和方法论

毛泽东在研究和指导中国革命战争中，总结提出了关于如何研究和指导战争的许多具有普遍意义的重要原则，它为正确地看待战争，恰当地解决军事领域的各种矛盾，提供了基本的观点和方法。战争观和军事问题的方法论是毛泽东军事思想的基础。

战争观是对战争本质的科学认识。毛泽东关于战争的基本观点是：战争是从有私有财产和有阶级以来就开始了的，用以解决阶级和阶级、民族和民族、国家和国家、政治集团和政治集团之间，在一定发展阶段上的矛盾的一种最高斗争形式。战争既不是从来就有的，也不会永远存在下去，它和其他社会现象一样，也有自己的产生、发展和消亡过程。在战争与政治的关系上，认为政治是不流血的战争，战争是流血的政治；战争有正义和非正义战争两类，共产党人拥护正义战争反对非正义战争；政治是经济的集中表现，经济利益的冲突是爆发战争的最根本动因。

研究和指导战争的方法论主要有：战争是有规律的，战争规律是可以认识的；研究指导战争必须从实际出发，着眼于特点和发展；必须熟知敌我双方各方面的情况，找出其行动规律，并且应用这些规律于自己的行动；武器装备是战争的重要因素，人是战争胜负的决定性因素；战争指导者必须在既定的客观物质基础上，充分发挥人的主观能动性，使主观指导符合客观实际；研究和指导战争必须处理好战争全局与局部的关系，抓好对全局有决定意义的关节是取得胜利的关键。

（二）人民军队建设理论

毛泽东强调，"没有一个人民的军队，便没有人民的一切。"人民军队来自人民，也必须服务于人民。全心全意地为人民服务，是人民军队的唯一宗旨。中国共产党是我军的领导核心，必须坚持党对军队的绝对领导；政治工作是我军的生命线，强有力的政治工作是战胜敌人的重要因素；加强思想政治工作，必须坚持官兵一致、军民一致和瓦解敌军三大原则，实行政治、军事、经济三大民主，执行三大纪律八项注意；人民军队永远是一支战斗队，但又是一个工作队和生产队，除了打仗消灭敌人军事力量之外，还要担负宣传、组织和武装群众，并帮助群众建立革命政权以至共产党组织的任务，必要时还要参加生产，以减轻人民的负担；要加强军队正规化、现代化建设，实行统一的指挥、统一的制度、统一的编制、统一的纪律、统一的训练；要加强教育训练，提高官兵科学文化知识水平，掌握新技术和新战术，全面提高指战员的军政素质；要加强军事科学研究，注重总结经验和借鉴古代及外国军事思想的成功经验。

（三）人民战争思想

毛泽东把人民群众是历史的创造者这一马克思主义的基本原理运用到战争领域，确立了人民战争的伟大思想。其主要内容有：进行革命战争，必须动员群众、组织群众、武装群众和依靠群众，把革命战争变成人民群众自觉的行动；建立强大的农村根据地，这是革命战争赖以执行自己的战略任务、保存和发展自己、消灭敌人的战略基地；以人民军队作为人民战争的骨干力量，实行主力兵团和地方兵团，正规军和游击队、民兵，武装群众和非武装群众相结合的组织形式；以武装斗争为主，把军事斗争与政治、经济、外交、文化、卫生等各条战线上的斗争广泛而又全面地配合起来。

（四）人民战争的战略战术

毛泽东和老一辈无产阶级军事家在敌强我弱的条件下，创造了一整套以劣势装备战胜优势敌人的灵活机动的战略战术。其基本原则主要有：

1. 保存自己、消灭敌人

战争的军事目的就是保存自己、消灭敌人。战争中作战形式离不开战争目的，作战行动体现这一目的。应当把保存自己、消灭敌人这两方面很好地统一起来，一切作战行动，都必须把消灭敌人放在头等重要地位。同时，我们衡量一切军事行动的价值大小或正确与否，主要是看它是否有利于最大限度地消灭敌人。

2. 实行积极防御，反对消极防御

积极防御，又叫攻势防御，决战防御，是把防御与进攻辩证统一起来，相互结合，灵活运用，以积极主动的攻势行动，挫败敌人进攻的防御。实行积极防御反对消极防御

资料窗

人民战争的威力

淮海战役期间，华东、中原、冀鲁豫、华中四个解放区共出动民工 543 万人，征集担架 20 万副，大小车 88 万辆，挑子 30 万副，牲畜 76 万头，总共筹运粮食 9.6 亿斤。在战役第三阶段，参战兵力与后方支前民工的比例为 1：9。

是毛泽东在战争指导上的一贯立场。其基本精神是：从自卫的、后发制人的立场出发，在敌强我弱总形势下，将战略上的防御和战役上进攻紧密结合起来，以积极的攻势行动抗击敌人，不断消灭和消耗敌人，转化敌我力量对比，夺取战略主动权，并适时地把战略防御导向战略反攻和进攻，彻底消灭敌人，夺取战争全面胜利。

3. 集中优势兵力各个歼灭敌人

集中优势兵力，各个歼灭敌人的作战方针，是人民战争战略战术的重要内容，是我军"战场作战的基本方针"，是争取主动的基本方法。一是集中主要兵力于主要作战方向，反对平均主义。不但要在主要方向上集中兵力，而且还要集中兵力于主要目标和主要攻击点上。二是拣弱的打，先弱后强，由小到大，正确地选择打击目标。三是采取围攻部署。集中兵力的目的是为了打歼灭战。包围迂回是进行歼灭战的部署原则，可以使敌人陷于完全孤立无援而无法逃脱的境地。在战术手段上，则要采取迂回渗透，分割、穿插等作战行动，以便将敌人割裂而各个歼灭。贯彻集中优势兵力各个歼灭敌人的作战原则，还要积极创造和捕捉战机，周密地进行作战准备，运用灵活的进攻样式，保持军队顽强的战斗作风。

4. 采取恰当的作战形式，运动战、阵地战、游击战相结合

游击战，是一种分散、流动的作战形式。它执行消耗任务，同时又执行歼灭任务。从中国革命战争的全过程来看，运动战是解决战争命运的主要作战形式，执行歼灭任务。它主要由正规兵团来承担。运动战是进攻型的作战形式。担任运动战任务的兵团或部队，是机动力量，没有固定的作战方向和地点。阵地战是

消耗和歼灭敌人的重要作战形式。在战略防御阶段主要执行阻击和钳制任务；在战略进攻阶段则执行攻歼据守之敌和夺取城市。运动战、阵地战、游击战三种作战形式各有其特长，也各有其弱点。单纯靠任何一种作战形式，都不能使战争取得最后胜利。只有把三种作战形式密切地结合起来，才能互为补充，扬长避短，争取胜利。通常是以一种形式为主，其余两种形式为辅，密切配合，发挥人民武装力量的整体威力。

5. 周密进行战争准备

毛泽东强调，"凡事预则立，不预则废，没有事先的计划和准备，就不能获得战争的胜利"，"不打无准备之仗，不打无把握之仗，每战都应力求有准备，力求在敌我条件对比下有胜利的把握"，在充分准备的基础上要慎重初战。

(五) 国防建设理论

毛泽东在抗日战争时期就指出，革新军制离不开现代化。解放战争时期，要求加强炮兵、工兵等力量建设和现代运输工具的运用。中华人民共和国建立后，又及时提出加强国防，建设包括海军、空军以及其他技术兵种的现代化革命武装力量和发展现代化国防技术（包括用于自卫的核武器）的重要指导思想；论述了正确处理经济建设和国防建设的关系，明确要求在增强国家经济实力的基础上来增强军事实力；要求军队必须掌握最新装备和随之而来的最新战术，使部队正规化建设与现代化装备相适应，并强调军队要严格训练、严格要求；领导我军兴办各类军事院校，加速培养干部，成立军事科学研究机构，加强军事理论研究，制定各种条令、条例；对司令部工作、政治工作、后勤工作提出了新的要求；强调加强后备力量建设，民兵工作要做到组织、政治、军事三落实，充分发挥民兵和预备役力量在保卫和建设国防中的作用；提出了有计划地进行国防工程建设的方针原则，并建立人民防空工作；要求全国军民从思想、组织和物质上做好反侵略战争的准备和加强战略后方建设等。

三、毛泽东军事思想的地位作用

(一) 毛泽东军事思想创造性地发展了马列主义的军事科学

以毛泽东为代表的老一辈无产阶级革命家，运用马克思列宁主义的军事理论，指导中国的革命战争实践，使无产阶级在半殖民地、半封建的大国里夺取政权，建立了无产阶级领导的人民民主专政的国家，从而使马克思列宁主义的军事理论在中国革命战争丰富的实践土壤中，得到了创造性的发展，极大地丰富了马克思列宁主义的军事理论宝库。

图6-2 外国军官参观毛主席纪念堂

（二）毛泽东军事思想永远是我军克敌制胜的指南

毛泽东军事思想是科学的真理，它揭示了武装斗争的基本规律，提供了人们关于认识和掌握武装斗争基本规律的立场、观点和方法。这些都具有永恒的、普遍的指导意义，不会因时间的推移而过时。其中的某些具体方针原则，是在当时具体情况下针对具体问题提出的，由于环境的变化，不可能具有永恒的普遍指导意义。但是，毛泽东军事思想的基本原理和方法，尤其是一切从实际出发、实事求是的思想路线，仍是我们加强国防现代化建设和打赢未来反侵略战争的指南。今后，毛泽东军事思想还将在新形势、新任务下不断得到丰富和发展。

（三）毛泽东军事思想在世界上具有广泛的影响

随着中国革命战争的胜利，毛泽东军事思想日益引起世界的瞩目。世界各国不少著名人士都在研究毛泽东军事思想，探讨毛泽东如何领导人民以弱小的力量战胜强大的敌人而夺得战争胜利的经验。毛泽东军事思想成了各国报刊、杂志竞相介绍的重要内容，各种文字的研究专著相继出版，世界上许多论述战争、和平与革命的重要著作和文章，都提到毛泽东的名字。有的国家还成立了毛泽东思想研究学会、毛泽东思想学习会，出版《毛泽东思想研究》《毛泽东思想》月刊，探讨毛泽东军事思想是这些刊物的重要内容。有的国家要求军官晋升时必须撰写研究毛泽东军事思想的论文。毛泽东的主要军事著作，已成为各国军事家必读的经典，甚至成为一些国家首脑人物的案头书。

毛泽东军事思想，在中国经过几十年各种形式战争的考验，被证明是正确的军事思想。为独立和解放而斗争的人们研究它，从中吸取进行武装斗争的经验；致力于军事学术研究的专家学者研究它，从中探求毛泽东军事思想的产生、发展及其对军事思想史的贡献。不管研究毛泽东军事思想的人物动机如何，都从不同的侧面证明了毛泽东军事思想在当今世界军事思想上占有重要的地位。

思考题：

1. 毛泽东军事思想的形成和发展经历了哪几个时期？
2. 毛泽东军事思想的主要内容有哪些？其核心内容是什么？

第七讲　改革开放以来党的军事指导理论创新发展

一、邓小平军队建设思想

邓小平军队建设思想，是邓小平在中国社会主义建设的新的历史时期，关于军队建设及有关军事问题的科学理论体系。它是马列主义军事理论、毛泽东军事思想与新时期军队和国防建设实践相结合的产物，是邓小平理论的重要组成部分，是新时期中国军队和国防建设实践的科学总结，是以邓小平为杰出代表的全党全军集体智慧的结晶。这一理论是毛泽东军事思想在新时期的继承和发展，是当代中国的马克思主义军事理论，是具有中国特色社会主义军事理论的重要组成部分。

（一）邓小平军队建设思想产生的时代背景

马克思主义认为，每一个理论都有其产生和形成的时代背景和历史条件。邓小平军队建设思想的产生当然也不例外。邓小平军队建设的思想，是适应客观形势的发展和在军队建设的实践中形成并不断地丰富、完善和发展的。

1. 邓小平军队建设思想，是在对世界战略形势发展变化作出科学判断的基础上形成和发展的

20世纪六七十年代以来，国际紧张局势趋向缓和。在这样的时代背景下，邓小平以马克思主义实事求是的科学态度，以无产阶级革命家的远见卓识和伟大胆略，正确地把握国际形势的发展变化，提出军队建设必须抓住机遇，从过去那种立足于早打、大打、打核战争的临战状态，转变到和平时期建设的轨道上来；并且创造性地提出了一系列符合和平时期军队建设规律的方针原则。1986年3月，邓小平会见丹麦首相时指出：中国在过去一个相当长的时期内有个观点，即：战争不可避免。我本人对这

图 7-1　邓小平

个观点也宣传了好多年。但是经过七八年的观察，我们改变了这个观点。我们现在的观点是战争应该避免，也可以避免。问题在于和平力量、一切不愿意战争的力量要发展起来、团结起来。他强调，对这个问题应该作出新的判断，只有这样，才能把我们的重点转到建设上来，也才能确定我们建军的正确原则和方向。

2. 邓小平军队建设思想，是在全党工作重点转移到社会主义现代化建设的新的历史条件下形成和发展的

党的十一届三中全会决定全党工作重点实行转移，由过去以"阶级斗争为纲"转到以经济建设为中心。这是一个伟大的、历史性的战略转移。以邓小平为代表的中国共产党人，解放思想，实事求是，在深刻总结社会主义建设正反两方面经验的基础上，逐步形成了"一个中心、两个基本点"的党在社会主义初级阶段的基本路线，这条路线的核心，是以经济建设为中心。邓小平多次讲过，我们要死扭住经济建设这个中心不放，除非发生大规模外敌入侵，不论在什么条件下都不能动摇这个中心。他在 1992 年初视察南方时的讲话中，进一步强调党的基本路线要管一百年，动摇不得。因此，邓小平要求全国党政军民要一心一意地服从国家四化建设这个大局，照顾这个大局，要坚决贯彻执行党的基本路线。邓小平军队建设思想，正是在国家进入以经济建设为中心、坚持党的基本路线一百年不动摇的新的历史条件下，适应国家建设实践的需要而逐步形成和发展起来的。

3. 邓小平军队建设思想，是在总结我军建设历史经验，继承和发扬优良传统，针对现代战争特点及新的历史时期我军的实际情况，以及军队建设取得的成就的基础上形成和发展起来的

早在 1975 年召开的军委扩大会议上，邓小平在充分肯定军队"总的状况是好的，是经得起考验的"同时，也指出军队建设中存在不少问题。邓小平还针对现代战争的特点要求指出，我们的科学技术水平与世界先进水平相比还差很长的一截，我军打现代化战争的知识与能力不够。因此，他强调军队要搞现代化。党的十一届三中全会以来，在邓小平为核心的党中央、中央军委领导下，坚持实事求是的原则，拨乱反正，正本清源，并且随着客观形势的发展变化，制定了军队建设和改革的新的指导思想和措施，坚持以现代化为中心，大大提高了军队的战斗力。军队建设的历史经验和新的伟大的实践，使人们开阔了视野，解放了思想，许多传统观念被冲破，人们的理论思维也产生了飞跃。邓小平军队建设思想，正是在借鉴历史的经验、总结新的实践经验的基础上形成和发展起来的。

改革开放以来，党的第二代、第三代领导集体和以胡锦涛为总书记的新的党中央，在领导国防和军队建设过程中形成了一系列重要思想和理论，这是在新的历史条件下对毛泽东军事思想的继承和发展，是现阶段我国国防和军队建设的重要指导理论。

（二）邓小平军队建设思想的主要内容

邓小平新时期军队建设思想内容十分丰富，主要包括战争与和平理论、国防建设理论、军队建设理论和军事战略理论。

1.战争与和平理论

战争与和平问题，是战争观的基本问题。正确认识和把握战争与和平的关系及其转化，是进行国防和军队建设的基本依据。邓小平对国际环境进行了长期冷静的观察和科学分析，就战争与和平问题作出了新的判断。

和平与发展是当代世界的主题。邓小平运用马克思主义、毛泽东思想的科学方法，根据20世纪80年代变化了的国际形势和国际社会基本矛盾，提出了和平与发展是当代世界主题的科学论断。他指出："现在世界上真正大的问题，带全球性的战略问题，一个是和平问题，一个是经济问题或者说发展问题。和平问题是东西问题，发展问题是南北问题。概括起来，就是东西南北四个字。南北问题是核心问题。"1987年党的十三大报告把邓小平的这一战略思想概括为"和平与发展是当代世界的主题"。这一科学论断揭示了当今世界发展的大趋势和各国面临的紧迫任务。

战争危险依然存在，但世界大战可以避免。邓小平根据20世纪80年代世界政治格局、军事态势、科学技术的发展变化，提出了战争危险依然存在，但世界大战可以避免的论断。世界大战打不起来的情况下，局部战争和地区冲突成为当代战争的主要形式。世界并没有因此而太平，世界各主要国家战略争夺的重心，已经转向包括经济、科技、军事等在内的综合国力优势的竞争。这一科学论断为我国制定新时期发展战略提供了基本依据。

霸权主义是当代战争的主要根源。邓小平继承毛泽东晚年关于霸权主义是战争根源的思想，通过对国际形势的透彻分析，对当代战争的主要根源作出进一步论断，指出："当今世界不安宁来源于霸权主义的争夺"。霸权主义和强权政治的存在，始终是解决世界和平与发展问题的主要障碍，霸权主义是当代战争的根源。

中国人民解放军的 36 位军事家

1989 年 11 月，经中央军委确定，33 人被冠以"军事家"的称号，1994 年 8 月又确定增补 3 人，共 36 人。他们是：毛泽东、周恩来、朱德、邓小平、彭德怀、刘伯承、贺龙、陈毅、罗荣桓、徐向前、聂荣臻、叶剑英、林彪、杨尚昆、李先念、粟裕、徐海东、黄克诚、陈赓、谭政、萧劲光、张云逸、罗瑞卿、王树声、许光达、叶挺、许继慎、蔡申熙、段德昌、曾中生、左权、彭雪枫、罗炳辉、黄公略、方志敏、刘志丹。其中有 5 位国家主要领导人、10 位元帅、10 位大将，有 11 人在新中国成立前牺牲。

提出用和平方式解决国际争端的新思想。根据国际斗争形势的发展变化，邓小平提出为了维护世界和平，应当慎用暴力方式解决国家间的利益矛盾和冲突，消除世界上的热点最好用政治的方式即和平的方式解决。根据这个思想，他创新性地提出了"一国两制""共同开发""和平对话"等解决国际争端的新构想、新办法。

2.国防建设理论

邓小平在指导新时期国防建设的实践中，通观全局，审时度势，及时地作出了国防和军队建设指导思想实行战略性转变的重大决策，提出了正确处理国防建设与经济建设的关系以及新时期国防建设的方针、原则和措施，形成了具有中国特色的国防建设理论。

国防和军队建设指导思想实行战略性转变。邓小平基于对时代主题的正确把握和对战争与和平问题的科学判断，于 1985 年 6 月作出了国防和军队建设指导思想实行战略性转变的重大决策，即由立足于早打、大打、打核战争的临战状态，转到和平时期的建设轨道上来。

正确处理国防建设和经济建设的关系。邓小平明确提出，国防和军队建设要服从和服务于国家经济建设的大局，国防建设要与国家经济建设协调发展，在国家经济发展的基础上提高国防和军队建设水平。

建设有中国特色的现代化国防。国防建设要以国家利益为最高准则；发展国防工业要坚持"军民兼容，平战结合"的方针；科技强军是实现国防现代化的根本途径；要建立精干的常备军与强大的后备力量相结合的武装力量体制；国防现代化建设要坚持独立自主、自力更生与对外开放有机结合；要加强国防教育，强化全民的国防观念。

3.军队建设理论

邓小平把建设一支强大的现代化、正规化的革命军队，作为新时期我军建设的总目标和总任务，对军队建设提出一系列部署和要求。革命化是我军建设的政治标准，体现着人民军队的本质、宗旨和传统作风，是我军的政治优势；现代化体现军队在人员、武器装备、体制编制、指挥协同等方面适用现代高技术战争的能力，是我军向高级阶段发展的必由之路；正规化体现军队组织、管理和军制水平，现代化程度越高，越需要正规化。军队"三化"建设相互联系、相互促进。

注重质量建军，走精兵之路。邓小平着眼于我国国情、军情，始终把精简部队数量作为提高军队战斗力、改善武器装备、实现精兵合成的重要内容。邓小平提出以精简整编和体制改革为突破口，通过抓编制、抓装备、抓战略、抓管理和教育训练，来实现我军现代化的思想，为新时期军队建设指明了道路。

加强和改进军队政治工作，保证军队在政治上永远合格。邓小平强调，在新的历史条件下，必须把思想政治工作放在非常重要的位置上，坚持政治工作的"生命线"地位，充分发挥政治工作的"服务"和"保证"作用；通过强有力的政治工作，保证军队在政治上永远合格；要恢复和发扬优良传统，加强和改进新时期军队政治工作。

4.军事战略理论

在军事战略理论和实践上，邓小平在继承毛泽东军事思想的基础上，根据变化了的情况，提出了现代条件下人民战争的理论和新时期积极防御的军事战略方针。

坚持现代条件下的人民战争。现代战争条件下，传统的人民战争思想面临许多新情况和新问题。为此，邓小平强调，我们一定要利用相对和平时期做好现代条件下人民战争的各项准备工作：一要加强国防教育，增强全民国防观念，为人民战争打下坚实的思想基础；二要增强综合国力，不断提高国家经济、科技、文化的整体水平，为人民战争奠定雄厚的物质基础；三要完善由中国人民解放军、中国人民武装警察部队和民兵组成的武装力量体制，增强人民战争整体威胁；四要建立有效的动员机制，提高人民战争的参战能力。

实行积极防御的军事战略方针。在新的历史时期，我军应确立什么样的战略方针？邓小平明确指出：我们应坚持"积极防御"的战略方针。贯彻积极防御战略方针的基本原则：第一，要以国家利益为最高准则；第二，要以遏制战争、维护世界和平为首要目标；第三，以毛泽东军事思想为指导；第四，要立足于打赢高技术条件下的局部战争；第五，实施灵活正确的战略指导。

二、江泽民国防和军队建设思想

江泽民国防和军队建设思想，是以江泽民为核心的中国共产党第三代领导集体关于国防和军队建设的理性认识，是对毛泽东军事思想和邓小平新时期军队建设思想的继承和发展，反映和体现了"三个代表"重要思想对中国新的历史条件下国防和军队建设的新要求，是"三个代表"重要思想的"军事篇"。

（一）江泽民国防和军队建设思想产生的时代背景

20 世纪 90 年代后，国际局势复杂多变，战争形态深刻变革，国内改革开放深入发展。江泽民国防和军队建设思想，正是在这样的历史背景下，适应新的历史呼唤，迎接新的历史挑战，逐步形成和发展起来的。

1. 国际战略格局发生重大变化

20 世纪 80 年代末 90 年代初，国际战略形势出现了自第二次世界大战以来最为

图 7-2　江泽民

重大的变化。随着东欧剧变，苏联解体，"华约"解散，冷战格局宣告结束，美国成为唯一超级大国。与此同时，国际上各种力量重新分化组合，各种重大的战略关系也相继发生了调整和变化，世界开始朝着多极化方向发展。国际战略格局的演变，既为我国经济发展提供了难得的机遇，也使我们面临严峻的挑战。一是虽然在较长时间内不会爆发大规模战争和针对我国的全面战争，但是霸权主义和强权政治还存在，诱发局部战争、武装冲突的因素还存在，我国周边的不安全因素还存在，战争的威胁并没有根本解除；二是西方国家加紧对我实行"西化""分化"和遏制政策，并通过培植、鼓动和支持政治的、民族的、宗教的各类分裂势力，企图对我国"分而治之"；三是在西方国家暗中或公开怂恿和支持下，"台独"分裂势力和"东突"恐怖势力活动猖獗，严重地威胁着国家的安全稳定、领土完整和主权统一。

2. 市场经济体制改革对军队建设带来巨大影响

随着我国改革开放的不断发展，市场经济体制改革对军队建设带来了深刻影

响。所有制结构、分配制度和国有企业改革，都会触及军人或其亲属的切身利益；改革开放的扩大和深化，乘机而入的资本主义腐朽思想文化，以及我国历史上遗留下来的剥削思想文化和生活方式，也给官兵带来消极影响，从而使官兵的人生观、价值观、道德观出现新变化，军队思想政治工作面临新的考验；在市场经济条件下，军队的体制编制、教育训练、后勤保障、战场准备、兵员补充等方面，也面临一些新情况、新问题，等等。这些情况和影响，对国防和军队建设的冲击是客观的，也是现实的。

3. 世界新军事变革迅猛发展

20世纪90年代以后世界上发生的几场局部战争，特别是海湾战争和伊拉克战争，比较全面地展现了当代高技术武器以及与之相适应的作战方法，高技术局部战争已成为现代战争的基本形态。世界各主要国家纷纷调整军事战略，加速军队转型。世界新军事变革既给国防和军队建设带来新的机遇，也带来了挑战。如何在战争形态发生重大转变，信息化成为军队现代化的核心和本质的情况下，实现军队现代化建设的跨越式发展，是摆在我军面前的十分紧迫的现实课题。

（二）江泽民国防和军队建设思想的主要内容

江泽民国防和军队建设思想内容丰富，主要包括：（1）从国际关系全局和国家发展大局思考国防和军队建设问题；（2）始终不渝地坚持党对军队的绝对领导；（3）建设一支政治合格、军事过硬、作风优良、纪律严明、保障有力的战斗力很强的人民军队；（4）确立新时期积极防御的军事战略方针，立足打赢高技术局部战争；（5）坚持和发展人民战争的战略思想和作战方法；（6）把思想政治建设摆在全军各项建设的首位；（7）确立科技强军战略，进一步加强军队质量建设；（8）集中力量把我军武器装备特别是"杀手锏"装备搞上去；（9）把培养和造就大批高素质新型军事人才作为一项刻不容缓的战略任务；（10）努力完成机械化和信息化建设的双重任务，实现军队现代化的跨越式发展；（11）走出一条投入较少、效益较高的军队现代化建设路子；（12）依法从严治军；（13）在继承优良传统的基础上大胆改革创新。

上述内容是一个统一的、有机联系的科学体系。贯穿这一科学体系始终的是"打得赢""不变质"两个主题。

1. 加强国防现代化建设，确保"打得赢"

"打得赢"，就是要把人民军队建设成为一支具有强大实战能力和威慑能力的现代化军队，能够打赢现代条件特点是高技术条件下的局部战争，为维护国家安全统一，为建设中国特色社会主义事业提供可靠保障。

战争年代，人民军队从小到大、由弱变强，是一支特别能打仗的军队，打败过许多强大的对手。在新的历史条件下，面对拥有高技术武器的强敌，人民军队还能不能确保"打得赢"？这是摆在新一代党和军队领导人面前的重大课题。围绕"打得赢"这一主题，以江泽民为核心的党的第三代领导集体提出并采取了一系列加强国防和军队建设的重大措施。

制定新时期军事战略方针，并以此统揽军队现代化建设。军事战略是治国之道，是指导国防和军队建设的根本方针。1993 年，中央军委根据变化了的新形势，及时制定新时期军事战略方针，主要解决了三个问题：一是坚定不移而又与时俱进地坚持积极防御的战略思想；二是把军事斗争准备的基点由应付一般条件下的局部战争转到打赢高技术条件下的局部战争上；三是深入研究高技术条件下人民战争的指导规律和具体作战问题。新时期军事战略方针的制定，明确了新形势下我军军事斗争准备的目标和任务，正确解决了我军建设和改革的方向问题，强有力地牵引和推进了我军现代化建设的发展。

确立科技强军战略，实现"两个转变"。科技强军战略，核心内容就是把依靠科技进步提高战斗力摆在国防和军队建设的战略位置，增强国家的军事科技实力，全面提高军队建设的科技含量。在指导思想上，"由应付一般条件下的局部战争，向打赢高技术条件下的局部战争转变"；在军队建设上，实现"由数量规模型向质量交通型、由人力密集型向科技密集型的转变"。"两个转变"的实质，就是把提高战斗力的重点转到依靠科技进步的轨道上来。

加快发展"杀手锏"装备，实现武器现代化。现代战争中，武器装备落后，缺少有效的制敌手段，在战争中要取胜就会付出很大的代价。因此，必须尊重科学，高度重视武器装备的作用，千方百计把武器装备搞上去。必须特别注重发展我们自己的"杀手锏"武器，增强我军打赢高技术战争的物质技术基础。在"杀手锏"武器发展上，要着眼军事斗争的需要，坚持有所赶有所不赶、有所为有所不为，抓住关键性技术，集中财力、物力、人才办大事，重点发展那些一旦突破，就能对提高军队的威慑和实战能力产生重大影响的武器装备。要坚持自力更生为主、引进为辅的原则，把武器装备建设的着力点放在自主创新上。

2. 坚持人民军队的性质、本色和作风，保证"不变质"

"不变质"，就是我军始终坚持中国共产党的绝对领导，永远保持人民军队的性质、本色和作风，经得起任何政治风浪的考验，永远成为党的军队、人民的军队、社会主义国家的军队。围绕"不变质"这一主题，人民军队切实加强思想建设。

坚持党对军队的绝对领导，筑牢"军魂"。江泽民把党对军队的绝对领导作为军队建设和发展的首要问题，始终予以高度关注。他多次强调，"党对军队的绝对领导是我军永远不变的军魂"。这是对我军建军根本原则的丰富和发展。

把思想政治建设摆在全军各项建设的首位。江泽民指出："思想政治建设，必须摆在全军各项建设的首位，这是从党、国家和军队工作全局的战略高度提出的要求"。思想政治建设是军队革命化建设的核心，是我军立于不败之地的重要前提和可靠保证。

在继承优良传统的基础上大胆改革创新。我党我军的一整套优良传统和作风是我们的传家宝和政治优势，是治党治军的锐利武器。江泽民亲自倡导在全军部队广泛开展爱国奉献教育、革命人生观教育、尊干爱兵教育和艰苦奋斗教育。继承优良传统并不是不要创新。江泽民指出：创新是一个民族进步的灵魂，是一个国家兴旺发达的不竭动力。创新，也是军队发展的不竭动力。在新的历史条件下，我们必须在坚持优良传统的基础上，大胆改革创新，使我军始终保持旺盛的生机和活力，要以改革创新的精神开拓前进。

三、胡锦涛国防和军队建设思想

胡锦涛国防和军队建设思想，是新世纪新阶段用科学发展观统筹国防和军队现代化建设，打赢信息化战争的指导理论。是对毛泽东军事思想、邓小平和江泽民国防与军队建设思想的丰富和发展。

（一）胡锦涛国防和军队建设思想产生的时代背景

2005 年初，胡锦涛主持中央军委工作以来，国际国内形势进一步发展变化，我国综合国力和影响力迅速提升，国防和军队建设面临的形势和任务发生了新的变化。

1. 世界多极化和经济全球化趋势进一步凸现，影响国家可持续发展的外部制约因素增加

新世纪新阶段，国际形势呈现总体和平、

图 7-3 胡锦涛

缓和、稳定的基本态势，和平、发展、合作是时代的主流，世界多极化和经济全球化的趋势进一步凸现，各国利益相互依存、相互交织，对话合作意愿不断增强。但是，随着国际形势的发展变化，我国可持续发展面临的外部制约因素也在增加。表现在：西方敌对势力加紧对中国实施西化、分化和遏制政策，千方百计对中国加以牵制；我国周边安全环境存在诸多隐患，围绕海洋权益的斗争加剧；随着国家利益的拓展，保护海外利益的任务更加艰巨。

2. 国家社会和经济发展形势总体良好，影响国家安全稳定的不确定因素增多

新世纪新阶段，我国政治安定、民族团结、经济发展、社会和谐的局面得到进一步巩固，我国的综合国力稳定增长，国际影响力迅速提升，国家社会和经济发展形势总体良好。但影响国家安全和发展的不稳定、不确定因素增多。表现在：台独等民族分裂势力猖獗；恐怖势力、宗教极端势力等邪恶势力加紧勾联聚合，不断组织策划渗透和破坏活动；我国人口、就业和"三农"等问题凸显，社会矛盾和犯罪问题增多；国内安全与国际安全互动性增强，传统安全威胁与非传统安全威胁相互交织。

3. 我军所处环境和面临的任务发生了重大变化，国防和军队建设需要解决诸多时代性课题

如何在多极化和全球化大背景下，妥善处理国际争端，与国际上单边主义和强权政治开展有效斗争，坚决维护国家的战略利益；如何在我国改革发展进入关键时刻，特别是"台独"分裂势力严重威胁祖国和平统一大业的背景下，更好地履行党和人民赋予军队的神圣使命，有效维护国家主权、统一和稳定；如何在世界新军事变革加速推进，战略主动权竞争日趋激烈的形势下，大力推进国防和军队现代化建设，不断增强应对危机、维护和平、遏制战争、打赢战争的能力；如何在我国经济实力、科技实力、国防实力和民族凝聚力不断增强的基础上，继续抓住机遇、乘势而上，推动国防和军队建设迈上新的台阶。这些都给国防和军队现代化建设带来了时代性的挑战。

（二）胡锦涛国防和军队建设思想的主要内容

1. 着眼国家利益和军队建设的战略全局，确立新世纪新阶段人民军队新的历史使命

进入 21 世纪，中国的发展跨入了一个重要的战略机遇期。胡锦涛着眼于国家利益和军队建设与发展的战略全局，根据军队所处的国际国内环境发生的重大

变化，明确提出了人民军队"三个提供、一个发挥"的新的历史使命，即新世纪新阶段军队要为党巩固执政地位提供重要的力量保证，为维护国家发展的重要战略机遇期提供坚强的安全保障，为维护国家利益提供有力的战略支撑，为维护世界和平、促进共同发展发挥重要作用。这是对军队地位作用的新概括，对我军职能任务的新拓展，对人民军队性质宗旨的新要求。人民军队新历史使命的确立，从党的执政能力建设、国家发展、国家安全的有机统一中，科学回答了新世纪新阶段国防与军队建设的方向、目标、任务和原则，为国防和军队建设提出了新的更高的要求。

2. 以科学发展观为指导，统筹经济建设与国防建设，实现国防与军队建设可持续发展

胡锦涛多次强调指出，坚持国防建设与经济建设协调发展的方针，是强国之策、强军之道，也是在国防和军队建设领域贯彻科学发展观的必然要求。以科学发展观为指导，统筹经济建设与国防建设，必须做到以下几点。

首先，正确认识国防建设与经济建设两者的关系。我国正处于并将长期处于社会主义初级阶段，坚持以经济建设为中心，集中力量把经济建设搞上去，是解决包括国防和军队现代化建设在内的当代中国所有问题的前提和基础。只有国家经济实力增强了，国防建设才会有更大的发展。同时，也要认识到，重视加强国防建设，把军队现代化建设搞上去，才能为国家发展提供可靠的安全保障。经济建设与国防建设两者有机联系、相互促进。我们必须正确认识、准确把握两者的关系，做到在全面建设小康社会的历史进程中实现富国与强军的统一。

其次，走军民融合式发展道路，把国防建设融入到现代化建设全局之中。要依托国家经济社会发展，统筹国防资源与经济资源，注重国防经济和社会经济、军用技术和民用技术、军队人才和地方人才的融合式发展，进一步形成国防建设和经济建设相互促进、协调发展的良好局面。

第三，完善国防建设与经济建设协调发展的良好互动机制。要建立完善的体制机制，用政策和法规协调国防建设与经济建设的关系；在一些涉及国防建设和经济建设的重大战略问题上，搞好顶层设计，进行宏观指导；要把国防战略布局的完善与国家经济结构和地区经济布局的高速结合起来；要把国防科学技术研究纳入到国家科学技术中长期发展规划之中；要建立相应的法规政策和军民通用技术标准。

3. 加强和改进军队的思想政治工作，培育当代军人核心价值观

胡锦涛强调，新世纪新阶段，我军的思想政治建设必须站在党的工作全局高度，紧紧围绕履行我军历史使命，围绕部队的中心任务，特别是围绕军事斗争准备这个最重要、最现实、最紧迫的战略任务来开展，把思想政治建设抓得更加有力、更加扎实、更加富有成效。要坚持不懈地用马克思主义科学理论特别是党的创新理论武装全军，深入开展我军历史使命、理想信念、战斗精神和社会主义荣辱观教育，大力培育当代革命军人的核心价值观。胡锦涛同志指出，当代革命军人核心价值观集中体现为"忠诚于党，热爱人民，报效国家，献身使命，崇尚荣誉"。这一思想，从时代发展和军队建设全局高度，科学概括和阐明了当代革命军人必须坚持的最基本、最核心的价值观念，赋予了新形势下军队思想政治建设一项重大战略任务。

4. 依靠科技进步，加快转变战斗力生成模式

胡锦涛站在时代发展和战略全局的高度，在2005年提出军队要"加快转变战斗力生成模式"的重大战略思想。加快转变战斗力生成模式，就是要遵循科技进步推动战斗力生成模式转变的规律，把战斗力生成模式切实转到以信息为主导、以新型作战力量建设为增长点、提高基于信息系统的体系作战能力上来，转到依靠科技进步、官兵素质提高、管理创新上来。加快转变战斗力生成模式，是关系国防和军队建设全局的重大战略任务，是解决我军建设和发展中主要矛盾的内在要求，是在新的起点上推动国防和军队现代化建设又好又快发展的必由之路。

思考题

1. 邓小平新时期军队建设思想主要有哪些内容？
2. 江泽民国防和军队建设思想主要有哪些内容？
3. 胡锦涛关于国防和军队建设的重要论述主要包含有哪些内容？
4. 如何以科学发展观为指导，统筹经济建设和国防建设？

第八讲　习近平国防和军队建设重要论述

党的十八大以来，习近平主席着眼实现中国梦、强军梦，站在协调推进"四个全面"战略布局的高度，立足国家安全和发展战略全局，从具有许多新的历史特点的伟大斗争的实际出发，以马克思主义政治家、战略家的深邃眼光和宏大气魄，指引军事理论发展，指导军事实践创新，对加强国防和军队建设作出了一系列重要论述。

图 8-1　习近平

一、习近平国防和军队建设重要论述产生的时代背景

略从势出，势由时生。习近平对国防和军队建设的重要论述，是着眼人类社会大变动、立足国情军情而指导国防和军队建设实践的产物。

（一）世界大势的新动向，要求国防和军队建设必须因势而变

当今世界，人类社会发生了翻天覆地的变化。一是经济全球化不断发展。世界各国经济联系更加紧密，生产要素流向和产业转移速度不断加快；二是政治多极化不断发展。世界战略力量对比呈现出相对均衡化态势，"中国崛起"尤其令世界瞩目，在国际事务中的作用日益增强；三是文化多元化不断发展。人们的价值取向出现多元化趋势，各种思想文化相互激荡，文化的影响力、渗透力不断增强；四是科技现代化不断发展。不仅全球范围的生产力发生了质的飞跃，而且人类社会的生产方式、生活方式和思维方式也都发生了前所未有的大变化；五是调整改革普遍化。世界范围内兴起了改革调整的浪潮，涉及范围之广、程度之深都是空前的，世界面貌也由此发生着重大变化；六是世界新军事革命加速推进。世界各主要国家纷纷加快军事变革，抢占制高点，争夺国际军事竞争新优势。因此，国家安全的内涵和外延发生重大变化，除传统疆域安全外，高边疆安全、海洋极地等远边疆安全和网络信息电磁等新边疆安全已经成为国家安全的重要领域。

世界形势的新变化，要求国防和军队建设必须因势而变、顺势而为。习近平以登高望远、洞察风云的战略视野，把握世界形势新变化和国际战略格局新特点，对加强国防和军队建设提出新的更高要求。

（二）安全环境的新特点，要求国防和军队建设必须应变图强

当前，我国安全环境发生了一系列新变化。国际形势保持总体和平、缓和、稳定的基本态势，但突出特点是乱象纷呈，小战不断、冲突不止、危机频发将成为常态，我国发展重要战略机遇期的内涵和条件发生了新的变化。美国持续推进亚太"再平衡"战略，强化其地区军事存在和军事同盟体系。日本积极谋求摆脱战后体制，大幅调整军事安全政策，国家发展走向引起亚太地区国家的高度关注。台海问题依然是威胁我国安全的心腹之患，"台独"分裂势力及其分裂活动仍然是两岸关系和平发展的最大威胁，反分裂斗争形势依然严峻复杂。同时，"疆独""藏独"分裂势力的活动威胁升级。个别海上邻国在涉及中国领土主权和海洋权益问题上采取挑衅性举动，在非法"占据"的中方岛礁上加强军事存在。一些域外国家也极力插手南海事务，个别国家对华保持高频度海空抵近侦察，海上方向维权斗争将长期存在。一些陆地领土争端也依然存在。朝鲜半岛和东北亚地区局势存在诸多不稳定和不确定因素。地区恐怖主义、分裂主义、极端主义活动猖獗，也对中国周边安全稳定带来不利影响。随着国家利益不断拓展，国际和地区局势动荡、恐怖主义、海盗活动、重大自然灾害和疾病疫情等都可能对国家安全构成威胁，海外能源资源、战略通道安全以及海外机构、人员和资产安全等海外利益安全问题凸显。现实世界安全和虚拟世界安全相互影响，维护国家政治安全和社会稳定的难度空前增大。

国家安全形势的新变化，要求国防和军队建设必须积极作为、应变图强。习近平从国际战略大格局、周边地缘大棋局、国家安全发展大战略上看问题，全面把握国家安全环境的新特点，对新的形势下强军兴军作出一系列重要论述。

（三）中国发展的新坐标，要求国防和军队建设必须保驾护航

党的十八大提出"两个一百年"奋斗目标，习近平率中央政治局常委参观"复兴之路"展览时提出中华民族伟大复兴的中国梦，由此确定了当代中国发展的新坐标。中华民族伟大复兴，绝不是轻轻松松、顺顺当当就能实现的。尽管近十多年来，中国超越美国成为拉动世界经济增长最强大的一支力量，但军事实力

与世界军事强国相比差距还很大，尚未达到崛起大国的要求。从历史看，近代以来的大国崛起，无不以强军支撑强国。从现实看，一方面，我国正由新兴大国向世界强国迈进，面临的安全形势日趋复杂，有利因素和不利因素并存，传统安全威胁与非传统安全威胁相互交织，国际安全问题与国内安全问题相互影响。另一方面，国防和军队建设还存在很多问题，习近平指出"两个不相适应"仍然是军队建设的主要矛盾，"两个差距很大""两个能力不够"的问题更加尖锐，建设强大军队更加紧迫。因此，习近平强调：中国梦是强国梦，对军队来讲，就是强军梦。中国坚决摒弃"国强必霸"的陈旧逻辑，坚定不移走和平发展道路。国防和军队建设必须放在实现中华民族伟大复兴这个大目标下来认识和推进，为实现中国梦提供坚强力量保证。现在，虽然维护国家安全的手段和选择增多了，但军事手段始终是保底的手段。军事安全的保底作用，决定了它是维护国家总体安全的"压舱石"和"定海神针"。

国家发展的新坐标，要求国防和军队建设必须同步迈进、保驾护航。习近平从党和国家发展战略的高度统筹国防和军队建设，首次把军事安全纳入国家安全体系、把军事战略纳入国家发展战略中统筹把握，具有划时代意义。

资料窗

"两个不相适应"：现代化水平与打赢信息化条件下局部战争的要求不相适应，军事能力与履行新世纪新阶段我军历史使命的要求不相适应。

"两个差距很大"：我军现代化水平与国家安全需求相比差距还很大，与世界先进军事水平相比差距还很大。

"两个能力不够"：我军打现代化战争能力不够，各级干部指挥现代化战争能力不够。

二、习近平国防和军队建设重要论述的主要内容

党的十八大以来，习近平在领导党和国家事业继往开来的伟大实践中，对国防和军队建设高度重视，围绕强军兴军作出一系列重要论述。这些重要论述，内容极为丰富。

（一）强军目标

目标决定方向、任务和道路。习近平主持中央和军委工作不久，就郑重提出党在新形势下的强军目标，随后又在多个时机和场合，对学习贯彻强军目标提

出明确要求。习近平提出党在新形势下的强军目标，就是"建设一支听党指挥、能打胜仗、作风优良的人民军队"。这个强军目标的核心要义是：听党指挥是灵魂，决定军队建设的政治方向；能打胜仗是核心，反映军队的根本职能和军队建设的根本方向；作风优良是保证，关系军队的性质、宗旨和本色。这三者相互联系、密不可分。强军目标明确回答了在新的历史条件下，建设一支什么样的军队、怎样建设军队，为什么要强军、怎样强军，打什么仗、怎样打胜仗等重大问题。其思想实现了继承与创新、出发点与落脚点、共同意愿和强烈追求相统一。

强军目标明确了加强军队建设的聚焦点和着力点。强军目标的提出，拎起了新的历史条件下国防和军队建设的总纲。在强军目标的统领下，国防和军队建设开启了强军兴军的新征程。

（二）军事战略

习近平亲自推动"积极防御"军事战略方针的创新发展。一是在战略形势和安全需求方面，提出"四个历史性变化"。二是在军队使命方面，提出"四个坚决维护"。三是在战略思想方面，坚持积极防御，强调积极性、进取性。四是在战略指导思想方面，强调深远经略、塑造态势、综合管控危机、遏制打赢战争。五是在战略指导原则方面，强调服从服务于党和国家战略目标，营造有利于国家和平发展的战略态势等。六是在军队建设宏观指导方面，强调"五个更加注重"。为了更好地贯彻军事战略方针、扎实推进军事斗争准备，习近平还提出牢固树立战斗力这个唯一的根本的标准，建设保障打赢现代化战争、服务部队现代化建设、向信息化转型的后勤，大力发展高新技术武器装备，提高军事训练实战化水平，搞透现代战争制胜机理等新思想、新观点。

新形势下，随着国家利益拓展和国家战略的积极调整，军事战略必须适度强调积极性、进取性。实现中国梦，就是力求通过和平发展来实现和平崛起，其中的"和平"是过程和状态，"崛起"才是实质和目的。因此，军事战略既强调敢战、善战，也强调预防危机、遏制战争，目的在于赢得主动、赢得先机，把握战略机遇，维护国家利益。

资料窗

战略形势和安全需求的"四个历史性变化"：国际力量对比、全球治理体系结构、亚太地缘战略格局和国际经济、科技、军事竞争格局正在发生历史性变化。

军队使命的"四个坚决维护"：坚决维护中国共产党的领导和中国特色社会主义制度，坚决维护国家主权、安全、发展利益，坚决维护国家发展的重要战略机遇期，坚决维护地区与世界和平，为全面建成小康社会、实现中华民族伟大复兴提供坚强保障。

军队建设宏观指导的"五个更加注重"：更加注重聚焦实战，更加注重创新驱动，更加注重体系建设，更加注重集约高效，更加注重军民融合。

（三）政治建军

习近平对从思想上、政治上建设军队、全面加强军队党的建设提出了明确要求，特别是在全军政治工作会议上发表的重要讲话最具代表性。政治建军的要义，可概括为"一个核心任务、一个时代主题、一个鲜明基调"。核心任务是：把铸牢军魂作为我军政治工作的核心任务。时代主题是：紧紧围绕实现中华民族伟大复兴的中国梦，为实现党在新形势的强军目标提供坚强政治保证。鲜明基调是：贯彻整风精神，纠治军队建设特别是思想政治建设方面的突出问题，恢复和发扬我军政治工作的优良传统。

习近平的政治建军论述，鲜明回答了我军作为人民军队永远不能淡忘、不能变异的立命之本、使命价值、应有本色等根本性问题。

（四）军队现代化

习近平对国防和军队现代化高度重视，系统论述了军队现代化问题。一是提出了"中心推动"，即强调把现代化作为军队全部工作的中心，以重点突破带动整体推进。军队建设是一个整体，革命化、现代化、正规化三者相互联系、相互促进、不可分割。二是提出了"龙头带动"，即强调以军事斗争准备为龙头带动军队现代化建设整体发展。要以军事需求配置资源，围绕军事斗争准备的重点科学安排重大建设任务，牵引部队现代化建设。三是提出了"创新驱动"，强调我军现代化建设每一次突破和跃升都是通过改革创新实现的，要抢抓机遇、夺占先机，推动国防和军队现代化尽早转入创新驱动发展轨道。

当前，我国经济社会发展方式正在向创新驱动型转变，这为国防和军队转变发展方式提供了环境和条件。必须抓住这一轮科技革命和产业变革的难得机遇，推动国防和军队现代化建设尽早转入创新驱动发展轨道。

（五）深化改革

习近平从强国强军关键一招的高度，提出必须深化国防和军队改革。一是围绕改革面临的形势，提出"一场大考"，强调改革进入了攻坚期和深水区，涉及国防和军队深层次利益关系和体制结构，深刻性、复杂性前所未有，难度也前所未有，这是回避不了的一场大考。二是围绕改革的目标，提出"一个体系"，强调要解决制约国防和军队建设的突出矛盾和问题，构建中国特色军事力量体系，为实现强军目标提供体制机制和政策制度保障。三是围绕改革的底线，提出"三个更好"，强调改革不是改向，变革不是变色。改革是更好坚持党对军队的绝对领导，更好坚持人民军队的性质和宗旨，更好坚持我军的光荣传统和优良作风。四是围绕改革的主要矛盾，提出"四个关节点"，其一要把领导指挥体制作为重点，其二要优化结构、完善功能，其三要深化政策制度调整改革，其四要推动军民融合深度发展。五是围绕改革的破阻，提出"一个破除""一个攻克"，即：破除既得利益格局，以强大决心和信心把改革推向前进，攻克深层矛盾问题，敢于啃硬骨头，敢于涉险滩。

中国特色军事变革虽然取得重大进展，但我军领导指挥体制不够健全，规模结构和力量编成不够合理，政策制度不够配套完善，依法治军机制尚未完全形成等问题还比较突出。必须深刻领会习近平深化改革重要论述，进一步解放思想，突破利益藩篱，强化集中统一领导，最大限度凝聚正能量，推动改革取得实质性突破。

图 8-2　纪念中国人民抗日战争暨世界反法西斯战争胜利 70 周年阅兵

（六）人才兴军

成就强军伟业，要在得人。习近平深刻把握实现强军目标的现实要求，就培养担当强军打赢重任的优秀军事人才作出系列论述。一是强调要确立和落实军队好干部标准，就是"对党忠诚、善谋打仗、敢于担当、实绩突出、清正廉洁"，这为我军正确选人用人提供了基本遵循。二是强调要树立"三个注重"的用人导向，就是树立注重基层、注重实干、注重官兵公认的导向，增强人才选拔任用的科学性、准确性、公信度。三是强调要把联合作战指挥人才、新型作战力量人才培养作为重中之重，这是对人才建设重点的聚焦。四是强调深化干部政策制度调整改革，逐步建立起适应现代军队建设和作战要求，系统完备、科学规范、运行有效、成熟定型的干部制度体系。

习近平的人才兴军论述，顺应了人才兴则军队兴的基本规律，瞄准了军队人才队伍建设存在的弊端，抓住了人才兴军的关键。

(七) 依法治军

习近平的依法治军论述，主要体现在五个方面。一是提出一个方略，即依法治军、从严治军是建军治军的基本方略。二是提出一个指导原则，即着眼全面加强革命化现代化正规化建设，坚持党对军队绝对领导，坚持战斗力标准，坚持官兵主体地位，坚持依法和从严相统一，坚持法制建设和思想政治建设相结合，创新发展依法治军理论和实践，构建完善的中国特色军事法制体系，提高国防和军队建设法制化水平。三是提出一个关键，即强调依法治军关键是依法治官、依法治权，必须紧紧抓住领导干部这个"关键少数"。四是提出一场变革，即治军方式实现"三个根本转变"：从单纯依靠行政命令的做法向依法行政的根本性转变，从单纯依靠习惯和经验开展工作的方式向依靠法规和制度开展工作的根本性转变，从突击式、运动式抓工作的方式向按条令条例办事的根本性转变，在全军形成党委依法决策、机关依法指导、部队依法行动、官兵依法履职的良好局面。五是提出构建四个体系，即构建系统完备、严密高效的军事法规制度体系、军事法治实施体系、军事法治监督体系、军事法治保障体系。

习近平依法治军论述的主要用意，首先体现在从严治军、铁腕治标方面，如严纠"四风"、严整军纪、严惩腐败、严治顽症、严于律己、严防反弹等。习近平依法治军论述的深层用意，还在于构建制度笼子，以制度治本，通过构建一整套符合现代军事发展规律、体现我军特色的科学组织模式、制度安排和运作方式，彻底消除滋生顽瘴痼疾的病根和土壤。

(八) 军民深度融合

习近平着眼加快实现中国梦、强军梦，系统论述了军民深度融合问题。一是提出一个国家战略，即军民融合发展既是兴国之举，又是强军之策，要把军民融合发展上升为国家战略。二是提出一个阶段，即我国军民融合进入由初步融合向深度融合的过渡阶段。三是提出"三个发展"，即正确把握和处理经济建设和国防建设的关系，使两者协调发展、平衡发展、兼容发展。四是提出一个格局，即加快形成全要素、多领域、高效益的军民融合深度发展格局。五是提出三个体系，即努力形成统一领导、顺畅高效的组织管理体系，国家主导、需求牵引、市场运作相统一的工作运行体系，系统完备、衔接配套、有效激励的政策制度体系。

习近平的军民深度融合论述，明确了将强军兴军融入强国兴邦的基本方略和现实路径，丰富了依靠人民建设国防、打赢战争的时代内涵。

习近平国防和军队建设重要论述，是习近平系列重要讲话精神的"军事篇"，与"四个全面"战略布局相对接，体现了按照"四个全面"战略布局加快推进国防和军队建设的思想。习近平国防和军队建设重要论述，是汇集全党全军智慧和实践创造的理论结晶，是科学开放的理论体系，必将随着实践发展而不断丰富和完善。

三、习近平国防和军队建设重要论述的重大意义

习近平对国防和军队建设的重要论述，深刻阐明了新形势下国防和军队建设的一系列重大理论和现实问题，是适应时代和实践要求的理论创新，是对党的军事指导理论的丰富发展，是新的形势下强军兴军的科学指南。

（一）习近平国防和军队建设重要论述，是适应时代和实践要求的理论创新

习近平就任军委主席之际，是时代和实践对国防和军队发展提出更高要求的时期，也是军队自身长期积累的各种问题迫切需要解决的时期。习近平对国防和军队建设的重要论述，回应了实现国家崛起和民族复兴对强军兴军的时代要求和实践要求，回应了维护国家总体安全对打造军事保底手段的时代要求和实践要求，回应了我们党担当"四个全面"历史重任对人民军队的时代要求和实践要求，是适应时代和实践要求的重大理论创新。

（二）习近平国防和军队建设重要论述，是对党的军事指导理论的丰富发展

习近平主持中央和军委工作以来，紧紧围绕党和国家工作大局，准确把握国

内外形势发展变化，对加强国防和军队建设提出了一系列重大战略思想、重大理论观点、重大决策部署，深刻阐明了国防和军队建设带根本性、方向性、全局性的重大问题。这些重要论述作为习近平系列重要讲话精神的"军事篇"，与毛泽东军事思想、邓小平新时期军队建设思想、江泽民国防和军队建设思想、胡锦涛国防和军队建设思想既一脉相承又与时俱进，丰富发展了党的军事理论。

（三）习近平国防和军队建设重要论述，是新的形势下强军兴军的科学指南

习近平对国防和军队建设的重要论述，有着"总"与"分"的逻辑结构。这个"总"就是强军目标和着眼实现强军目标而实施的军事战略。强军目标与中国梦、强军梦相贯通，阐明了强军兴军的总纲和主题，在国防和军队建设指导中居于统领地位。军事战略承上启下，确立了强军兴军的战略指导。这个"分"则是对"总"的支撑和展开，包括政治建军、军队现代化、深化改革、人才兴军、依法治军、军民深度融合等，都围绕强军目标这个核心来立论和展开，与强军目标和军事战略一起，形成系统科学的军事指导理论体系，为在新的历史起点上加快推进国防和军队现代化提供了科学指南。

思考题：

1. 习近平国防和军队建设重要论述产生的时代背景是什么？
2. 党在新形势下的强军目标是什么？
3. 习近平国防和军队建设重要论述的重大意义是什么？

第三单元　战略环境

⚖ **学海导航：**
1. 中国军网。
2. 全球防务网。
3. 止戈网。

学习目标

1. 了解世界战略格局的概况。
2. 掌握战略的基本理论。
3. 正确分析国际及我国的安全环境，增强国家安全意识。

第九讲　国际战略格局

国际战略格局，是指对国际事务具有重要影响力的战略力量，在一定历史时期内相互联系、相互作用而形成的较为稳定的力量结构。国际战略格局包括国际政治格局、国际经济格局和国际军事格局三个部分，有时也称为"国际格局""世界格局"等。

一、国际战略格局的历史演变

国际战略格局是一个历史范畴。历史上，一个格局维持一段时间以后，最后都走向终结，或者直接衔接着另一个格局，或者孕育另一个新格局。近代以来世界格局的态势经历了以下几次重大变化。

(一) 相对均势格局 (也称维也纳格局, 1815~1865)

严格意义上的"世界格局"形成于 19 世纪初。以拿破仑战争失败、维也纳会议召开为标志,第一个国际战略格局正式形成。1814 年滑铁卢战役后,反法同盟在维也纳召开会议,重新划分欧洲领土,分割海外殖民地,最后形成英、俄、普、法、奥等列强在欧洲相对均势的格局。维也纳会议形成的均势格局在较长时期内确保了欧洲列强之间没有爆发新的战争。但是,由于维也纳会议没有解决列强之间的内在矛盾,因此,到了 19 世纪 60 年代,这个均势格局便开始走向崩溃。

(二) 多极共存格局 (19 世纪末 ~1914)

维也纳格局维持近 50 年,欧美诸国相继爆发资产阶级革命性质的内战或改革。美国的南北战争、意大利与德国的统一战争、俄国的农奴制改革、日本的"明治维新",这些重大事件改变了维也纳格局形成的国际力量对比,尤其是美、日等国上升为世界列强,于是各列强之间争夺殖民地的局面逐步形成。一战前的世界被割裂为少数帝国主义国家和广大殖民地、半殖民地国家两大部分,此外还有各种形式的附属国。资本主义在全世界的殖民扩张,世界被英、法、德、日、意等列强瓜分完毕,帝国主义宗主国与殖民地附属国之间的矛盾上升为世界主要矛盾,世界格局显现出欧美日列强多极共存的态势。

(三) 两极对抗格局 (1914~1917)

资本主义国家经济政治发展不平衡加剧,后起资本主义国家要求按资本与实力重新瓜分世界,由于世界领土早已分割完毕,于是老牌帝国主义国家与后起帝国主义国家便组成以英、法、俄为一方的协约国集团和以德、奥、意为另一方的同盟国集团,两大集团相互抗争,形成两大军事同盟瓜分世界的战争对抗格局,人类历史上的第一次世界大战爆发。

(四) 同盟对抗格局 (1939~1945)

第一次世界大战结束后,为了瓜分战败的德国、奥匈帝国和土耳其帝国的遗产,帝国主义列强召开了巴黎和会及华盛顿会议,形成了"凡尔赛—华盛顿体系"，成立了以战胜国为主导的国际联盟，形成了多极格局。同时，战争引起革命，第一个社会主义国家苏联诞生，并成为世界战略格局中的一支重要力量。世界大战使英国和法国逐渐开始衰落，德国暂时削弱，美国开始崛起，加入了争夺世界的行列。由于对"凡尔赛—华盛顿体系"不满，战败国德国、后起帝国主义国家日本以及意大利为了推翻"凡尔赛—华盛顿体系"，结成法西斯阵营，发动空前规模的世界性侵略战争，第二次世界大战爆发。在两大集团对抗的世界格局中，德、意、日作为法西斯集团主要角色，英、美、苏、中为反法西斯阵营主要代表。

（五）两霸冷战格局（1946~1991）

二战后，反法西斯联盟的主要国家美国、苏联和英国为了处理战败国问题，重新安排战后世界政治秩序，先后召开了德黑兰会议、雅尔塔会议、波茨坦会

图 9-1　雅尔塔会议

议，为战后世界秩序勾画出一幅蓝图。以雅尔塔会议为基础，形成了关于战后世界政治秩序的基本方案，故称雅尔塔体制。雅尔塔体制实质上是按美苏两大国实力对欧亚两洲进行势力范围划分的体制，这个体制最终导致了两极对立的世界战略格局。在欧洲，东欧属于苏联的势力范围，西欧则被美国所控制，德国由美、英、法、苏四国分区占领，后分裂为东、西两个德国；在远东，雅尔塔秘密协定大体划分了美、苏的势力范围，苏联承认美国对日本的控制及在中国的利益，美国则满足了苏联收回库页岛、占领千岛群岛等要求。雅尔塔体制为战后东西方两大集团的对峙确定了基本的政治框架。第二次世界大战极大地改变了世界战略格局，传统的欧洲强国退居二线，霸权地位和政治中心转移到了新崛起的强国手中。战后殖民主义体系的崩溃，欧、亚、拉美一些国家走上社会主义道路，形成以苏联为首的社会主义阵营；发达资本主义国家，在马歇尔计划与"北约"两条链条的束缚下，形成以美国为首的资本主义阵营。两大阵营在政治、经济、军事各个领域全面对抗，剑拔弩张，但又都有所顾虑和克制，尽量避免直接发生军事冲突。这就是冷战格局。

（六）三个世界格局（20 世纪 70 年代）

20 世纪 60 年代，世界进入大动荡、大分化、大改组时代。两大阵营内部发生重大的分裂。欧共体建立与发展，日本经济实力迅速增强，使美国在经济上无力控制其盟国。美国与西欧、日本经贸摩擦爆发。法国独立发展核武器，并不顾美国反对，与中国建交，与莫斯科缓和，在政治上与美国分庭抗礼。苏联与南斯拉夫、阿尔巴尼亚的决裂，尤其是中苏关系破裂，使社会主义阵营不复存在。美苏两个超级大国走上争霸道路，成为第一世界。亚非拉广大发展中国家，在反对美苏争霸的旗帜下，放弃政治制度的差异，走上不结盟运动的道路，形成第三世界。在第一世界与第三世界之间的发达国家，则与美苏两霸既有矛盾又有联系，成为第二世界。争霸与反霸的矛盾斗争，成了这一时期世界主要矛盾，并构成三个世界格局。

> **资料窗**
>
> **北大西洋公约组织**
>
> 北大西洋公约组织（North Atlantic Treaty Organization，缩写为 NATO），简称北约组织或北约。它是一个为实现防卫协作而建立的国际组织。1949 年 3 月 18 日美国和西欧国家公开组建北大西洋公约组织，同年 4 月 4 日在美国华盛顿签署《北大西洋公约》。北约的最高决策机构是北约理事会。理事会由成员国国家元首及政府首脑、外长、国防部长组成。总部设在比利时的布鲁塞尔。

（七）新格局过渡期（20 世纪 90 年代 ~21 世纪初）

1989~1990 年，东欧剧变、两德统一导致雅尔塔体制崩溃，两极格局基本解体。1991 年底苏联解体，两极格局彻底终结，世界进入新旧格局转换时期。美国成了世界上唯一超级大国，对其他国家具有压倒优势的地位，同时存在着西欧、日本、俄罗斯、中国等几个对其有一定制约力、并对国际事务有重要影响作用的相对独立的战略力量，但又不具备与超级大国均等的实力和能力。

> **资料窗**
>
> **华沙条约组织**
>
> 华沙条约组织（Warsaw Treaty Organization，缩写为 WTO），简称华约组织或华约，是冷战期间东欧社会主义阵营为对抗北大西洋公约组织而成立的政治军事同盟。成员国包括阿尔巴尼亚、保加利亚、匈牙利、德意志民主共和国、波兰、罗马尼亚、苏联、捷克斯洛伐克八国。1955 年 5 月 14 日，上述八国在华沙签订了《友好互助合作条约》，同年 6 月条约生效时正式成立了军事政治同盟——华沙条约组织。总部设在莫斯科。1991 年 7 月 1 日，华沙条约缔约国政治磋商委员会在布拉格举行的会议上，与会各国领导人签署了关于华沙条约停止生效的议定书和会议公报，至此华沙条约正式解体。

二、冷战后国际战略格局的基本特点

冷战后世界各种战略力量重新定位和整合，世界格局处于动荡和调整时期。当前世界主要政治力量对比呈现"一超"和"多强"并立的竞争态势，国际战略格局总体上呈现如下特点：

（一）美国谋求建立单极世界

冷战结束后，美国成为世界上唯一的超级大国，其经济、科技、军事实力都处于超强地位。美国国内试图建立"单极世界"的思潮抬头，美国政府"领导世界"的欲望迅速膨胀。为此，美国不断增加军费开支，扩充军备，研制国家导弹防御系统和战区导弹防御系统，试图建立以其为主导的"单极世界"。其战略构想是，以美洲大陆为依托，以北约和美日军事同盟为两大战略支柱，从欧、亚两大陆向全球进行新的战略扩张，把美国的领导作用扩展到全世界，遏制新的全球性竞争对手出现，长期保持美国唯一的超级大国地位。

"9·11"事件之后，美国经济开始出现衰退迹象。美国的财政赤字不断增大，贸易逆差逐年攀升，美元不断贬值。特别是2007年开始的美国次贷危机引发了华尔街的金融风暴，导致股市大幅下跌、经济增长下滑，美国经济遭受重创。与此同时，欧盟、日本、中国、印度、俄罗斯、巴西等国家和地区占世界GDP的比重却在不同程度的增长。在当今世界上，约有五分之一的国家有美国的基地，有四分之一的国家有美军在进行各种各样的军事行动，这势必造成其力量的分散使用和过度消耗。基辛格、布热津斯基、亨廷顿等美国著名战略家均已预测，美国保持唯一超级大国的地位只能持续15~25年时间。

（二）欧盟势力影响日益扩大

冷战结束后，欧盟不失时机地加速推进一体化进程，1995年欧盟扩大为15国，欧盟整体实力大增。1999年1月1日，欧

资料窗

国家导弹防御系统（NMD）

美国极力建立的国家导弹防御系统（NMD，National Missile Defense），是为保护美国本土免遭战略导弹攻击的武器系统。该系统由地基拦截弹或天基拦截弹、X波段地基雷达、地基超视距预警雷达、部署在阿拉斯加前沿的辅助雷达、飞行中拦截弹通信系统、天基传感器以及作战管理／指挥、控制、通信、计算机和情报系统等组成。美国发展NMD将打破世界战略平衡与稳定，阻碍核裁军的进程，破坏国际防武器扩散的努力，所以受到世界上大多数国家的反对。

元问世。2002 年 3 月，欧元取代了欧元区的 12 国货币成为该区域唯一合法货币，也成为世界上唯一能与美元抗衡的货币。欧元的流通推动了欧盟经济的发展，同时削弱了美元的国际地位。世界金融体系中出现了美元、欧元、日元三足鼎立之势。目前欧盟拥有东、西欧 27 个国家，面积达到 434 万多平方千米，人口近 5 亿，GDP 约达 10 万亿美元，成为一个实力雄厚的区域经济集团。

欧盟明确主张世界多极化，对建立单极世界的主张持反对态度。2003 年 2 月，法国、比利时和德国第一次在北约内部打破"默认程序"，对美国发动伊拉克战争形成强有力的牵制。随着欧洲一体化的发展和欧盟综合实力的增强，以欧盟为核心的欧洲已成为与美国、俄罗斯、中国、日本同样重要的国际力量，是冷战后世界格局的不可或缺的重要力量。

（三）俄罗斯意欲重振大国地位

俄罗斯是仅次于美国的第二大军事强国，是目前唯一能够与美国相抗衡的核大国。苏联解体后，俄罗斯经济出现了严重衰退。但是普京担任俄罗斯总统后，俄罗斯走上了复兴之路。当前俄罗斯政府倡导主权民主，政治上否定全盘"西化"，经济上对能源等战略行业加强控制，并依靠能源优势和军事实力重振俄罗斯的大国威望。经济上，俄经济自 1999 年出现恢复性增长后，连续多年快速增长。政治上，俄罗斯主张世界多极化，并以政治大国的面貌出现在国际舞台上，积极参与重大国际问题的处理。军事上，俄罗斯是制衡美国的一支强大力量。俄罗斯强大的常规军事力量以及庞大的核武库，是其制约单极世界的重要军事基础。

近年来，俄罗斯的强势崛起引起西方担忧，对俄围堵和打压加剧，俄则仰仗国力复兴予以还击。从北约东扩、美欧在独联体国家发动颜色革命、建立针对俄罗斯的反导系统，到西方因俄格冲突企图孤立俄罗斯，这一切都打破了俄罗斯长期以来希望融入欧洲的梦想，俄罗斯又开始走回对西方强硬的路线。

（四）日本走向政治军事大国步伐加快

二战后，日本经济迅速腾飞，在相当长的时期内占据世界第二大经济体的位置，人均国民收

图 9-2　日本防卫厅升格为防卫省

入已超过美国。但是，由于身负二战战败国的包袱，其对世界政治的影响力有限。近年来，日本国内越来越不满于"经济巨人，政治侏儒"的现状，力求成为世界政治大国，同时也在向军事大国迈进。在外交上，日本不再满足于美国小伙计的角色，在美日关系上，日本"一边倒"的态势有所改变。在政治上，日本力争成为联合国安理会常任理事国，实现其政治大国的梦想和亚洲领头雁的角色。但是，由于日本自身的各种因素决定其要想实现"入常"目标并非易事，近期也很难实现政治大国的目的。在军事上，日本借助经济实力积极扩展军事实力，日本每年的军费开支约为500亿美元，是当今世界军费开支较多的国家之一。

作为一个经济和军事实力强大的国家，日本一方面给地区和平与安全带来了许多不确定因素，另一方面在亚太地区也成为对美国的一支牵制力量。日本已多次明确表示，不会接受未来世界是美国领导下的单极世界的主张。

(五) 中国综合国力稳步上升

随着综合国力的不断增长，中国在国际事务中发挥着独特的作用。政治上，中国是最大的发展中国家，并且是发展中国家里唯一的联合国安理会常任理事国，是维护世界和平促进共同发展的重要力量。经济上，改革开放30年来，中国的综合国力迅速发展，2010年GDP总量首次超过日本，成为世界第二大经济体。中国还是目前世界上最大的投资市场和消费市场之一。2020年中国的国内生产总值将比2000年翻两番，本世纪中叶基本实现现代化。军事上，中国人民解放军正在成为一支现代化的军队，具备了在信息化条件下打赢局部战争的能力。外交上，随着国际交流和合作的不断扩大，中国的国际地位进一步得到提升。2008年北京奥运会和2010年上海世博会的成功举办，进一步提升了中国的国际影响力。尤其是，在应对世界金融危机挑战中，中国表现出色，突显了大国地位，中国负责任的大国形象获得了世界各国的广泛赞誉。随着综合国力的不断提升，迅速崛起的中国已成为推进世界多极化的重要力量。

(六) 新兴经济体迅速崛起

发展中国家在二战后的崛起是促进世界格局多极化的重要原因。进入21世纪以来，印度、巴西、南非等国正在崛起，经济持续强劲发展，外交空前活跃。巴西国内生产总值超过万亿美元，进入世界经济体10强的行列。印度经济继续高速增长，按购买力平价计算，对世界经济的拉动作用也首次超过美国，与中、俄、巴西共同进入世界经济 10 强行列的态势日趋明显。与此同时，越南、印度尼西亚、南非、土耳其、阿根廷等中小新兴经济体也加快发展，成为世界经济中引人注目的亮点。新兴经济体的快速崛起将促进世界战略力量的调整和重组，成为推进世界多极化进程的重要因素。

资料窗

"金砖国家"

　　2001 年 11 月，美国高盛公司在一份题为《全球需要更好的经济之砖》的研究报告中，首次使用了"BRIC"这一英文缩写，即将巴西（Brazil）、俄罗斯（Russia）、印度（India）、中国（China）四个国家的英文名称的首个字母组合起来。因其发音与英文单词砖块（Brick）相似，加之近年四国经济步入发展的黄金时期，故而得名"金砖四国"。2009 年 6 月 16 日，四国领导人在俄罗斯叶卡捷琳堡举行首次正式会晤，启动了金砖国家合作机制。2010 年 12 月，"金砖四国"一致商定，吸收南非作为正式成员加入该合作组织。南非加入后，其英文单词将变为"BRICS"，并改称为"金砖国家"。"金砖国家"均是新兴市场国家，在许多国际和地区问题上看法接近。

（七）区域一体化组织蓬勃发展

　　在经济全球化的大潮中，区域经济一体化势头同样澎湃。在地区层面，新兴经济体积极参与和推动区域、次区域合作组织机制建设。新兴经济体为了在新的形势下有效地维护自己的独立和主权，提升自己的国际地位，强化了联合自强、走区域一体化道路的势头。俄罗斯和中国推动上合组织成员国签署《长期睦邻友好合作条约》与《保障国际信息安全行动计划》，以进一步加强该组织的安全合作机制建设。巴西、阿根廷等国推动成立南方银行、南方共同市场议会，同时酝酿将南美国家共同体改为"南美国家联盟"，全方位推进拉美地区区域合作机制建设。印度对南亚区域合作联盟的态度转趋积极。马来西亚、越南、菲律宾等中小新兴经济体积极推动东盟组织机制建设，力争在 2015 年使东盟形成类似欧盟的单一市场，使东盟摆脱松散机制，向具有约束力的区域性组织转变。

　　总之，两极格局解体后，并未形成一个超级大国独霸世界的局面，而出现了多极化的趋势。这一趋势在两极对峙时已经孕育。两极解体后，各种力量还未能建立起新的平衡，新的世界格局尚未形成，现在还处于过渡时期，但世界格局多极化趋势却是必然无疑的。

三、当前国际安全形势

冷战结束后，国际战略形势发生了重大变化。和平与发展的世界主题虽然没变，但呈现出一些新特点和新趋势。

(一) 国际形势总体缓和，局部冲突却依然频发

冷战后，全球性的军事对抗已不复存在，爆发世界大战的可能性越来越小，国际形势总体上由紧张变为缓和，由对抗变为对话。大国关系出现战略性调整，世界各国独立自主、合作发展的意识有所加强，和平力量更加壮大。

但是，局部战争的危险依然存在，发生局部战争和武装冲突的数量一直维持在较高水平，呈现出大战不打、小战不断的局面。导致全球局部战争和武装冲突高发的主要原因在于：一是两极格局的瓦解，大大降低了爆发世界大战的危险，但同时也导致各种战略力量急剧分化和改组，并使冷战期间积聚的各种矛盾爆发，从而诱发了更多的地区性武装冲突。二是全球范围内出现新一轮民族主义浪潮，民族分离运动触发了一系列武装冲突。三是有关国家围绕领土、资源等利益的激烈争夺，导致一系列新的冲突。四是随着经济全球化的迅速发展，恐怖主义、能源安全、跨国毒品走私、非法移民等全球性问题对国际安全影响日益凸显，并诱发了一些新的武装冲突。

图9-3　朝鲜与韩国相互炮击

(二) 霸权主义依然存在，并呈现新的表现形式

苏联解体后，虽然美苏争霸世界的局面已不复存在，但霸权主义仍未退出国际舞台，尤其是以美国为首的某些西方国家推行霸权主义更加肆无忌惮，一些地

区霸权主义也乘机抬头。

强权政治有所发展。以美国为首的某些西方国家依恃其实力优势，粗暴干涉别国内政。它们打着"民主"、"自由"的旗号，到处推行西方的政治模式与价值观，竭力在政治上控制发展中国家，致使许多发展中国家政局不稳，社会动荡，战乱不休。

军事干涉更加频繁。从 20 世纪 90 年代起，西方大国使用军事力量干涉别国事务的行为更是有恃无恐，有增无减。西方国家实施军事干涉的形式和手段主要是：以军事联盟的形式出现，将冷战时以防御为主的北约等军事集团改造为进攻性的扩张工具；使用高技术兵器，对精心选择的目标实施不对称打击；在潜在危机地区炫耀武力，随时准备进行干涉；打着"维和"的旗号，进行武力逼和，甚至直接参战，偏袒一方，打击另一方；在别国领空和领海实行禁飞禁航，进行海空封锁，践踏别国主权。

经济制裁逐渐增多。20 世纪 90 年代以来，美国等西方国家几乎在每一次重大的国际对抗与冲突中，都使用了经济制裁与封锁手段，或以经济利益为交换条件，逼迫对方让步。

文化渗透日趋公开。文化渗透是西方国家推行其价值观念、生活方式和政治制度模式的重要手段之一。它们凭借信息传媒工具的技术优势，以各种消遣娱乐、流行时尚等商业文化，或以影视音像、文学作品等形式，或通过互联网，跨国进行思想文化渗透，达到无孔不入的地步。

（三）军备竞赛有所趋缓，但质量竞赛更加激烈

随着国际形势日渐缓和，全球性军备竞赛有所降温。但是，一些地区性的军备竞赛有所升级。同时，世界各国都更加重视军队的质量和技术优势，在减少数量、强化质量上下工夫。

在核军备方面，尽管美、俄两国签署了新的核裁军条约，开始大幅度裁减核武器，但仍保持庞大的核武器库，并继续加强核武器的研制和更新换代。同时，还有一些国家不顾国际社会的反对，采取各种手段研制和发展核武器、生物武器和化学武器，使得世界上有能力制造大规模毁伤武器的国家越来越多。

在常规军备方面，美国倡导进行新军事革命，强调用高技术提高美军的战斗力，将工业时代的武装力量转变为信息时代的武装力量。俄罗斯也积极更新其常规武器。法、英、德、日等强国在提高军队质量、发展高技术武器装备方面也不

遗余力。印度、韩国以及东盟各国都在大幅度增加发展高技术武器装备的投入。

(四) 全球地缘战略竞争呈现新态势，传统安全问题仍很严重

近年来，有关国家围绕战略要地、战略通道展开新一轮地缘战略博弈，传统的地缘政治因素对国际战略形势和大国战略的影响再度凸显，并表现出一些新的态势和特点。

欧亚大陆继续成为地缘战略竞争的"主战场"。冷战后，美国为了阻止中、俄在欧亚大陆崛起，在东、西两个方向配置战略力量：在西面，推动北约东扩，在独联体国家发动"民主改造"和"颜色革命"攻势，在中亚长期驻军，排挤俄罗斯的传统影响；在东面，强化与日本、韩国、澳大利亚和菲律宾等国的军事关系，极力阻止我国统一台湾。企图实现东西对进，进一步挤压中俄两国的战略空间。

在东北亚地区，围绕朝鲜半岛与东北亚和平安全机制，主要大国暗中展开竞争，朝鲜半岛北南关系面临新的困难，韩日围绕独（竹）岛归属的矛盾有所上升。

中东作为世界上长期的动乱之地，宗教、民族、领土、资源等各种矛盾应有尽有。巴以和平进程举步维艰，各种矛盾盘根错节，多种力量明争暗斗。

大国地缘竞争开始向亚太、拉美和非洲延伸。在亚太地区，美国强化与日、韩、澳等国的军事合作，高调宣布"重返东南亚"；日本在积极谋求大国地位；印度奉行"东进"战略，开始将战略触角伸向东南亚和太平洋地区；俄罗斯重视经营远东。在拉美，美国重建第 4 舰队，与哥伦比亚达成协议，获得哥伦比亚军事基地使用权，谋求加大对拉美的影响力。而委内瑞拉、玻利维亚等激进左翼国家与美国的矛盾进一步加深。俄罗斯则派军舰、战略轰炸机到拉美这一美国的"后院"地区大张旗鼓地搞联合军演，意在对美形成更多牵制。在非洲，各大国也已开始进行激烈角逐。奥巴马政府将非洲作为其外交政策重点，加大对非洲的外交攻势，美军非洲总部开始运行，谋求加大对非洲事务的干预力度；欧洲大国保持着在非洲传统势力范围的影响；日本也投入了相当大的财政援助，同时加紧为自己捞好处；俄罗斯与非洲在能源等领域的合作不断增强；印度制订"聚焦非洲"计划。

深海、太空和极地成为地缘战略竞争的"新疆域"。在陆地资源日渐枯竭的趋势下，诸多濒海国家加紧推进海洋勘探工作，加紧制定并大力实施新的海洋开发战略。随着军用航天技术和信息技术的发展，一些大国竞相将触角伸向太空，

使太空成为继陆、海、空三维战场后的又一个崭新的战场。极地以其丰富的石油、天然气和矿产资源、渔业资源，被视为地球"最后的宝藏"，在军事上的意义更是非常突出。在南极，俄、美、英、澳、巴西等国纷纷加大南极科考力度，甚至申请主权，引发新一轮南极热。在北极更是争得火热。俄罗斯北极科考队在北冰洋底插旗事件引爆了北极主权之争。加拿大、丹麦、美国等与北极接壤的国家纷纷为宣示主权寻找法律根据，"北极争夺战"因此愈演愈烈，并可能引爆21世纪的冷战甚至热战。

（五）非传统安全问题持续凸显，国际安全威胁更加复杂多样

国际反恐形势依然严峻。冷战结束后，国际恐怖主义活动时而收敛、时而活跃。一些极端恐怖组织或恐怖分子多次制造暗杀、爆炸和人质事件，增加了国际社会的紧张与恐怖。当前，"基地"组织虽遭受沉重打击，但活动能力仍不容低估，"中东—中亚—南亚—东南亚"地区仍是国际恐怖活动的"重灾区"，特别是中东和南亚恐怖活动数量居高不下。

能源安全问题高烧不退。国际油价的高位波动，对世界经济发展和各国经济增长产生明显影响，能源富集国获得巨额"石油美元"收入，保持较强劲的经济增长，能源消费国则受到较大冲击。有关国家围绕能源主产地、能源运输通道和管道的竞争有所加剧。俄罗斯将能源作为另类"战略武器"打压不听话的独联体国家，制约欧洲国家。美欧试图在中亚和里海地区展开油气争夺战，削弱俄对该地区油气资源和管道的传统影响。

气候变化问题骤然升温。气候变化问题迅速由一个环境和经济领域的新课题，转化为国际政治和安全领域的焦点议题。部分发达国家在各种国际场合抛出气候变化议题，相继提出对己有利的减排方案，发展中国家则反对将气候问题"政治化"。气候变化问题成为国际关系领域的新热点，增添了新的复杂因素。

金融安全问题值得关注。全球金融安全风险仍很突出。美元持续走软，对各国经济产生不同程度影响，可能引发国际汇率的大幅波动和全球经济的混乱。部分发展中国家金融安全体制薄弱，防范风险能力不强，爆发新一轮金融危机的可能性不能排除。

国际贩毒走私和海盗活动猖獗。国际毒品控制委员会认为，全球性毒品问题日益恶化。东南亚的"金三角"、拉美的哥伦比亚和秘鲁等传统的毒品生产地依然十分活跃。近年来，又滋生出一些新的毒品生产地和新的国际毒品转运地，使

国际贩毒走私成为一个日益严峻的国际问题。索马里海域已经成为世界上最危险的海域，索马里海盗已成为国际社会的公害，打击海盗已成为国际社会的共识。

此外，信息安全、粮食安全、自然灾害以及严重传染性疫病等方面的非传统安全问题也相当突出。

思考题：

1. 什么是国际战略格局？
2. 冷战后国际战略格局的主要特点是什么？
3. 当前国际安全形势如何？

第十讲　我国周边安全环境

国家周边安全环境，是指一个国家周边安全状况和态势。它是一个国家对其周边国家或集团在一定时期内对自己国家主权、领土完整是否构成威胁、有无军事入侵、渗透颠覆等情况的综合分析和评估。周边安全环境是国家安全环境的重要组成部分，关系到国家和民族兴衰存亡，是制定国家战略和国防战略的重要依据。

一、我国周边安全环境的基本特征

（一）我国幅员辽阔，陆海兼备，但同时也面临来自陆海两个方向的战略压力

我国位于欧亚大陆东部边缘地带和太平洋西岸，既是一个陆地大国，也是一个濒海大国。我国领土北起漠河以北的黑龙江江心，南到南沙群岛南端的曾母暗沙，南北相距约5500千米；东起黑龙江与乌苏里江汇合处，西到帕米尔高原，东西相距约5200千米。我国有960万平方千米陆地疆域，约占世界陆地面积的1/15，亚洲面积的1/4，陆地领土面积仅次于俄罗斯和加拿大，是世界第三大国。此外，我国还有300万平方千米海洋国土。从军事角度讲，辽阔的陆海疆域为我国提供了战略上的巨大回旋余

资料窗

《联合国海洋法公约》

《联合国海洋法公约》在1982年联合国第三次海洋法会议上签署，于1994年11月16日正式生效，是全球海洋管理的国际法依据。目前世界上大多数国家都已批准该约。1996年5月15日，我国第八届全国人民代表大会常务委员会第19次会议决定批准《联合国海洋法公约》。

《联合国海洋法公约》有关规定

领海：濒海国陆地领土及其内水以外邻接的一定宽度的海域，其宽度不超过12海里。

毗连区：沿海国在毗连其领海以外一定范围内，为行使必要管制权而划定的区域，其外部界限从领海基线量起不超过24海里。

专属经济区：主权国家在邻接其领海的外部海域设立的经济管辖区，其外部界线至领海基线不超过200海里。

大陆架：陆地向海面下自然延伸和缓倾的浅水平台，其范围从低潮线起到海底坡度突变陡坡。

图 10-1 第一岛链

地，而且利于合理布局生产要素和配置国防力量，提高战时的生存能力和持久作战能力。

陆海兼备的地缘特征，使我国有向陆海两个方向发展的需求与机遇，同时也负有陆海两个方向的防卫任务。西部边疆，青藏高原和帕米尔高原将我国与南亚、中亚隔断，只在西北有一条穿越河西走廊，绕过塔克拉玛干大沙漠的狭窄通道"丝绸之路"与中亚相连；南有云贵高原和横断山脉天然屏障；东部是辽阔的万里海域。在 1840 年以前，对于中国数千年的历代封建王朝，除了在明朝有倭寇自海上袭扰外，最主要的威胁来自于北方游牧民族的劫掠和入侵。而在 1840 年以后的一个世纪里，过去被认为是最安全的浩瀚海疆，却成为外敌入侵的主要突破口。外国军队从海上入侵中国达 470 余次之多，其中较大规模的就有 84 次。比如，1840 年第一次鸦片战争，1856 年第二次鸦片战争，以及中法战争、甲午战争和 1900 年的八国联军侵华等都是从海上进来的。

我国虽然是濒海大国，但所在的海区却是一个封闭与半封闭型的海区。海区外缘从阿留申群岛，经日本列岛到菲律宾群岛，有世界上最长的岛链环绕，这条岛链也称作"第一岛链"。通过朝鲜海峡、琉球诸水道、巴士海峡、巽他海峡、马六甲海峡等与外部世界相沟通。如果不能突破"第一岛链"的封锁，中国的战略空间将受到挤压，仍将是龙困浅滩，这更增加了我国来自海上的战略压力。

（二）我国周边国家数量众多，差异巨大，历史和现实矛盾突出

从中朝边境的鸭绿江口到中越边境的北仑河口，我国陆地边界全长 2.28 万千米，是世界上陆疆最长的国家之一。我国陆疆与 14 个国家接壤，从东向西依次是：朝鲜、俄罗斯、蒙古、哈萨克斯坦、吉尔吉斯斯坦、塔吉克斯坦、阿富汗、巴基斯坦、印度、尼泊尔、不丹、缅甸、老挝、越南。我国海岸线长 1.8 万千米，海疆与日本、朝鲜、韩国、菲律宾、文莱、马来西亚、印度尼西亚、越南 8 个国家为邻。我国的陆海周边国家共 20 个。

我国周边地区是全球人口最为稠密的区域。世界上人口超过 1 亿的 11 个国

家中，有 7 个聚集在这里。它们是：中国、印度、印度尼西亚、俄罗斯、日本、巴基斯坦、孟加拉国，这 7 个国家的人口总和达 30 亿。我国周边地区的人口总数超过 35 亿，占世界总人口的 56%以上。我国周边地区人口过密，整体素质低于世界平均水平，就业困难，社会压力大，这就必然产生一系列矛盾和问题。

我国周边国家在政治、经济、文化上存在着巨大的差异性、不平衡性和多样性。从社会制度上看，资本主义、社会主义、君主制多种社会制度并存；从意识形态上看，有信奉马克思主义的，有崇尚西方自由主义和美式实用主义的，也有坚守东方民族主义价值观的；从文化上看，中国的儒家文明和印度文明、日本文明以及欧洲文明在这里交汇交融；从宗教上看，有佛教、印度教、伊斯兰教、基督教、东正教等等；从发展程度上看，有世界级的经济大国日本，有新加坡、韩国这样的新兴工业国家和地区，也有像中国和印度这样迅速发展、正在崛起和走向复兴的发展中的大国，同时也有多个被联合国反复列入世界最不发达的国家，如：阿富汗、尼泊尔、不丹、蒙古、缅甸等。

我国周边国家之间的差异性、不平衡性和多样性，一方面带来众多问题、矛盾和冲突；另一方面正是通过这种多样性，又客观地提供了本地区国家之间经济上较强的互补性，文化上明显的交融性特点。这一地区由于历史遗留问题多，政情复杂，现实矛盾突出，麻烦不断，往往被西方国际政治学者描述为"边缘地带"或"破碎地带"。

目前世界上突出的热点问题，有不少集中在我国周边地区，如朝鲜半岛的核危机、印巴对克什米尔的争夺、周边国家对南中国海资源的掠夺、阿富汗问题、中亚地区的持续动荡等等。从原因上分析，这些问题的产生与发展，既有现实原因，也有历史原因；有政治、军事原因，也有经济、文化、宗教原因。但从总体上看，在我国周边地区存在的几乎所有矛盾和冲突中，都能看到 19 世纪殖民主义、20 世纪帝国主义和 21 世纪霸权主义的阴影。有的是它们直接制造的，有的则是由它们的内外政策所引发的。比如，朝鲜半岛问题就是二战结束时，美苏在朝鲜半岛划分势力范围，以北纬 38 度线为界，分别接受日军投降，最终造成了朝鲜与韩国的分治；印度和巴基斯坦之间长期紧张局势的根源还是在于 1947 年英国殖民者退出印度时，执行的"分而治之"的蒙巴顿方案，这个方案根据居民的宗教信仰，把南亚人为地分为印度（印度教）和巴基斯坦（伊斯兰教）两个国家；我国的台湾问题，事实上也是由于美国的直接插手造成的。

资料窗

麦克马洪线

1913年，"中英藏会议"在印度西姆拉召开，史称"西姆拉会议"。会议期间，英国代表麦克马洪与西藏地方当局代表背着中国中央政府代表，以秘密换文的方式划定了印度与西藏的东段疆界，将传统上西藏当局享有管辖权、税收权和放牧权的约9万平方千米领土划进印度版图。这就是所谓的"麦克马洪线"。当时的中国中央政府和以后的历届政府，都不承认这条非法的"边界线"。

二、我国周边安全环境的总体态势

目前，世界战略格局和安全形势不断发生变化，和平与发展仍然是时代主题，求和平、谋发展、促合作已经成为不可阻挡的时代潮流。我国与周边国家的关系也得到全面的改善和发展，周边安全环境总体稳定，是新中国成立以来最好的时期。

（一）大规模外敌入侵的军事威胁已基本消除

从新中国成立到20世纪60年代，对我国主权和安全的主要威胁来自美国。美国通过一系列军事条约拼凑军事集团和反华联盟，从我国东北、东面、东南三个方向对新中国实行战略包围。20世纪60年代以后，苏联视我国为实现其霸权野心的重大障碍，不仅在中苏、中蒙边界地区驻扎百万重兵，而且支持印度制造边界事端，唆使越南反华和入侵柬埔寨，并直接出兵入侵阿富汗，从北、南、西南三个方向对我构成现实威胁和战略包围。20世纪90年代初，苏联解体，冷战结束，世界战略形势发生了根本改变，我国安全状况基本得到了缓解，大规模外敌入侵的军事威胁已基本消除。

（二）发展了同周边国家的睦邻友好关系

近年来，中国政府大力开展和平外交，积极发展同周边国家的外交关系，逐步营造出一个睦邻友好的周边安全环境，同周边国家建立了各种不同类型的伙伴关系。中俄于2001年签署了《睦邻友好合作条约》，两国战略协作伙伴关系继续推进。中朝传统友好关系得到恢复和加强，中韩全面合作伙伴关系深入发展。中国同东盟睦邻互信伙伴关系已升级为面向和平与繁荣的战略伙伴关系。我国与巴基斯坦、中亚各国、蒙古、阿富汗的睦邻友好关系进一步巩固和发展。一度倒退的中印关系得到了进一步改善和发展。中日两国关系虽不时出现一些波折，但双方都把发展长期稳定的友好关系作为各自的基本政策。与周边国家的睦邻友好关系的发展为我国创造和平稳定的周边安全环境提供了良好基础。

（三）解决了与大部分国家的边界问题

由于历史原因，新中国成立后，我国与周边大多数国家的边界都未正式划定，与许多国家在边界划分上还存有争议。20 世纪 90 年代以来，我们利用国际形势的变化，积极发展与周边国家的睦邻友好关系，致力解决历史遗留下来的边界问题。截至 2010 年底，我国已划定的边界约占陆地边界线总长度的 90%。现在，我国陆地疆界除与印度有较大的领土争端外，与其他邻国的边界基本稳定。

资料窗

上海合作组织

上海合作组织，简称上合组织，前身是"上海五国"会晤机制。1996 年 4 月 26 日，中国、俄罗斯、哈萨克斯坦、吉尔吉斯斯坦、塔吉克斯坦五国元首在上海举行首次会晤。从此，"上海五国"会晤机制正式建立。2001 年 6 月 14 日，"上海五国"元首在上海举行第六次会晤，乌兹别克斯坦以完全平等的身份加入"上海五国"。次日，六国元首举行首次会晤并签署《上海合作组织成立宣言》，上海合作组织正式成立。六国元首还签署了《打击恐怖主义、分裂主义和极端主义上海公约》。同年 9 月，上海合作组织成员国总理在阿拉木图举行首次会晤。

东盟地区论坛是东亚地区最重要的官方多边安全对话与合作机制，目前成员国已发展到 23 个，囊括东亚所有国家和地区，对于促进东南亚的和平稳定发挥了积极作用。2001 年 6 月成立的上海合作组织，对共同打击恐怖主义、分裂主义和极端主义"三股恶势力"、维护中国西北方向的安全与稳定意义重大。目前，上海合作组织已经进入全面、稳定发展时期。在东北亚，2003 年启动的"六方会谈"，为缓和朝鲜半岛紧张局势、和平解决"朝核危机"提供了重要平台。地区多边安全机制的形成与发展为我国周边地区的和平与安全提供了重要保障。

三、我国周边安全环境面临的主要威胁

当前，我国周边安全环境虽然总体良好，但影响周边安全的一些因素依然存在，在我国周边地区仍面临一些不安全因素和潜在的威胁。

（一）军事强国对我国周边安全存在长期影响

美国是中国大周边最大的邻国，也是中国与邻国关系中战略利益最大的国家。作为世界上唯一的超级大国，美国对华战略极大地影响着中国的周边安全。长期以来，美国等西方国家顽固坚持冷战思维，一方面强调与中国开展合作和对话，发展建设性合作关系；另一方面又奉行遏制政策，遏制中国的崛起。近年来，伴随着中国的发展和影响力的增大，美国对华遏制战略表现得更加明显。为实现遏制中国的战略目标，美国积极调整其全球战略部署，将全球战略重心转向亚太地区。在中国东部，巩固美韩、美日军事同盟关系，加强其在东北亚的军事存在；在中国东南，一方面继续坚持对台军售，阻止中国统一大业，另一方面借南海问题挑逗东南亚各国与我的矛盾；在中国西南，采取联印制华的政策，对我进行战略牵制；近年来，美国还借推进"反恐战争"之机，加紧在我国周边投棋布子，加强其在西太平洋地区的军事部署。美国对华奉行遏制政策，是我国周边安全不稳定的主要因素之一，也是我国周边安全面临的最大挑战。

（二）周边热点地区发生突变的可能性不能排除

我国周边地区热点之一的朝鲜半岛，由于在核问题上各国立场相差甚远，多方谈判举步维艰，加之朝鲜半岛是中国周边地区中军事力量最为密集的地区，而且南北方军事部署近在咫尺，军事对峙的僵局很难打破。2010年，朝鲜半岛先后发生了"天安号事件"和"延坪岛炮击事件"，情况一度十分危险。未来，朝鲜半岛发生冲突和战争的可能性不能排除，一旦这种情况发生，将给中国周边安全造成严重影响。

印巴严重对立存在一天，中国西部边境地区的安全隐患就无法排除。由于历史原因，印巴两国既存在民族怨恨，又存在宗教纠纷，还存在着领土争端，在短时间内难以得到解决。多年来，印巴军事摩擦时有发生。印度不甘心只做南亚地区大国，1996年拒绝在《全面禁止核武器条约》上签字，并以"中国威胁论"为借口，大力发展核武器，积极谋求世界核大国地位。印巴核军备竞赛的升级和

对立的加剧，对中国的安全环境产生了不利影响。印巴双方陈兵于边境，相互对峙，克什米尔地区是印度和巴基斯坦争夺的焦点，如果战争爆发，必然会对中国边境安全构成较大威胁。

（三）边界和海权争议易引起事端

我国与邻国的边境争议及海洋权益的争议，始终是影响周边安全的不稳定因素之一。在这些争议中，陆地边界争议，以中印边界争议最为突出。中印边界全长 1700 千米，也是目前我国唯一没有解决的陆地边界问题。目前，中印争议领土分东段、中段和西段三个地区，总面积为 12.6 万平方千米，其中，印度占 9.2 万平方千米，占总争议面积的 74%，中国控制约 26%，而上述争议领土历史上均属于中国。

有关海洋权益的争议更为复杂。中国与朝鲜、韩国之间关于黄海、东海大陆架划分，与日本之间关于东海大陆架划分和钓鱼岛的归属问题，都存在着争议。中国的南海处于岛屿被侵占、海域被分割、资源被掠夺的严重局面。中国南沙群岛的海面岛礁几乎被瓜分殆尽。关于南沙群岛的争议，短期内很难达成各方都可以接受的最终解决方案。如果处理不当，还有可能引起国际争端或诱发局部战争和军事冲突。

（四）外国势力插手台湾问题影响我国统一大业

台湾问题本是中国的内政，但由于外部势力插手，致使台湾问题变得复杂化。长期以来，台湾当局在一些外部势力的暗中怂恿和支持下，坚持拒绝两岸进行政治谈判的顽固立场，反对"一国两制，和平统一"的主张，积极推行"两个中国"、"一中一台"的分裂政策，严重威胁着台海局势和祖国统一大业前景。2008 年，台湾领导人更迭，海峡两岸关系出现转机，两岸关系由对抗走向对话，由紧张走向缓和，由隔绝走向交往，两岸人员交流大幅度增加，从探亲、旅游，扩大到在经济、科技、文化、教育、新闻、学术等多方面的合作与交流，两岸关系得到一定改善。但是，两岸在统、独问题上还存在严重分歧。台湾岛内台独分裂势力仍然存在，台独倾向仍然是我国安全的最大内患。祖国统一是中华民族的共同心愿，我们决不允许台独分裂势力的分裂活动，也决不畏惧强敌干预，决不放弃武力解决台湾问题的严正立场。

（五）恐怖主义和民族分裂活动威胁我国安全

我国是一个多民族的国家，国家统一、民族团结、社会稳定始终是国家安全和发展的重要前提。但恐怖主义和民族分裂势力对我国安全统一的危害不容低估。当前，出现了民族分裂主义、国际恐怖主义和宗教极端主义合流的趋势。这"三股势力"内外勾结、相互借重，给世界和平与发展带来了严重的威胁，也对我国的安全与稳定构成了严峻的挑战。中东、中亚、南亚和东南亚是恐怖活动的高发区。由于地域相连或相近，再加上恐怖主义的国际流动性和扩散性，周边地区恐怖主义的蔓延和发展将不可避免地对我国产生影响，从而危及我国的安全和稳定。近年来，境外"东突"恐怖组织和"藏独"分子加紧向我国境内渗透，在我国边疆少数民族地区制造了一系列危及国家安全稳定的事件，已对我国的发展、稳定和统一构成最直接、最现实的威胁。

四、积极营造良好的周边安全环境

当今世界，经济全球化和世界多极化深入发展，各国经济的相互依存、互联互动进一步增强，维护和平、制约战争的因素持续增长。历史经验告诉我们，周边安全环境对国家的社会稳定、经济发展、民族团结、国际地位等均有极为重要的影响。中国的发展需要长期和平、稳定的周边环境。为此，我们必须坚持"与邻为善、以邻为伴"的方针和"睦邻、安邻、富邻"政策，以"和平、安全、合作、繁荣"为目标，积极参与构建地区安全体制，营造良好的周边安全环境。

（一）大力发展经济，增强综合国力，确保长治久安

中国，曾经是世界上屈指可数的强国，她曾有过声威远播、天下归附的武功，近代也有过遍体创伤、不堪回首的屈辱和尴尬。历史告诉我们：落后就要挨打，国富兵强才是国家安定的根本保证。因此，大力发展经济，增强综合国力，才能有效地维护国家的安全。有了强大的经济实力做后盾，我们就不怕任何挑衅与威胁，各种敌对势力就不敢轻易给我们找麻烦，在国际争端中就处于有利地位。

我们当前的任务，关键是要抓住机遇，保持稳定，把我们自己的事情办好。邓小平讲：发展才是硬道理。党的十六大提出的全面建设小康社会的宏伟目标，

最终要靠发展；增强我国综合国力，实现中华民族的伟大复兴，也要靠发展；实现祖国的完全统一，更要靠发展；促进世界和平与进步发展，同样也要靠发展。为此，我们一定要把握好战略机遇期，利用好对我国有利的国际形势和周边环境，抓住"发展"这个兴国的第一要务，搞好我们的建设，把我们自己的事情办好。经济发展了，综合国力增强了，在处理国际事务中我们说话就有了分量。

（二）以积极的政治、外交活动争取政治解决各种利益冲突

为应对我国周边安全环境中潜在和现实的威胁因素，采取切实有效措施，稳定周边关系，改善周边安全环境，是我国当前重要的战略任务。首先，稳定陆地边界，继续加强与俄罗斯在经贸、科技、能源等领域的合作；维护南亚战略平衡，争取与印度关系有新的改善，继续发展与巴基斯坦的传统友好关系。其次，东部濒海战略带，一方面，在东北亚继续推进与朝、韩友好合作关系，并与美国合作，防止局势失控；另一方面，增进与日本的相互信任度，对两国间的具体争端，应力避向全局扩散，而对日本军事大国化问题，要继续保持高度警惕。同时加强在东南亚的战略合作，以经贸为基础，落实"中国—东盟自贸区"计划，在推动区域合作的同时，通过安全对话，加强与东盟和周边国家的关系。

（三）重视思想教育，防止渗透与和平演变

和平环境，一方面是国泰民安的保障，另一方面也容易使人们的国防意识淡化。中国青年报社等有关单位，曾举办了一次"中国青年蓝色国土意识"的问卷调查，从调查情况看，国民的海洋意识非常薄弱，突出表现之一就是缺乏蓝色国土意识，许多人只知道我国有960万平方千米的陆地国土，而忽略了我国还有300多万平方千米的海洋国土，对有关国家瓜分我海域，侵占我岛礁，掠夺我资源财富的情况更是知之甚少，这与拥有1.8万多千米海岸线的海洋大国地位极不相称，必须引起我们每一位国民的重视，海洋意识的提高事关中华民族的未来。因此，我们在抓好经济建设的同时，必须重视思想建设，警惕国内外反动势力的宣传和渗透。西方敌对势力一刻也没有停止对我国实行和平演变战略。

（四）加强国防建设，提高我军的实战能力和威慑能力

强大的国防，不仅具有实战能力，而且具有巨大的威慑力量。它对于国家的和平与稳定，保卫国家的经济建设起着重要作用。我国的大国地位不是别人送

的，是凭我们强大的实力争来的。早在 20 世纪 50 年代中期，毛泽东在《论十大关系》报告中就强调指出："我们不但要有更多的飞机和大炮，而且还要有原子弹。在今天的世界上，我们要不想受人欺负，就不能没有这个东西。"事实也正是如此，1964 年之后我国原子弹、氢弹的爆炸成功，不仅打破了超级大国的核垄断，而且大大提高了我国的国际地位。毫无疑问，我们的大国地位，是与我们强大的国防密切相关的。

居安思危！我们应怀有更强烈的危机感、责任感和使命感，为建设强大的国防，为加快我国和平崛起而贡献我们的力量！

思考题：

1. 如何认识和把握我国周边安全形势？
2. 如何营造良好的周边安全环境？

第十一讲　美国军事情况

　　美国，全称美利坚合众国，是当今世界上唯一的超级大国。其经济实力、科技水平以及军事技术等，目前均居世界领先地位，对国际政治、经济、军事形势的发展具有重大影响，也是对我国安全和战略利益有着重要影响的国家之一。冷战结束后，美国推行强权政治、霸权主义，军事战略的进攻性和冒险性增强。

资料窗

冷战后美军重大军事行动

"正义事业"行动（1989年12月~1990年1月），入侵巴拿马；

"沙漠风暴"行动（1991年1月17日~2月28日），第一次海湾战争；

"沙漠之狐"行动（1998年12月），轰炸伊拉克；

"联盟力量"行动（1999年3月~1999年6月），科索沃战争；

"持久自由"行动（2001年10月7日~2002年2月），阿富汗战争；

"伊拉克自由"行动（2003年3月20日~5月1日），伊拉克战争。

一、美国武装力量及其部署

（一）美国武装力量的组成

　　美国武装力量由现役部队、后备役部队和文职人员三部分组成。

　　1. 现役部队

　　美军现役部队主要由陆军、海军、空军、海军陆战队和海岸警卫队构成，是美国武装力量的骨干和战争初期的基本作战力量，齐装满员，战备程度高。截止2010年9月，美军现役部队总兵力为142.9万人。此外，海岸警卫队平时由国土安全部指挥，战时则由国防部指挥，共约4.4万人。

　　（1）陆军。陆军是美国军队中最早成立的军种，是政府赖以维护国家安全，进行海外扩张的基本力量之一。目前，美国陆军共有兵力56万人，占总兵力的39.2%，编为5个集团军部、4个军部、10个作战师、3个独立旅、4个独立团。

图 11-1 美军陆军 M1A1 主战坦克

装备主战坦克 7900 辆（含后备役）、各类飞机 4300 架（含后备役）。

（2）海军。海军是美国军队在海洋作战的一个军种，它以舰艇为主，由多个兵种组成，主要遂行海上作战任务，具有在水下、水面和空中作战的能力，它既能独立作战，又能协同陆军和空军作战。美国海军（不含陆战队）现有兵力 33 万人，占总兵力的 23.1%，编为太平洋舰队和舰队部队司令部两大舰队，辖 2、3、4、5、6、7、10 共 7 支编号舰队，10 个舰载机联队。美国海军（包括海军陆战队）共装备各型舰艇 305 艘（航母 11 艘）、各类飞机 3645 架（含后备役），其中作战飞机 1672 架，潜射战略导弹 288 枚。

（3）空军。空军是美国空中力量的基本组成部分，同时也是美国战略核力量的一个重要分支，其编成内有战略核力量和常规力量两部分。它是以航空兵为主要兵种组成的军种，主要担负空中作战、空中对地面（海上）作战以及地面对空中作战任务。它既能独立进行作战，也能与其他军种协同作战。美国空军现有兵力 33.6 万人，占总兵力的 23.5%，编为 16 个航空队、69 个飞行联队/大队、5 个航天联队，3 个导弹联队，162 个飞行中队（作战中队 94 个）、9 个洲际弹道导弹中队，装备洲际弹道导弹 450 枚，各型飞机 5544 架，其中作战飞机 2874 架。

图 11-2 美国核动力航空母舰
"乔治·华盛顿"号

图 11-3 美军空军 F-16C 战斗机

（4）海军陆战队。海军陆战队是美国海军部内的一个独立的军种。海军陆战队是一支长期处于戒备状态、擅长登陆作战和具有高度机动性的作战部队。此外，在美国航空母舰和战列舰上、重要的海军岸上设施和美国驻外使馆以及外交使团，都由海军陆战队提供警卫。美国海军陆战队现有兵力20.3万人，占总兵力的14.2%，编为3个陆战师、3个陆战航空联队。

（5）海岸警卫队。美国海岸警卫队平时由国土安全部领导，战时归海军指挥。海岸警卫队现有总兵力8万人左右。

2. 后备役部队

后备役部队是美国武装力量的重要组成部分，包括不在现役但可征调的军队成员。它是美国战时扩充现役部队的首要来源，也是美国增强作战能力的主要力量，主要包括陆军国民警卫队、陆军后备队、空军国民警卫队、空军后备队、海军后备队、海军陆战队后备队和海岸警卫队后备队七个部分。国民警卫队和后备队之间的区别是：国民警卫队是各州的地方部队，由各州州长指挥，战时用于加强现役部队；后备队是由各军种领导的力量，用于补充现役部队。目前，美国后备役部队总人数达84万多人。

3. 文职人员

美军文职人员是美国联邦政府文职雇员的一部分。美军大量雇用文职人员，可使部队在不增加军队编制员额的情况下广泛吸收社会上的人才和劳动力为军队服务。美军文职人员按工作需要直接从地方招聘，服役期满的军人也可转为文职人员。其雇用的方式分为直接雇用和间接雇用，直接雇用为美国公民，间接雇用为海外驻军雇用的当地公民。美军中的文职人员从事的工作达千余种，主要为专业技术工作。他们主要集中在国防部、各军种机关，后勤、基地支援部门以及军事院校。目前，美军共有文职人员78万多人。

（二）美国武装力量的领导与指挥体制

美国武装力量采用总统和国防部长统一领导下的军政、军令双轨制。军政系统由总统和国防部长通过军种部和军种参谋部（海军为作战部、海军陆战队为司令部）统管三军行政管理、部队建设、战备训练、兵役动员、武器采购、后勤事务等。军令系统由总统和国防部长通过参谋长联席会议主席对各联合作战司令部乃至作战部队实施作战指挥。

1. 领导体制

美国武装力量的领导系统由总统、国家安全委员会、国防部及其所属的参谋长联席会议（简称"参联会"）和陆、海、空3个军种部以及10个联合作战司令部组成。总统兼任武装部队总司令，行使最高军事指挥权。国家安全委员会负责向总统提供与国家安全有关的内政、外交和军事政策的综合咨询建议，其法定成员为总统、副总统、国务卿、国防部长4人。参联会主席为首席军事顾问，国家情报总监为首席情报顾问，总统国家安全事务助理负责具体协调落实。奥巴马政府上台后，于2009年2月13日发布首份"总统命令"，决定扩大国安会规模和职能，能源部长、商务部长、财政部长、国土安全部长、常驻联合国代表、白宫法律顾问、总统国家安全事务副助理等部分政府首脑也成为国安会成员。

国防部是美政府的一个内阁级行政部门，是总统领导与指挥美国武装力量的最高统帅机关。国防部长是国防部最高领导人，是总统处理国防事务的首席助理。按有关规定，武装力量中正规部队的授衔军官退出现役不满10年者不得被任命为国防部长。

参联会是总统和国防部长最高军事咨询机构，由主席、副主席、陆军和空军参谋长、海军作战部长及海军陆战队司令组成。

陆、海、空军种部直属国防部，部长为文官，负责本军种建设规划的制订和落实。军种参谋部（海军为作战部，海军陆战队为司令部）系军种部长的军事参谋与办事机构，军种参谋长（海军为作战部长、海军陆战队为司令）为本军种最高军事首长，上将军衔。

2. 作战指挥体制

美军作战指挥体制分为国家级和战区级两级。

国家级作战指挥体制由总统、国防部长及所领导的参联会构成，主要负责指挥全球性大规模战争及核大战。总统是武装部队总司令，负责决策"打不打"和"何时打"等重大战略问题。在总统指导下，国防部长通过参联会主席对美军实施指挥。

战区级作战指挥体制由6个战区总部（太平洋总部、欧洲总部、北方总部、南方总部、中央总部和非洲总部）和4个职能司令部（特种作战司令部、战略司令部、运输司令部和联合部队司令部）构成。它们通过参联会领受总统和国防部长下达的命令，对美军作战部队进行指挥，遂行并达成国家战争目的。局部战争主要依托各战区总部负责实施，由战区总部根据作战任务要求，对战区所辖各军种部队和其他配属及支援力量进行联合编组，并实施统一指挥。

（三）美国武装力量的部署

美国武装力量的部署，是根据美国国家安全利益的需要，在分析未来可能对美国产生威胁的基础上，并依据各军种平时和战时可能遂行的任务确定的。其特点是：以本土为依托，并在海外保持一定数量的驻军，即"前沿少量存在，本土重兵机动"。目前，美本土兵力约 101.7 万人，海外兵力 41.2 万多人（具体兵力分布如图 11-4 所示）。

二、美国军事战略

美国的战略体系大致可分为三个层次，即国家战略、国防战略、军事战略。国家战略，是由总统签署的国家最高级别的战略，涉及对美国面临威胁的判断、确保国家安全的措施等；国防战略，由国防部长发表，该战略涉及美国所面临威胁，但更多的是就美国的国防力量建设提出具体要求；国家军事战略，由参谋长联席会议签署，主要涉及美军建设和战备情况。

（一）美国军事战略的演变

第二次世界大战结束以来，美国军事战略发生了几次重要的变化。冷战时期，杜鲁门政府（1945~1953 年）执行"遏制战略"，艾森豪威尔政府（1953~1961 年）执行"大规模报复战略"，肯尼迪、约翰逊政府（1961~1969 年）执行"灵活反应战略"，尼克松、福特、卡特政府（1969~1981 年）奉行"现实威慑战略"，里根政府（1981~1989 年）实行"新灵活反应战略"，推行"战略防御计划"。这些军事战略的提出与实施，均为美国的国家利益、美国与苏联抗衡以及美国在全球争霸的需求，提供有力的军事保障。

冷战结束后，美国成为唯一的超级大国，在全球范围内没有与之抗衡的力量。在这种情况下，乔治·布什政府于 1992 年 2 月提出"地区防务"战略。这个战略同以往军事战略相比出现了三个转变：一是作战对象由原来的苏联转变为可能危及美战略利益的地区性强国；二是战争准备重点由为对付全球大战转变为对付地区冲突；三是防卫计划关注的焦点由欧洲转变为第三世界广大地区。

1995 年 2 月，克林顿政府提出了"灵活与选择参与"战略。这个战略要求：第一，要将美军发挥作用的范围从战时扩大到平时，从重视处置危机转向预防危机的发生，开始以预防为主；第二，在军事力量的使用上，强调增强灵活性和选

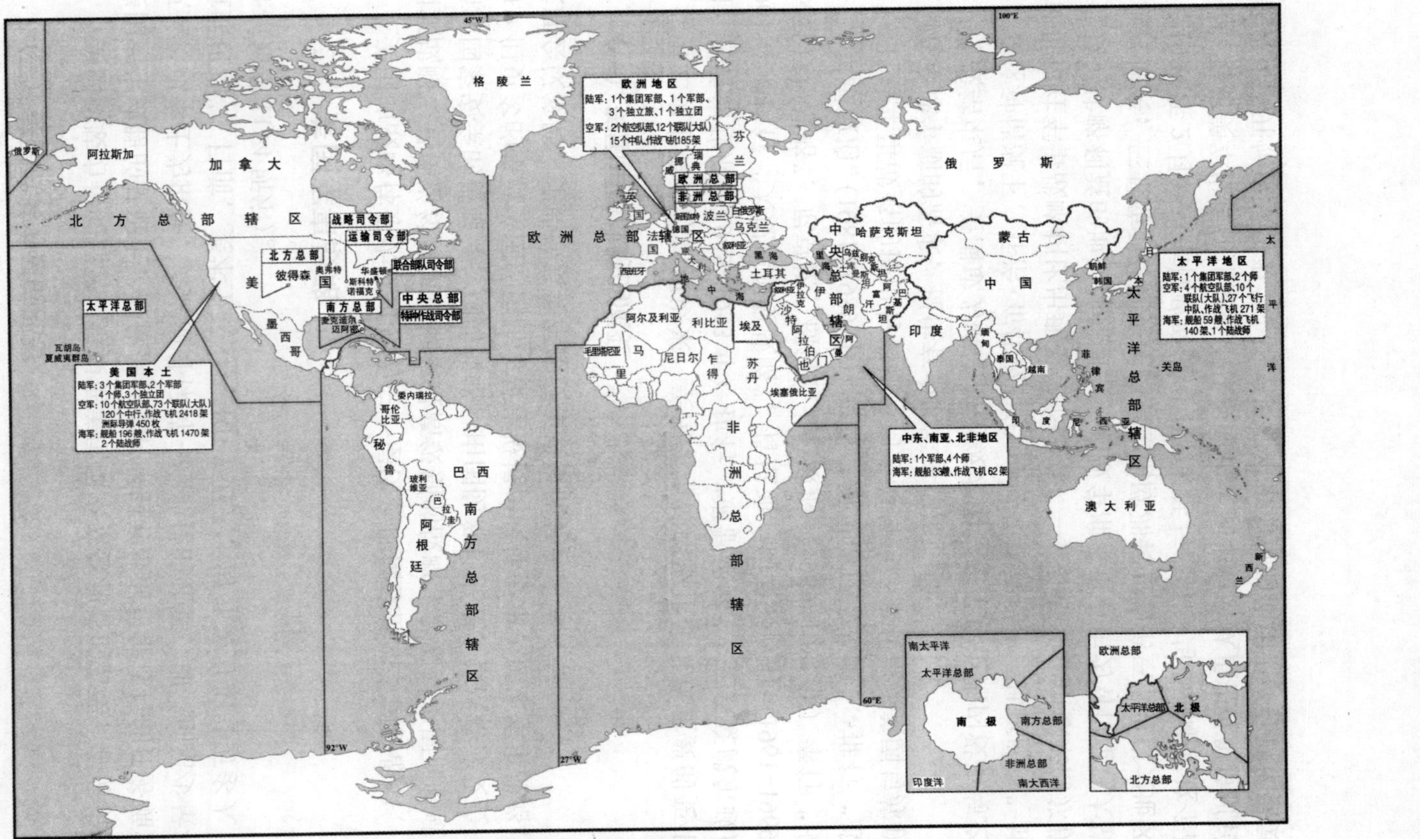

图 11-4 美军海外战区与实力部署示意图

注:
1. 图中海军舰艇为现役舰艇,不含执行现役战略任务的后备役舰船和军事海运舰船。
2. 美空军在中东地区飞机定期轮换,作战飞机通常保持100-200架左右。实力计入美本土和其他海外战区。

择性，要与国家利益和安全挂钩，不盲目出兵、不出得不偿失的兵。

1997年5月，克林顿总统在其第二个任期内又提出了"营造—反应—准备"战略。该战略认为，至2005年前，美国处在一个"战略机遇期"，在这一期间，美国暂时没有了类似苏联那样的全球性战略对手，也不可能出现一个能够打败美军的地区大国或国家联盟；2015年后，国际形势可能会发生变化，某些大国可能发展成为美国新的全球性对手。美国要抓住这一战略机遇期，营造一个有利于增大其国家利益的国际环境；当营造活动失败时，美国要对出现的危机做出迅速有效的反应；同时，美军还应着手对未来可能出现的不确定威胁做出准备。

乔治·W·布什政府上台后，由于发生了"9·11"事件及随后的阿富汗和伊拉克战争，直到2004年，美国才在《国家军事战略报告》中首次提出"保护、防范、战胜"的战略目标。"保护"，是指建立积极的纵深防御体系，确保美国海外战略利益、重要的战略通道，及美国盟友的安全；"防范"，是指通过采取海外军事存在、大规模军事演习、有限目标的军事行动等威慑措施，使对手充分认识到美军的实力和实施报复性打击的意志及决心，遏阻对手攻击美国的意图，尽量避免冲突和袭击的发生；"战胜"，是指在威胁征兆出现前，就要运用本国及盟友的整体力量，决定性地打击威胁源头，而且确保战后形势的稳定。这一战略的实质就是，利用军事力量确保美国惟一超级大国的地位，防止出现在军事上与美势均力敌的国家集团，为其称霸世界服务。

(二) 美国现行军事战略

2009年1月20日奥巴马上任后，没有马上对军事战略做出修改。直到2011年2月8日，美国国防部才发布新版《美国国家军事战略》报告。这是奥巴马政府制定的第一份国家军事战略，也是自2004年以来美国第一次全面修订其军事战略。新版《美国国家军事战略》报告的主题是"重新定义美国的军事领导地位"，以适应"一个充满挑战的新时代"。与以往相比，新版军事战略的主要变化体现以下几个方面：

第一，战略重心由中东转向亚太。报告明确提出美国的战略要务和利益将越来越多地来自亚太地区。这是美国首次在其军事战略报告中明确强调亚太地区已成为其未来所要关注的战略重心。其实，在"9·11事件"前，美国就已开始将其军事部署的重点向亚太地区转移，但这一进程被针对美国的恐怖袭击所打断，美国军事战略的重心暂时转向了伊拉克和阿富汗的反恐战争。随着伊拉克战争基本结束，美军准备从阿富汗逐步撤军，美国关注的战略重点开始转移。过去几年来，美国为"重返亚洲"进行了多方面的努力，不仅将关岛建成全球最大的军事堡垒，而且向亚太地区部署最大规模的海上力量和最先进的作战飞机。美国新版军事战略报告，体现出其对亚太地区事务的高度"关心"，明确了美国的全球战略重心正从中东转向亚太。

第二，在继续应对传统领域威胁的同时更加关注来自公共领域的挑战。报告指出，暴力极端主义、恐怖主义、朝鲜和伊朗谋求发展核武器以及中国潜在的军力扩张等仍旧是美军未来长期面临的所谓传统领域威胁。此外，报告认为美国在全球公共空间（包括海洋、大气层、太空）以及网络空间的出入与行动自由，正"日益受到国家和非国家行为体的挑战"；恐怖分子、犯罪网络和海盗则使国际体系中的暴力行为增加；人口增长、水资源短缺、气候变化等全球性问题也是不稳定因素。因此，要求美军必须确保在所有作战领域的自由进入和机动能力以及全球范围内的力量投送能力，可执行全频谱、多样化任务，能够在所有领域打败对手。这表明美国新的军事战略将引领美军建设实现根本性转变，从重视打赢反恐战争转向谋划打赢未来新型战争。

第三，强调更加倚重联盟以发挥国际事务主导权。与2004年版国家军事战略相比，新版国家军事战略报告更加强调国际和地区安全合作。报告指出，美国在必要时可以单独行事，但"未来的希望在于联盟"，"打赢下一场战争的立足点是联盟"。北约仍将是美国最基本的盟友，但美国将与非盟、东盟及其他组织合作。未来10年，来自亚洲的威胁可能上升，美国必须更多地依赖此区域内的盟友来维持其亚太地区的军事优势。为此，美国将继续深化与日本、韩国和澳大利亚等传统盟国的盟友关系，强化军事合作，同时积极寻求与印度在防扩、保护"全球公共空间"、反恐和其他方面的合作，继续扩展同菲律宾、泰国、越南、马来西亚、巴基斯坦、印度尼西亚和新加坡等国的军事合作、交流和演习活动，从而进一步提升美军在东南亚和南亚地区的影响力。

第四，强调以"接触和遏制"双重手段防范中国军力发展。报告虽然没有明确把中国列为战略对手，但对中国军力扩张的"范围及战略意图"表达了担忧，对"中国军事现代化的程度"和在太空与网络空间内"日益强势"以及在黄海、东海及南海的"过分自信"的行为表示密切关注。报告还提到"有些国家正在发展'反进入'和'区域拒止'能力与战略，以制约美国及国际行动自由"，矛头也暗指中国。在处理与中国的关系上，报告重申了奥巴马政府的对华政策，"致力于与中国建立积极、合作和全面的关系，欢迎中国发挥负责任的领导作用"，希望深化两军关系，拓展双方拥有共同利益且互惠互利的领域，加强了解，减少误解，防止误判，在打击海盗、防止大规模杀伤性武器扩散、维持朝鲜半岛稳定等方面进行合作。这表明美国在极力遏制中国军力增长的同时，由于受自身综合实力下降和国际战略环境改变等多方面因素的影响，不得不加强与中国的合作。

三、美军未来发展

奥巴马政府上台后，针对安全环境的新发展，反思调整防务政策和军事战略，提出"均衡"建军指导思想。未来，美军将进一步深化转型，重点发展八大核心能力：侦察情报能力、基地防卫能力、空间控制能力、强行进入能力、摧毁敌人隐蔽点能力、网络中心战能力、非常规作战能力以及联合作战能力。

（一）美三军不断修订转型实施计划，稳步推进转型进程

为了适应未来作战的需要，美国参联会颁布了《2010 年联合作战构想》，根据这一构想，美三军制定了各自发展规划。

1. 空军提出建设"基于能力"的航空航天远征部队

美空军围绕"全球警戒、全球到达和全球力量"的战略，将赢得跨领域优势和实现可持续发展能力作为主要目标，对空军未来发展建设进行规划，其核心就是重点发展常规全球打击力量。为此，美空军主要采取三项改革：

一是大力推进空中远征部队模式。美空军已完成航空航天远征部队的重组，组建了 10 支远征部队。在 10 支远征部队中的 8 支可随时投入重大作战行动。远征部队将做到远程轰炸机 24 小时内空袭世界范围内的任何目标，战斗机 48 小时内飞往世界任何热点地区遂行作战任务。

二是加强空中与空间力量的结合。美空军计划在 2020 年具备实施航天控制能力，建立起可靠、能快速转换的航天发射器和航天作战飞行器。目前重点完善全球定位系统，投资近 9 个亿对 27 颗导航星升级，并更换 18 颗星，更新所有接受机。同时，抓紧发展空天战斗机，以实现"两个小时内攻击地球上任意一个目标的快速全球打击"战略目标。

三是不断提高远程打击的能力。在不断改善现有轰炸机性能的同时，积极研制新一代轰炸机，使其不仅隐身能力强，而且适应全球作战的需要。

2. 海军提出以"速度"和"敏捷"为核心的新作战概念和理论

美海军和陆战队公布的《2008 年海军作战构想》，强调重点发展"前沿存在、海上控制、力量投送、战略威慑、海上安全、人道救助"等六种核心能力，要求部队提高机动灵活能力和支援特种作战能力，以满足反恐和危机处理的需要。为此，美海军已把现有海上作战兵力改编成可灵活组合的远征打击部队。就是调整一定数量的舰艇和陆战队作为高度独立的部队，接到命令后能到世界任何海域执行任务。其兵力主要有四支部队组成：能对危机做出反应和控制危机升级的部队；能够前往任何地方实施作战的两栖部队；能向任何地区实施海上紧急运输的部队；能对应急部队的作战海域实施安全保障的部队。其中，航母打击大队已完成改组。12 支远征打击大队、9 支导弹防御水面作战大队和 4 支巡航导弹潜艇打击大队仍在改编中。

3. 陆军提出打造"全频谱行动"优势，强调"力量投送"

美陆军出台的《2008 年陆军现代化战略》，明确提出将陆军建设成一支能应对各种威胁，具有"全频谱行动"优势的新型陆军。根据这一战略，美陆军针对未来作战环境和作战对手的不确定性，强调必须以力量投送作为陆军实施作战行动的前提。为此进行了一系列的结构调整与变革。具体措施：一是实施模块化改组；二是组建新型机动作战集团，提高部队应急作战能力；三是根据遂行任务与作战能力的需要，适当缩小规模，调整编制结构。目前陆军的快速反应能力已基本达到：4 天内空运一个轻型步兵旅；12 天内部署一个轻型步兵师；15 天内船运 1 个有 120 辆坦克的重型旅；30 天内从美本土将 2 个重型师船运到战区；75 天内将 5 个师组成的应急军投送到世界任何地区。

（二）调整核战略，不断加强核力量建设

核战略是美国军事战略的重要组成部分。按照美国的传统提法，美国军事战略包括两大部分：核战略和常规战略。几十年来，核威慑一直是美国战略的核心。为适应不断变化的安全环境，美国不断调整军事战略，其核战略也自然随之不断调整与变化。奥巴马上台后，主张进一步核裁军。2010 年 4 月 8 日，美俄两国元首在捷克首都布拉格正式签署了新的核裁军条约，同意进一步削减和限制进攻性战略武器，以替代 2009 年 12 月到期的旧条约。确定将两国战略核运载工具的数量限制在 700 件以下，将各自可部署的核弹头限制在 1550 枚。

1. 以"新三位一体"取代现行的"三位一体"

美国现行的"三位一体"战略核力量由洲际弹道导弹，重型轰炸机和潜射弹道导弹组成。而规划中"新三位一体"由进攻与防御的、核与常规的多种系统组成。"新三位一体"中的第一支力量是非核与核打击力量。第二支力量是主动和被动的防御系统，包括防空和导弹防御指挥控制系统。第三支力量，是反应迅速的国防基础设施，即研究与发展，以及为发展、建设和维持进攻性力量和防御系统的工业基础设施。实现三支力量一体化的途径，是通过及时和准确的情报、适应性的规划和强化的指挥与控制系统，使"新三位一体"各个组成部分的功效和军事潜能增至最大。

2. 确立应对突发事件的核力量规模

美军认为，为使国家领导人能在高度不稳定的危机环境中，具备更多的选择方案，应确定应对紧迫的、潜在的和意外突发事件的核力量规模。美国新的核战略要求，实战部署核力量的规模主要根据美国能在应对紧迫和意外突发事件中实现其防务目标来确定。就是说，一旦有事，必须可以调用足够数量的核力量，对已知威胁进行反击。同时，为应对无法预料的或意外的潜在突发事件，美国还将留有一定数量的额外核能力，以便必要时能将所需数量的弹头从储存状态移至作战部队，实现对实战部署力量的加强。

（三）强调"以能力为基础"，对军队进行转型改革

按照新的军事战略要求，美军的建设已从原来的以威胁为基础，调整为以能力为基础。美军认为，美国的军事能力不能只对某些有威胁的敌人占有优势，而是必须对任何敌人（包括任何种类、拥有任何手段、单干或结伙、现实和潜在的敌人）占有优势。国防部长多次强调"要建立一支规模缩小，但作战效能极强的军队"，其作战能力要达到"10-30-30"标准，即要能够在 10 天之内部署到远方的战场，在 30 天之内打败"敌人"，30 天之后有能力再迎战另一个"敌人"。

1. 逐步实现作战单位编成一体化

美军认为，高新技术的发展和信息时代的推进使战争由冷战时期的形式过渡到了不对称战争时代的形式。为了适应新的作战样式，美军不断强调部队的联合，以实现一体化作战。其主要做法：一是多兵种一体化，即把作战部队和后勤部队、本土部队和前沿部队、战略部队和一般任务部队、常规作战部队和特种作战部队等各类部队混编成综合性的作战部队集群，遂行多兵种联合作战；二是多

军种一体化。即将陆、海、空军部队组建成一体化的部队，这种部队将由陆军1个旅、空军1个战斗机中队、海军1个特遣群和海军陆战队的1个远征部队共同组成，遂行多军种联合作战；三是多国部队一体化。即美国的部队将与其他盟国的部队共同组成一种混编部队，遂行多国军队联合作战。

2. 作战部队小（轻）型化、多能化

由于军事技术的发展，精度高、威力大的武器不断装备部队，使编制小的部队胜任编制大的部队承担的任务成为可能。美作战部队将不断向小型化发展。美军新组建的轻步兵师只有1万人，比一般的步兵师少6000人。多能化，是指通过调整编制体制，使部队既能完成"战争行动"的任务，又能完成"非战争行动"的任务；既能完成本军种的任务，也能完成其他军种的任务；既能在战略层次上实施作战，也能在战役战术层次上实施作战，同时又有能力随时进行转换。

3. 陆军部队将全部实现数字化

为了打赢信息化战争，美陆军正大力推进数字化建设。其已公布的21世纪数字化师的编制装备计划，就是首先在第4机步师实施并已经完成；尔后对第1骑兵师和第3军司令部进行数字化改建，目前也即将完成；最后在2013年左右将陆军部队全部实现数字化。美国陆军实现数字化后，其作战能力将会大幅提高。据有关专家评估：1个数字化师的作战能力超过1个非数字化军，可以战胜2个军（6个师），而且付出的代价比现行师少。

4. 现役部队与后备役部队的一体化

美军把后备役部队看作是保持"威慑能力"的一个重要组成部分。为此，美军致力于把现役部队和后备役部队以最佳结构组成一体化部队。主要做法：一是力求后备役部队的编制装备与现役部队相同，以便按"积木"式原则，与现役部队进行混合编组。二是加速改善后备役部队的武器装备，尽快缩小后备役与现役部队之间在武器装备上的"质量差"和"时间差"。三是后备役部队的训练计划依据现役部队的条令和训练教材制定，以便更好地实现预备役与现役的"对接"。

资料窗

数字化部队

所谓数字化部队，简单说就是指装备了数字化通信系统的部队，把语音、文字、图像等信息转换成"0"和"1"两个数字，以实现数字通信。通常是武器装备配有数字化通信、敌我识别系统、第二代前视雷达和全球定位系统，实现将战场上各种作战力量，用统一的信息网络连接起来，形成一体化的打击力量。

5. 研制和发展军用高科技

美军出于全球战略的需要，坚持其武器装备要始终处于世界领先地位。美军认为："在和平时期，技术优势是威慑力量的关键；技术优势可提高战斗力，减少人员伤亡和装备损失。"因此，在武器装备发展的高技术优势方面，美军认为绝对不能让任何国家超过它。目前美军在保持核威慑前提下，侧重发展先进的常规武器和关键技术，包括 C⁴ISR 技术、模拟技术、电子对抗技术、精确制导技术等。

思考题：

1. 美国武装力量的组成和作战指挥体制是什么？
2. 美新版《国家军事战略报告》主要变化体现在哪些方面？

第十二讲　非传统安全威胁

当前，随着世界多极化和经济全球化的深入发展，国际环境更加复杂多变，影响和平与发展的不确定因素增多，世界还很不安宁，人类仍然面临着许多严峻挑战。在这些严峻挑战中，非传统安全威胁迅速上升而且更加突出，已经成为世界各国普遍关注的一个重大而紧迫的战略问题。

一、非传统安全威胁概述

（一）非传统安全威胁概念

非传统安全威胁，是相对于传统安全威胁而言的。传统安全威胁主要是指国家面临的军事威胁及威胁国际安全的军事因素。20 世纪 70 年代以来，人们把以军事安全为核心的安全观称为传统安全观，把军事威胁称为传统安全威胁，把军事以外的安全威胁称为非传统安全威胁。

关于非传统安全威胁的内涵和外延，世界各国虽然已有各种不同的表述，但是目前还没有一个公认的严格定义与权威说法。一般认为，非传统安全威胁是指除军事、政治和外交冲突以外的其他对主权国家及人类整体的生存与发展构成威胁的因素。非传统安全威胁主要包括：经济安全、金融安全、生态环境安全、信息安全、资源安全、恐怖主义、武器扩散、疾病蔓延、非法移民、海盗、洗钱等 12 种形式。

表 11-1　非传统安全与传统安全威胁的主要区别

区　分	非传统安全威胁	传统安全威胁
安全理念	广义安全观	狭义安全观
安全主体	国家行为体与非国家行为体	国家行为体
安全重心	人的安全、社会安全、国家安全	国家安全
安全领域	一切非军事武力的安全领域	军事安全、政治安全、外交安全
安全侵害	没有确定的敌人	有确定的敌人
安全性质	免于非军事武力威胁与贫困	免于军事武力威胁

续表

区　分	非传统安全威胁	传统安全威胁
安全价值中心	国民生存状态与人权	领土与主权
安全来源	不确定	确定
安全态势	短期不可预测	短期可预测
安全维护力量	全民性	非全民性
安全维护方式	跨国联合行动为主	一国行动为主
安全维护前提	认同的不一致性	认同的一致性
安全维护内容	全面综合性	片面单一性
现有安全制度	不适应	适应

（二）非传统安全威胁的主要特点

非传统安全威胁与传统安全威胁相比，主要有四个突出特点：

1. 跨国性

传统安全威胁通常以国家为界限，而非传统安全威胁从产生到解决都具有明显的跨国性特征。首先，非传统安全威胁，不仅是某个国家存在的个别问题，而且是关系到其他国家或整个人类利益的问题。例如，地球臭氧层的破坏、生物多样性的丧失、严重传染性疾病的蔓延等，都不是针对某个国家或某个国家集团的安全威胁，而是关系到全人类的整体利益。其次，非传统安全威胁，不仅是对某个国家构成安全威胁，而且可能对别国的国家安全不同程度地造成危害。再次，非传统安全威胁，不一定来自某一主权国家，往往由非国家行为体的个人、组织或集团所为。例如，以

图12-1　"9·11"恐怖事件

"基地"组织为核心的国际恐怖组织就分散在全球60多个国家，其结构呈网络状，彼此并无隶属关系，但借助现代社会信息网络等手段，却能遥相呼应、紧密联系、灵活行动，构成了全球性的安全威胁。

2. 多样性

传统安全威胁主要集中在政治、军事、外交等领域，形式较为单一。而绝大部分非传统安全威胁属于非军事领域，涉及经济、社会、文化等诸多领域，类型

本·拉登及其"基地"组织

本·拉登出生于沙特阿拉伯，1979年苏联入侵阿富汗后，23岁的拉登与许多年轻的穆斯林志愿者一起加入了反对苏联占领的抵抗运动。凭借家族的巨额财富，拉登慷慨地向参加抵抗运动的志愿者提供经济资助，并由此而闻名。1989年苏联从阿富汗撤军后，拉登创建了阿尔·盖达（阿拉伯文为"基地"之意），以此作为未来圣战的大本营。"基地"的组织机构包括：情报机构、军事委员会、财政委员会、政治委员会和负责媒体与宣传事务的委员会。此外，"基地"还设有一个由拉登心腹组成的顾问委员会，即"苏拉"。1991年至1996年期间，"基地"组织的大本营设在非洲的苏丹，1996年后，"基地"组织的大本营返回阿富汗。此后，本·拉登和"基地"组织策划和实施了多起针对西方人的恐怖袭击事件。尤其是2001年9月11日，"基地"组织训练的恐怖分子劫持民航飞机制造了震惊世界的"9·11"恐怖袭击事件。美国以此为借口，发动了阿富汗战争。

众多。例如，能源危机、资源短缺、金融危机、洗钱等主要与经济领域相关，有组织犯罪、贩运毒品、传染性疾病等主要与公共安全领域相关，环境污染、自然灾害等主要与自然领域相关，这些都不是传统安全威胁所关注的领域。有些非传统安全威胁虽具有暴力性特征，但也不属于单纯的军事问题。例如，恐怖主义、海盗活动、武装走私等虽然也属于暴力行为，并可能需要采取军事手段应对，但它们与传统安全意义上的战争、武装冲突具有很大不同，而且单凭军事手段也不能从根本上加以解决。非传统安全威胁随着社会发展、科技进步也在不断发生着变化。例如，随着医疗技术的发展，某些流行性疾病可能不再被视为威胁。

3. 突发性

战争虽然具有突然性，但总有一些征兆，通常有一个由矛盾集聚、危机升级到冲突爆发的过程，而非传统安全威胁缺少明显的预先征兆，其发生的时间、地点、样式具有很大的不确定性。有关资料统计显示，1990年以来全球有一百多起影响较大的恐怖事件，都是在人们毫无防范的情况下发生的。从20世纪80年代出现的艾滋病，到近年来的疯牛病、口蹄疫、非典、禽流感等，当人们意识到其严重性时，已经造成了很大危害。人类对客观事物发展变化规律的认识还有局限性。例如，地震、海啸、飓风等自然灾害，其发生前并非全无征兆，但由于人类在探索自然方面还有许多未解之谜，而全球经济、科技发展的不平衡，也导致许多发展中国家缺乏对灾害的早期预警能力。有些非传统安全威胁并非源于某个确定的行为主体。例如，金融危机、传染性疾病的形成过程就带有很大的随机性，使防范的难度明显增大。

4. 互动性

在非传统安全威胁与传统安全威胁之间并不存在一个绝对的、一成不变的界限，两者往往相互交织、相互影响，在一定条件下相互转化。许多非传统安全问题是传统安全问题直接引发的后果。例如，战争造成的难民问题、环境破坏与污染问题。对一些传统安全威胁处置不当，很可能演变为非传统安全威胁。例如，恐怖主义的形成，就与霸权主义所引发的抗争心态，领土、主权问题导致的冲突和动荡，民族、宗教矛盾形成的历史积怨等传统安全问题有着密切关联。对一些非传统安全威胁解决不得力，也可能诱发传统安全威胁领域的矛盾和冲突。例如，恐怖组织谋求获取核、生、化等高技术杀伤手段，就会涉及大规模杀伤性武器扩散问题。

（三）非传统安全威胁上升的根本原因

非传统安全问题自古就有。在人类诞生之初，首先遇到的就是非传统安全问题，即如何战胜大自然，以确保人类自身的生存。到后来，随着国家的形成，战争应运而生，人类开始为了各自集团的利益而相互征讨。从那时起，人类关注的重点开始转向传统安全问题，即如何防范本民族、本部落被外族吞灭。在随后几千年的历史演进中，非传统安全问题与传统安全问题相互交织、相伴而生，但起主导作用的却一直是传统安全问题。20世纪70年代始，"罗马俱乐部"发表了两份报告，即《增长的极限》和《人类处于转折点》。至此，人类开始意识到非传统安全问题的存在，并预测这些问题可能对人类安全与国家发展带来的巨大威胁。

20年纪90年代后，人类对灾难预测的重要性逐渐显现，越来越多的非传统安全问题成为国际社会可持续发展的严重障碍。在社会与社会之间，长期占主导地位的传统军事安全问题，正逐步让位于以经济安全为主的非传统安全问题；在社会与自然之间以及人与社会之间，几乎所有问题均来自于非传统安全领域。例如，环境污染、保护生物物种多样化、保护基因库、自然资源保护、能源开发、宇宙空间开发以及人口问题、教育问题，等等。这些问题的出现以及所带来的巨大危害，日益引起国际社会的广泛关注。

资料窗

当前国际安全形势

围绕国际秩序、综合国力、地缘政治等的国际战略竞争日趋激烈，发达国家与发展中国家、传统大国与新兴大国矛盾不时显现，局部冲突和地区热点此起彼伏，一些国家因政治、经济、民族、宗教等矛盾引发的动荡频仍，天下仍不太平。导致国际金融危机的深层次矛盾和结构性问题尚未解决，世界经济复苏的不稳定、不均衡性依然突出。恐怖主义、经济安全、气候变化、核扩散、信息安全、自然灾害、公共卫生安全、跨国犯罪等全球性挑战对各国安全威胁明显增大。传统与非传统安全问题交织，国内与国际安全问题互动，传统安全观念和机制难以有效应对当今世界的诸多安全威胁和挑战。

——摘自《2010年中国的国防》白皮书

1. 冷战后国际安全环境的变化是非传统安全威胁上升的根本前提

非传统安全威胁上升是两极体系结束后国际安全环境变化的产物。冷战结束后，随着欧洲军备的大规模裁减，华约的解散和德国的统一，以及俄罗斯开始的民主市场改革，从根本上改变了冷战后的国际安全态势，非传统安全威胁对国家安全和社会稳定的影响越来越显现出来。

从世界政治发展的总体趋势来看，军事力量的作用呈逐渐下降趋势，人们关注的热点已经从军事领域转移到社会、经济、文化、科技和环境领域。例如，恐怖主义、民族分裂主义与极端宗教主义紧密勾结，不顾历史传统与现实可行性，片面诉求所谓"民族独立"和"领土分割"，并伴之以武装暴力手段，具有跨区域、跨国界发展趋势，已经日益严重地威胁到不少国家的领土完整、社会稳定和人民生活。

2. 迅猛发展的全球化进程是非传统安全威胁不断扩大的国际背景

20世纪90年代以来，全球化进程不断加速。全球化就像一把双刃剑，在促进全球经济技术和国际资本跨国流动的同时，也使一系列关系到人类生存和发展的环境和社会问题超越了国家和地区的界限，成为对人类安全的共同威胁。这些广泛的跨国安全威胁远不是个人或国家所能对付的，更不是通过简单的军事手段所能解决的，需要国际社会采取综合措施，共同合作加以治理。

非传统安全威胁伴随着全球化的扩展速度而越来越引起国际社会的关注。最初，人们关心的是经济全球化过程中产生的生态和环境恶化对人类整体生存带来的危害。随着全球化的深入发展和全球化负面影响的日益显露，经济金融危机和社会文化冲突开始对人类的安全和国家安全产生越来越大的影响，使国际社会加深了对非传统安全威胁的认识和警惕。

3. 传统的国际安全机制在应对新安全威胁时显得力不从心，导致非传统安全威胁难以得到有效控制

传统的国际安全理论和安全机制难以有效应对冷战后出现的新安全威胁，使非传统安全威胁得以蔓延和扩展。例如，在冷战时期行之有效的传统安全理论——均势理论、威慑理论、军事同盟和集体安全保障机制等都无法有效应对诸如经济、环境、社会和文化等安全问题。

4. 世界有些国家缺乏相关的治理能力和制度建设，也是造成非传统安全威胁扩散和蔓延的重要因素

目前，有些国家对非传统安全威胁还缺乏足够认识和相关的综合治理能力，尚未建立起有效的应对机制和制度。例如，20 世纪六七十年代以来，拉美一些国家走了一条经济社会畸形发展的道路。一段时间内经济增长较快，但贫富差距加剧，生态环境恶化，社会矛盾激化。高楼大厦掩映着大片的贫民窟，呈现出"发达的城市"与"凋敝的农村"的强烈反差，非但经济不能持续增长，反而陷入严重的经济社会危机之中，多年的经济成就毁于一旦。辽阔富饶的阿根廷，人均收入从上个世纪末的 8000 美元锐减到现在的 2000 美元左右，欠下的外债高达 1300 多亿美元，30%的人口陷于贫困，失业率超过 20%。

二、非传统安全威胁给国家安全带来的影响

非传统安全威胁对我国社会经济发展的影响是现实的、严峻的，也是多方面的。可以预见，我国面临的非传统安全威胁将会随着国家的发展日益凸显，特别是对我国独立自主地生存、发展的权利和利益已经造成了直接的、"全方位"的和"全天时"的威胁。

（一）经济安全对国家安全的影响

冷战结束以后，国家安全对经济实力的依赖性明显增强，使得经济安全正在成为国家安全的重要内容。经济安全是国家安全的基础。经济安全威胁伴随着国家诞生而产生，特别是冷战结束后，经济因素在国际关系中的地位不断上升，以经济和科技为核心的综合国力竞争成为各国竞争的焦点。我国经济安全面临的威胁既有国内的，也有国外的；既有改革——经济与社会转型期的特点，也有开放——与世界经济接轨的特色。因此，可以说是静态与动态并存。国际经验表

明，国家在人均 GDP 处于 1000~3000 美元的发展阶段，往往是人口、资源、环境、效率、公平等矛盾和问题最为严重的时期，经济容易失调，社会容易失序，心理容易失衡。如果稍有不慎，就会干扰和冲击我国改革开放发展的进程。

我国经济安全从外部环境来讲，主要包括世界经济波动的影响、贸易保护主义的威胁、美国以"战略竞争对手"思路遏制我国发展等三个方面。世界经济波动的影响对我国出口贸易、吸引外资造成了极大困难。贸易保护主义使得越来越多的贸易伙伴通过各种借口，对"中国制造"商品设置重重壁垒。美国以"战略竞争对手"思路遏制我国发展是显而易见的，无论在国际市场与资源争夺，还是国际规则制定中，我们都将直面美国的竞争与压力。

我国经济安全从内部现状来讲，主要包括金融安全、人口安全、资源安全等三个方面。金融风险主要是指不良债权问题、财政赤字问题。人口、就业和社会保障压力是我国必须长期面对的重大难点问题，主要体现在：人口总量过多，增量巨大；结构性失业严峻，城乡就业矛盾突出；社会保障体系不健全，人口老龄化、经济体制改革和产业结构调整对社会保障的压力增大。同时，分配不均与贫困化问题，也是影响经济安全的一个非常重要的方面。重要战略物资短缺主要是指粮食、战略性矿产资源、水资源等。资源安全既是当前面临的现实问题，也是影响长远发展的战略问题。目前，石油短缺是我国能源安全的主要方面，而国内石油供应不足又是能源安全的核心问题。

（二）生态环境安全对国家安全的影响

生态环境安全被视为人类文明进程中的必然产物。随着人类改造自然能力的飞速提高，人类活动对环境产生的负面影响也越来越大。生态环境污染不但影响人们的日常生活，还严重损害居民的健康，危及国民经济持续发展和人类的生存环境。一方面，全球生态环境系统的破坏和污染给我国造成极大的影响；另一方面，我国庞大的人口对生态环境造成了重大持久的压力，先发展后治理的传统经济发展模式也使生态环境遭受了巨大的冲击和破坏。

图 12-2　生态环境问题

我国环境安全主要集中在水土流失、

空气污染和酸雨、水稀缺和污染、生物多样性减少等几个方面。具体表现为：环境事故进入高发期，城市水环境和空气严重污染状况还将持续下去，自然灾害和生态灾害将频繁出现。

自然灾害一直影响着人类社会前进和发展的步伐，威胁着人类生命和财产的安全。例如，北京地区自然灾害主要包括气象灾害、突发地质灾害、水旱灾害、森林火灾、林木和草类有害生物以及地震灾害六大类。事故灾难类突发事件就有17类152种，其中，矿山事故、危险化学品类事故、建筑工程类突发事件、人防工程事故、城市道路交通事故、城市生命线工程事件、水体污染事件、城市火灾事故等灾难发生的频率较高。

（三）信息安全对国家安全的影响

信息安全是非传统安全威胁领域中的一个全新的问题，更是国家安全保障的新重心。互联网作为全新的传媒具有传统传媒无法比拟的优势，使人类第一次形成了规模空前的超越国界的电子疆域。在这个数字化的空间中，难以控制的信息传播势必会给我们政治的稳定和国家安全带来负面影响。

随着互联网的广泛应用，国家事务、国防建设、尖端科技和财政金融等方面逐渐实现信息网络管理，一旦信息系统遭到攻击和破坏，轻则造成巨大经济损失，重则直接导致国家政治经济生活的混乱，进而影响到政治稳定和国家安全。因此，信息网络安全已成为国家安全的重要内容。信息安全具有普遍性、跨国性、复杂性、不可控性等特点。信息安全面临的主要挑战有：黑客侵犯、病毒攻击、网络犯罪、网络恐怖活动等。

目前，我国的信息安全水平与发达国家相比，还有较大的差距。其根本原因在于：

资料窗

中国参加的联合国维和行动

1990年，中国向联合国中东维和任务区派遣5名军事观察员，这是中国军队首次参加联合国维和行动。1992年，向联合国柬埔寨维和任务区派出400人的工程兵大队，这是中国首次派遣成建制部队参加联合国维和行动。截至2010年12月，中国共参加19项联合国维和行动，累计派出维和官兵17390人次，有9名维和官兵在执行任务中牺牲。

首先，基础信息技术严重依赖国外。计算机芯片、骨干路由器、操作系统和数据库管理系统以及大量的应用软件等核心技术的缺乏，是中国信息安全的"根本问题"和"最大隐患"。其次，信息安全意识淡薄。由于信息化水平的差异和宣传力度不够，一些人缺乏信息安全意识和知识，导致严重的信息安全隐患和后果。

据有关部门监测发现，仅 2008 年上半年，境外就有数万台主机对我境内计算机实施攻击，我党政机关许多计算机，包括一些违规上互联网的涉密计算机被植入"木马"程序，遭到远程控制，我大量国家秘密包括绝密级信息，被境外窃取。再次，信息安全机制不健全。信息安全管理体制不够健全，由于缺乏宏观的信息安全规划和权威的领导机构，出现了信息安全管理部门条块分割、各行其是、相互隔离、沟通协调不够等问题，在一定程度上妨碍了国家有关法规的贯彻执行。

(四) 恐怖主义对国家安全的影响

恐怖主义问题由来已久，特别是 20 世纪 60 年代以来，逐渐发展成为一个全球性难题。当代恐怖主义具有非国家主体性、跨国性和危害性三个突出特点，通常发生的"一地策划、异地实施"国际恐怖主义活动，其危害不仅表现为造成大量的人员伤亡，而且更为严重的是制造恐怖气氛，恶化全球社会的安全环境，加剧国际和国内矛盾，严重影响政治安定与人们的日常生活，削弱了社会安全感。

随着民族分裂主义、宗教极端主义和恐怖主义在我国新疆和西藏地区的不断渗透，已经对边疆地区的社会稳定和人民的正常生活秩序构成威胁。同时，境内外"东突"分裂势力与国际恐怖主义、极端主义、分裂主义等"三股势力"相互勾结，成立分裂主义组织，培训暴力恐怖分子，实施恐怖破坏活动，制造了一系列暗杀、爆炸和抢劫等恶性事件，企图以恐怖活动为主要手段实现其分裂祖国的目的。

近年来，在外国势力的插手和干预下，民族分裂活动有加剧之势，已成为威胁我国国内安全与稳定的一大因素。一些宗教极端主义分子也借民族问题从事分裂乃至恐怖活动。2008 年发生在西藏的"3·14"事件和 2009 年发生在新疆的"7·5"事件，就是两起境内民族分裂分子与境外敌对势力相互勾结、破坏我国安定团结的典型事件。这些事件既严重破坏了我国的经济发展和社会稳定，也严重损害了包括少数民族同胞在内的当地人民群众的利益。

三、应对非传统安全威胁的对策措施

针对非传统安全威胁对国家安全造成的影响，着眼其自身特点，积极寻求切实有效的应对措施，不仅是世界各国维护自身安全利益的共同需要，也是维护世界和平、稳定地区安全稳定的现实需要。

（一）从更新观念做起，重新树立新的国家安全观

非传统安全问题的成因既有外部因素，也有内部因素，更有内外因素的相互作用。当前，我国的经济体制深刻变革，社会结构深刻变动，利益格局深刻调整，思想观念深刻变化，正处于社会转型期，非传统安全威胁对社会稳定的影响和冲击将会十分突出。因此，我们必须充分认识国家安全问题的新变化、新特点、新情况，更新安全观念，改变以往仅仅关注传统安全威胁的思维定势，确立"互信、互利、平等、协作"为核心内容的新安全观，以互信求安全，以互利求合作，不断扩展和深化对国家安全问题的认识，高度关注非传统安全威胁问题。这种新的国家安全观实际上是一种综合性国家安全观，其内容已从传统的军事、政治领域扩展到经济、科技、环境、文化以及其他新兴发展的诸多领域。这种安全观既以国家为主体，又将国家安全与地区安全和国际社会安全结合起来；既保持对传统安全威胁的高度重视，又对非传统安全威胁予以充分的关注。

（二）注重借鉴有益经验，加强非传统安全威胁理论研究

非传统安全问题具有多样性、突发性、互动性等特点，要有效应对非传统安全问题，不仅要做到"知其然"，更应"知其所以然"。为此，我们应当加强对非传统安全问题成因的研究，深刻认识其发生、发展的内在规律与特点，以及给国家安全所带来的深刻影响。同时，要注重借鉴、总结外国和外军在处理非传统安全问题时的成功经验和做法，深入探讨在和平时期运用军事力量解决非传统安全问题的方式方法。

（三）紧密结合具体国情，不断完善国家安全战略

随着非传统安全威胁的不断上升，我们应当从国家安全战略的高度，正视非传统安全带来的新问题，把应对非传统安全纳入国家安全战略范畴，使之成为国家安全战略的重要组成部分。同时，结合具体国情，按照国家安全战略的要求，进一步明确军队在新世纪新阶段的职能，把应对非传统安全作为军事斗争准备的重要内容，全面筹划，科学指导，从更大范围维护国家的安全利益。我们要进一步拓宽安全视野，在综合分析国家安全战略需求的基础上，更加全面地加强军队现代化建设，从而切实担负起我军新的历史使命。

资料窗

亚丁湾和索马里海域护航

　　根据联合国安理会有关决议，中国政府于 2008 年 12 月 26 日派遣海军舰艇赴亚丁湾、索马里海域实施护航。主要任务是保护中国航经亚丁湾、索马里海域的船舶、人员安全，保护世界粮食计划署等国际组织运送人道主义物资船舶的安全，并尽可能为航经该海域的外国船舶提供安全掩护。截至 2010 年 12 月，海军已派出 7 批护航编队，先后为 3139 艘中外船舶提供安全保护，其中解救被海盗袭击船舶 29 艘、接护船舶 9 艘。

（四）进一步加强国际合作，搞好军民联合应急演练

　　当今世界安全威胁呈现多元化和全球化的趋势，各国在安全问题上的共同利益增多，相互依存度加深，无论大国还是中小国家，在有效应对非传统安全威胁上有很多共同的利益和愿望。因此，国际社会有必要加强不同领域、不同层次的多边对话与合作。针对恐怖主义、跨国犯罪、非法移民和处置突发性事件的跨国和跨地区的特点，世界各国只有加强相互协调，开展国际和地区间的合作，建立更为完善的早期预警和危机管理机制，最大程度地减少各类灾害所造成的损失，才能有效应对各种非传统安全威胁带来的新挑战。针对国内可能出现的各类非传统安全威胁，重点加强军队与地方的合作演练，以及军队自身可能担负任务的重点课题演练，努力提高各级指挥员对突发事件的应急处置能力。

思考题：

1. 什么是非传统安全威胁？其特点是什么？
2. 当前国家安全主要受到哪些非传统安全威胁的影响？
3. 如何有效应对非传统安全威胁？

第四单元　军事高技术

学海导航：

1. 中国国防科技网。
2. "两弹一星"历史研究院网。
3. 中国载人航天工程网。

学习目标

1. 了解军事高技术的概念、特点及体系构成。
2. 熟悉新军事变革概况，明确高技术对信息化战争的影响。
3. 树立"科学技术是第一生产力"的观点，激发学习科学技术的热情。

第十三讲　军事高技术概述

20 世纪 70 年代以来，以信息技术为核心的高新技术的迅猛发展，引发全球范围的新军事变革。正如恩格斯的精辟论断："一旦技术上的进步可以用于军事目的，并且已经用于军事目的，它们便立即几乎强制地，而往往是违反指挥官意志而引起作战方式的改变甚至变革。"当今，高新技术正进入空前发展的新时期，它们主要包括六大高技术群：以信息科学技术为先导，以新材料科学技术为基础，以新能源科学技术为支柱，沿微观领域向生物科学技术开拓，沿宏观领域向航天科学技术和海洋科学技术扩展。这些高技术发展之迅速、应用之广泛、地位之重要、贡献之巨大、影响之深远，是前所未有的。

一、军事高技术的概念和特点

高技术是指在最新科学成就的基础上综合开发的，能在一定历史时期对提高生产力、促进社会文明、增强国防实力起先导作用的新技术群。高技术具有知识密集、人才密集和投资密集等特点。高技术的内涵具有相对性和动态性，相对于一般或传统技术而言，它是一类新型技术或尖端技术，随着科学技术的进步，高技术包含的内容会不断更新。

军事高技术是指建立在现代科学技术成就的基础上，处于当代军事科学技术前沿，以信息技术为核心，对国防科技和武器装备发展起巨大推动作用的高技术的总称。军事高技术是研制现代武器装备的技术基础，是构成部队战斗力的重要因素，而且对高技术的发展起着先导和带动作用。军事高技术涵盖的内容十分广泛，涉及诸多领域，并且是动态发展的，是高技术在军事领域的自然延伸与发展。

高技术一词，英文为"High-Technology"，简称"High-Tech"，最早出现于美国。1968 年，美国的两位女建筑师，有感于建筑物内部装饰中采用了大量的新技术、新工艺、新材料，便合写了一本名叫 *High-Tech in Style*（国内将其译为《高格调技术》）的书。这可以看作是"高技术"（"High-Tech"）一词的起源。

在我国，高技术一词广泛运用始于 20 世纪 80 年代。1986 年初我国制定了《高技术研究发展纲要》，即"863"高技术计划。目前，我国指称的"高技术"主要包括信息技术、生物技术、航天技术、新材料技术、新能源技术、海洋开发技术等。

军事高技术与一般技术相比，具有以下特点：

1. 知识集成度高

军事高技术主要依赖人才及其智力和知识，依靠创造性的智力劳动，体现了高知识含量的特性。以军用机器人技术为例，它涉及到机械工程技术、动力学、计算机技术、信息处理技术、自动化技术、传感技术、思维逻辑、人工智能、微型电视摄影技术、光技术、语言分析合成和发送技术等等，可以说集现代各种科学技术知识之大成，成为各种最新知识高密集的产品。再比如，半导体集成电路，从成本上讲，原料及能源仅占其总成本的 2%，而其余 98% 都是由其智力与知识含量确定的。

2. 投资高

军事高技术是资金密集型技术。高投资是军事高技术充分发展的支撑条件。以美国为例，1961~1988年，美国载人航天飞行55次，耗资超过2000亿美元。1964~1984年，美国年均装备研制费用占国防预算的比例达到了10%左右，且绝对值增加了2.8倍，近几年还在不断地增加一些专项研制经费，如导弹防御系统建设。但是，由于有些项目所涉及的技术难度大、投入高，即使美国这样经济实力雄厚的国家也难以承受。因此，取消或延迟技术开发计划和武器装备研制计划的例子比比皆是。美国第四代战斗机F-22由于采用了最先进的电子设备和隐身技术，研制费用大幅度上涨，而且研制周期延长了将近5年。

3. 风险高

军事高技术研究本身蕴含着巨大的风险，有时甚至要以研究人员的生命作为代价。以军事航天技术的发展为例，从1957年人类第一颗人造卫星上天以来，经过40多年的拼搏与发展，航天技术取得了神话般的巨大成就，但同时所蕴含的风险也高得惊人。1961年3月23日，苏联宇航员邦达连科成为为航天事业献身的第1人，截至目前为止，人类共进行了500多次载人飞行，共有22名宇航员为此献出了自己宝贵的生命。

4. 效益高

战争实践证明，军事高技术一旦应用于或转化成为新型武器装备，不仅可以大幅度提高武器装备的作战效能，使部队的战斗力大为增强，或起到武器装备效能倍增器的作用，而且可能改变作战样式甚至战争形态。如大规模集成电路用于作战飞机后，使其电子系统的重量由原来的450千克下降到4.5千克，减少了100倍，功耗由5千瓦减到25瓦，信息处理速度提高了数十倍。再如，在朝鲜战场上，美军共出动飞机104万架次，投弹69万吨，其作战效能等效于平均8架飞机、投弹8吨炸毁一个目标。对鸭绿江大桥轰炸了3年，损失数十架飞机，也未能将大桥炸毁，而摧毁这样的目标目前只需1~2枚激光精确制导炸弹。

5. 战略价值高

军事高技术对一个国家的政治、军事、经济具有重要的战略价值。它通常是一个国家技术实力和技术优势的标志，直接关系到一个国家的政治、军事、经济与国际地位。如我国的"两弹一星"、美国的"曼哈顿计划"、"阿波罗计划"等。

6. 竞争对抗层次高

一方面是军事高技术对抗性竞争发展。有矛必有盾，军事技术通常是在激烈的战术、技术对抗中发展起来的。发现与反发现、命中与反命中、摧毁与反摧毁相生相克、此消彼长。当先进的侦察与监视军事高技术被广泛应用之后，与之对抗的伪装与隐身技术也不断推陈出新。伴随信息技术的广泛应用，指挥、控制、通信、情报、侦察与监视技术的信息化水平不断提高，与之相应的指挥对抗、通信对抗、雷达对抗、光电对抗等各种对抗技术也在不断地研制与发展。另一方面是军事高技术的超越式竞争发展，遵循"否定之否定"规律。由于对抗性竞争，每一方都在不断地在超越对方的同时超越自己，使得军事高技术发展在对抗竞争过程中不断产生强大的内驱动力。

二、军事高技术体系构成

从技术体系角度，军事高技术可以区分为两大类：一类是高技术武器装备发展的支撑技术，共包括"十大基础技术"：微电子技术、光电子技术、计算机技术、新材料技术、先进制造技术、先进动力技术、生物技术、纳米技术、仿真技术、海洋技术等。另一类是直接用于武器装备并使之具有某种特定功能的应用技术，包括"八大领域"：侦察监视技术、精确制导技术、伪装与隐身技术、信息战技术、指挥自动化技术、军事航天技术、核生化武器技术、新概念武器技术等。

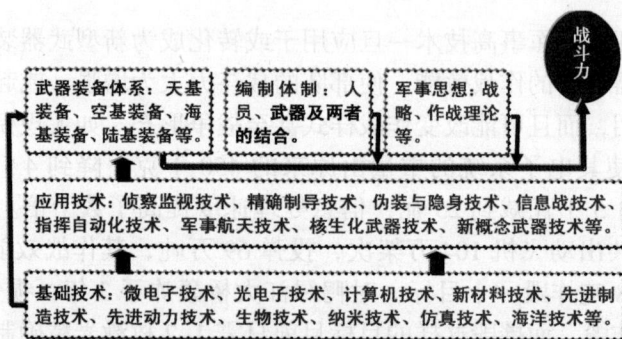

图 13-1　军事高技术基础与应用体系结构示意图

（一）基础技术体系

1. 微电子技术

微电子技术是"微型电子电路技术"的简称，是实现电子电路与系统超小型化和微型化过程中形成和逐步发展起来的一门综合性技术。它包括系统和电路设计、器件物理、材料制备、微精细加工、自动测试、封装和组装等一系列专门技术。其核心是集成电路技术。集成电路是将许多个晶体管、二极管、电阻器、电容器等元件和连接它们的导线，通过特殊的加工工艺制作在一块半导体（如硅、砷化镓等）薄片上，经封装制成具有特定功能的电路，所以又称"集成电路芯片"，或简称"芯片"。

资料窗

摩尔定律

1965 年，Gordon Moore 预测：半导体芯片上的晶体管数目每两年翻两番。存储器容量每三年翻两番。

2010 年每个芯片可集成 10^{10}（100 亿）个元件（芯片面积 10cm²），作为 RAM 存储容量可达 64Gbit，已接近它的理论极限 10^{11} 个元件（1000 亿）和 256 Gbit 存储容量。

表 13–1 微电子技术发展

特征参数＼年份	1959	1970–1971	2000	比率
设计规则（μm）	25	8	0.18	140 ↓
电源电压 V_{DD}（伏）	5	5	1.5	3 ↓
硅片直径尺寸	5	30	300	60 ↑
集成度	6	2×10^3	2×10^9	3×10^8 ↑
DRAM 密度（bit）		1K	1G	10^6 ↑
微处理器时钟频率（Hz）		750K	1G	$> 10^3$
平均晶体管价格（$）	10	0.3	10^{-6}	10^{-7} ↓

2. 光电子技术

光电子技术是利用光电、电光转换，实现从紫外、可见光到红外波段的信息获取与感知、传输与分发、变换、处理和重现的技术。光电子技术的主要研究领域包括可见光与红外探测器技术、微光夜视技术、激光技术、光纤技术、平板显示器和光电集成技术。光电技术已广泛应用于精确制导武器、飞机、军舰、地面战斗车辆等各类武器中。

3. 计算机技术

计算机技术是计算机硬件技术、计算机软件技术、计算机网络技术和计算机应用技术的统称。计算机硬件技术是计算机硬件制造技术。计算机硬件主要由中央处理器、存储系统和输入输出系统等硬件设备组成。计算机软件技术是设计、开发或生产计算机软件的技术。计算机软件是计算机系统中的程序和相应的数据文档，简称软件。军用计算机软件是一类符合军用计算机软件标准的软件。

由 1800 个电子管组成；
大小：长 24m，宽 6m，高 2.5m；
速度：5000 次 /sel；
重量：30 吨；
功率：140KW；
平均无故障运行时间：7min

图 13-2　世界上第一台电子计算机 ENIAC（1946 年 2 月 14 日）

4. 新材料技术

新材料技术是指用于新材料的设计、制造、性能检测、加工与生产等技术。新材料按其用途可以分为信息材料、新能源材料以及在特殊条件下使用的结构材料和功能材料。信息材料包括半导体材料、信息敏感（气敏、光敏、力敏）材料、信息记录材料；新能源材料包括光电转换材料、高密度储能材料、超导材料、非晶态金属、高温结构陶瓷材料等；结构材料和功能材料是指在特殊情况下使用的高负载、超高温、超低温等特殊材料，如特种金属材料、高性能复合材料、特种高分子材料、生物医用材料及隐身材料等。当前军用新材料研究的重点主要是复合材料、隐身材料及特殊结构和功能材料等。

5. 先进制造技术

制造技术是将原材料变成产品的一系列技术的总称。先进制造技术是将信息技术、自动化技术、现代企业管理技术和制造技术综合集成，从而实现优质、高效、低耗、清洁、精益、敏捷地生产产品取得很高的经济、社会效益的制造技术，如 CIMS 等。

6. 先进动力技术

先进动力技术主要是指设计、研发、制造产生推进动力的各类装置的技术，如飞机、舰船、火箭发动机等。

7. 生物技术

生物技术是指以生命科学为基础，用先进的工程技术手段来加工生物材料，为人类生产出所需要的产品或达到某种目的（如基因武器、防治疾病、保护环境等）的一大技术门类。也可理解为"利用生物有机体（从微生物直至高等动物）

或其组成部分（含器官组织、细胞或细胞器等）发展新产品或新工艺的一种技术体系"。生物技术被视为现代三大前沿高技术之一。现代生物技术仍处于快速发展之中，目前主要分为基因工程技术、细胞工程技术、酶工程技术、发酵工程技术、蛋白质工程技术、生物芯片技术、组织工程技术、基因组技术、生物信息学技术等。其中基因工程技术和细胞工程技术是现代生物技术的核心。生物技术在军事上的应用主要包括生物武器、基因武器及生物电子装置、生物炸弹、军用仿生导航系统、军用生物传感器、军用生物能源、军用生物装具、军用生物医药、军用仿生动力、军用动物机器等。

8. 纳米技术

纳米是一个长度计量单位，1纳米（nm）等于10^{-9}米（m），即10亿分之一米，约为10个原子排列在一起的长度。纳米技术是指在0.1nm~100nm空间内，研究电子、原子和分子运动规律与特性的多学科交叉的高新技术领域。纳米技术的核心是在单个原子、分子或原子团、分子团中，精细地排布原子结构，制造出纳米材料和装置。纳米技术是21世纪重要的军民两用技术，有十分广阔的应用前景。纳米技术的军事应用，如微机电系统（只有几立方厘米大小甚至更小），由在硅片上制造的微型电机、动作器和传感器组成，可用于构建分布式战场传感器网络、微型机器人电子失能系统等；专用微型集成仪器，特别是可大量部署的纳米卫星（质量只有100克）；"微型军"装置，像"间谍草"、袖珍遥控飞机、"机器蚂蚁"和"机器虫"等。

9. 仿真技术

仿真技术，也称建模与仿真技术，简单地说，就是利用模型研究对象系统的一门技术或方法。建模仿真技术的军事应用主要包括：作战分析、训练与装备虚拟采办。仿真技术是一项重要军民两用高技术。

图13-3 2004年我国上海建立
首个海洋环境立体监测系统

10. 海洋技术

海洋技术是研究、开发和利用海洋资源和海洋环境的综合性技术。海洋科学技术覆盖诸多基础学科与技术领域。海洋基础学科包括海洋物理、海洋化学、海洋地质、海洋水文气象、海洋生物和潜水医学等学科。海洋技术包括海洋观测、海底资源勘探开发、海水利用、海洋空间利用及深潜技术等。海洋技术发展与海上军事斗争及其装备关系非常密切。目前及今后一个时期军事海洋技术的主要发展方向是：海洋环境探测技术，海洋水声环境和目标探测技术，海洋信息探测、接收、传输、处理及网络技术等。

(二) 应用技术体系

1. 侦察监视技术

侦察监视技术就是侦察、发现、识别、监视、跟踪目标并对目标定位所采用的技术。从技术角度，侦察监视就是：在目标信息以声、光、电等信号形式经由空气、海水、大地等介质向外传播过程中，被侦察设备接受或截获，经加工处理后进行分析、判读获取有价值军事情报的过程。从军事应用角度，侦察与监视技术可以区分为空间侦察与监视技术、空中侦察与监视技术、水下/水面侦察与监视技术、地面侦察与监视技术四种形式。侦察与监视技术的发展趋势是：空间上立体，组成立体侦察监视网络；速度上实时；手段上综合，侦察、监视与攻击一体化；提高侦察与监视系统的生存能力等。

2. 精确制导技术

精确制导技术是指以高性能的光电探测器为基础，采用目标识别、成像跟踪、雷达、激光、红外、电视跟踪等新方法，控制和导引武器准确地命中目标的技术。目前，广泛使用的精确制导技术包括寻的制导、遥控制导、惯性制导、匹配制导、GPS制导和复合制导等。用于末制导的寻的制导包括电视制导、红外制导、激光制导、毫米波制导等。精确制导技术的发展方向：继续提高制导精度；提高抗干扰能力；全天候使用；制导技术智能化、模块化与通用化等。

3. 伪装与隐身技术

反侦察技术最重要的两类是伪装与隐身。伪装分反电子侦察伪装（包括反雷达侦察伪装、反无线电通信侦察伪装等）、反红外侦察伪装、反可见光侦察伪装和反声纳侦察伪装等。隐身技术，又称隐形技术，或"低可探测技术"，它是通过减弱武器装备等目标的信号特征，使敌方探测系统难以发现、识别、跟踪和攻击，或使敌方发现、识别、跟踪和攻击距离缩短的综合技术。隐身技术依据工作频段分为：雷达隐身技术、红外隐身技术、电子隐身技术、可见光隐身技术和声波隐身技术等。

4. 信息战技术

信息战技术主要分为电子战技术与网络战技术，前者包括雷达对抗技术、通信对抗技术、光电对抗技术、水声对抗技术等，对抗手段有电磁攻击、物理摧毁；后者包括网络侦察、网络攻击、网络防御等技术，对抗手段有木马、逻辑炸弹、陷阱门等。

5. 指挥自动化技术

指挥控制技术，也称指挥自动化技术，是一门包括指控信息获取、传输、处理与控制的综合技术，至今已有将近 60 年的历史，今后的主要发展方向是一体化、网络化、智能化。

6. 军事航天技术

航天技术是将航天器送入离地球表面高度 100 千米以上的外层空间，并利用航天器对外层空间和地球以及地球以外的天体进行探索、开发和利用的综合性工程技术，又称空间技术。航天技术应用于航天系统、特别是航天器和航天运载系统的设计、制造、试验、发射、运行、返回、控制、管理和应用各个领域。航天技术是公认的当代六大高技术之一，首先被应用于军事目的。目前军事航天技术主要包括空间侦察、导弹预警、海洋监视、卫星通信、卫星导航、卫星测地和卫星气象观测等技术。军事大国还在研究直接用于作战的航天武器系统技术，如反卫星武器技术、空天飞机等。

7. 核武器、生化武器技术

设计、研制、生产和使用核生化武器装备和核生化防护装备的技术称为核生化武器技术。核武器、生物武器和化学武器都属于大规模杀伤性武器，具有巨大的威慑和实战能力。虽然国际社会签署了各种协议或公约，以制止或限制这些大规模杀伤性武器的研制和使用，但在可预见的未来，它们仍然不会消失并仍将有一定的发展，也不能完全排除被实战使用的可能性。

8. 新概念武器技术

新概念武器是在工作原理、杀伤破坏机理和作战运用方式上与传统武器相比有显著不同的高技术武器。目前研制中的新概念武器主要包括：定向能武器、动能武器、声波武器、基因武器、气象武器、计算机病毒武器、人工智能武器等。新概念武器的潜在作战效能和广泛的应用前景已经引起世界主要军事大国的高度关注。

三、军事高技术对现代战争的影响

正如历史上任何一种技术变革都带来武器效能、战争形态、作战样式和作战理论的全方位转型一样，以信息技术为核心的军事高技术的深入发展，也全面影响和改变了当今各国的军队建设与已经和正在发生的战争。

（一）形成超大多维的战场空间

随着各种高技术武器的不断涌现和广泛运用，现代战争除传统的陆、海、空战场外，太空和信息领域已成为全新的作战空间，并渗透到指挥、协同、通信、情报、警戒、探测、制导、火控等多个专业领域。多维空间的争夺相互影响、相互制约，使得战争进程更加激烈和复杂多变。

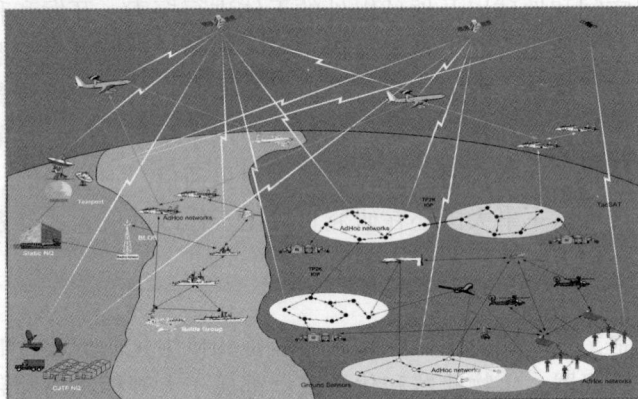

图13-4 信息化战争战场空间示意图

（二）非线式、非接触、非对称作战成为基本作战样式

机械化时代，宽正面、大纵深，自前沿而后方、层层递进，是战争的基本作战形式。由于制导武器精度的日益提高、打击距离的不断增大，以及信息攻防武器的广泛运用，在信息化战争中，前后方一体、择点击要、毁节断网已成为主要的作战形式，"零伤亡"成为战争追求的重要目标之一。

（三）战争持续时间大大缩短

与以往战争相比，现代战争的作战节奏和速度明显加快。过去一场战争通常持续数年或数月，现代战争的持续时间往往以天、小时甚至分钟计算。海湾战争只打了 42 天，而美军空袭利比亚的军事行动只用了 12 分钟。

（四）战斗力构成出现新的变化

信息化战场作战力量的构成不再只是兵力、兵器的质量和数量等有形要素，还涌现出更具潜力和威力的信息流、结构力等无形要素。无形的信息将取代物质和能量在战争中发挥决定性作用，并日益成为最重要的战斗力和战斗力倍增器。同时，信息技术的深入发展和全面应用还直接导致作战力量运用的变化，使作战行动愈趋复杂。

（五）"软杀伤"成为高技术战场制胜的关键要素

所谓"软杀伤"，是指电子干扰、频谱压制、信息遮断、网络攻击、计算机病毒攻击等无形的杀伤和破坏。近期几场局部战争表明，信息化战场上，"软杀伤"具有比"硬杀伤"更强、更具威胁性的特点，它不仅可以有效夺取战场主动权，加快作战进程，而且极易改变战局，从而以较小的代价赢得战争。

四、军事高技术的发展趋势

（一）一体化的综合电子信息系统继续成为各国优先发展的重点

美国通过几场局部战争的检验，证实综合电子信息系统（即 C⁴ISR 系统）对战争胜败的巨大价值与作用。因而，继续加大投资，构建全球信息栅格（GIG）与全球指挥控制系统（GCCS），相关技术继续被列为国防科技投资的关键技术，予以重点研发。

（二）空间技术以及空间系统武器化技术将成为各大国激烈角逐的技术高地

未来谁拥有空间行动自由权，谁就拥有决定作战成败的话语权。制天权将位居制电磁权、制网权、制空权、制海权等各项作战制权之首，对太空的控制权将成为各国战略竞争的焦点。近年来，美国在各个战场上所拥有的强大信息优势，可以说庞大的空间系统功不可没。因此，目前围绕空间优势的争夺渐趋白热化，各大国都制定有各自的空间战略，空间力量的建设和空间资源的利用已成为世界军事强国竞相发展的重点领域。

(三) 抗干扰能力更强、制导精度更高的精确制导技术将是各国武器研发的重点

精确制导武器是现代战争的主要打击和防御手段。发展新的精确制导技术，完善提高现有精确制导技术的精度和抗干扰能力，不断提升现有武器系统的精确打击能力将继续是各国武器研发的重点。

(四) 无人作战系统和技术已成为各国武器发展的新趋势

无人作战平台的广泛应用将使侦察和打击方式发生革命性的变化。美国在阿富汗战争中已经验证了无人机攻击地面目标的作战效能。美国设想未来三分之一的战术飞机由无人机代替，智能化的机器人也将出现在战场上。无人作战平台相关技术的研究和开发，形成实战型的武器装备是未来的发展重点之一。

(五) 新概念武器将继续是未来非常规武器研发的重要方向

纳米武器、基因武器、激光武器、微波武器等新概念武器技术的应用，将会改变战争的形态、进程和结局。各主要国家都制定出适合本国需要的新概念武器研制开发的重点项目和目标，都在试图抢占这一非常规武器领域的新的战略制高点。

思考题：

1. 什么是军事高技术？它的主要特点有哪些？

2. 军事高技术的"十大基础技术"、"八大应用领域"各包括哪些方面？

3. 军事高技术对现代战争的主要影响有哪些？

第十四讲　精确制导武器

精确制导武器被誉为"现代兵器之星"。精确制导武器迅速发展，大量装备部队并广泛运用于现代战争，对战争进程乃至结局都产生了巨大的影响。

一、精确制导武器的特点

精确制导武器起源于精确制导技术。精确制导技术是在复杂的战场环境中，利用目标的特征信号，发现、识别和跟踪目标，并将武器直接引导至目标实施有效打击的技术。第二次世界大战期间，德国人开发、制造并在实战中使用了飞航式导弹（或称巡航导弹）V-1 和弹道式导弹 V-2，从此拉开了制导这门神秘技术的序幕。第二次世界大战后特别是 20 世纪 70 年代，微电子和计算机技术的突破及其在军事领域的应用，使得精确制导武器取得迅速发展，精度不断提高，种类逐步完善。

相对于非制导武器而言，精确制导武器具有高技术、高精度和高效能的特点。

> **资料窗**
>
> **精确制导武器**
>
> 精确制导武器，是指采用精确制导技术，直接命中概率在 50% 以上的武器。直接命中的含义是指制导武器的圆概率误差小于该武器弹头的杀伤半径。

（一）高技术

精确制导武器是技术发展到一定阶段的产物。精确制导武器区别于一般武器的根本标志在于其有以制导技术为支撑的控制系统。它由信号探测、高速信号处理和自动控制等部分组成，而其核心是以光电器件、集成电路、电子计算机等众多高技术为基础的。精确制导武器在实战使用中，从发射到命中的全过程贯穿了各种技术手段的较量。所以，各国都十分重视精确制导武器技术的先进性，特别是制导精度、电子对抗和人工智能技术的领先与运用。

（二）高精度

直接命中概率高，是精确制导武器名称的根本由来，也是精确制导武器最基本的特征。精确制导武器采用导引、控制系统或装置，调整受控对象（导弹、炮弹、炸弹等）的运动轨迹，使之完成规定的任务。目前，一些有代表性的精确制导武器其命中概率可达 80%以上，激光制导炸弹和电视制导炸弹，其圆概率误差在 1~3 米。由于精确制导武器的直接命中概率不断攀高，已经出现了战斗部不需要装药的精确制导武器。例如，英国宇航公司研制的高速防空导弹，不但飞行速度可达 4 马赫，而且脱靶率几乎为零，该导弹没有爆破战斗部，依靠极其精确的直接撞击撞毁目标。

（三）高效能

精确制导武器的效能是用精度、威力、射程、效费比、可靠性、全天候作战能力等主要战术技术性能指标来衡量的。虽然精确制导武器的技术复杂，单发成本比较高，但由于具有较高的直接命中概率，完成作战任务时弹药消耗量小，总体费用仍有可能低于使用常规弹药。例如，一枚数万美元的反坦克导弹，可摧毁一辆数百万美元的坦克；一枚十万美元的防空导弹，可击落一架几千万美元的飞机。在马岛战争中，阿根廷用一枚数十万美元的"飞鱼"反舰导弹击沉了一艘英军价值 2 亿多

图 14-1　航空昼夜瞄准吊舱

美元的"谢菲尔德号"导弹驱逐舰。据国外统计，轰炸机使用制导炸弹比使用普通炸弹效费比高出 25~30 倍。

二、精确制导武器的制导方式

精确制导武器的核心是它的制导系统。制导系统工作的基本原理是：第一步，通过导引系统测量出弹头与目标的相对位置和速度，计算出实际飞行弹道与理论弹道的偏差；第二步，通过控制系统发出纠正这种偏差的指令，调整弹头的飞行姿态和弹道，直至命中目标。

根据制导系统所采用技术和手段的不同，精确制导武器的制导方式各种各样，大体上可划分为自主制导、寻的制导、遥控制导和复合制导四种。

（一）自主制导

自主制导是利用弹载测量装置测定武器内部或外界某些固定的参考基准作为依据，产生控制信号，控制武器按预定的方案（弹道）飞行，直至命中目标。有关目标的特征信息是在制导开始以前就确定好的，制导过程中不需要提供目标的直接信息，通常也不需武器以外的设备配合。惯性制导、程序制导、地形匹配制导、星光制导、GPS（全球定位系统）制导等都属于自主式制导。其中惯性制导是主要的一种，它的优点是和目标及指挥站不发生任何联系，对外界依赖性小，抗干扰能力强，武器射程远，但也有一经发射飞行弹道就不可改变的弊端。主要用于远程精确制导武器（弹道导弹、巡航导弹）的初始飞行段，适合于攻击固定目标，如地地导弹、潜地导弹部分采用自主式制导系统。

（二）寻的制导

寻的制导又称自寻的制导，是由武器上的导引系统（导引头或寻的器）感受目标辐射或反射的能量，自动跟踪目标并形成制导指令，导引和控制武器飞向目标。寻的制导精度高，但作用距离短，多用于末制导，适合打击运动目标。

寻的制导按接收的能量（红外线辐射、无线电波、光辐射、声波等）可分为雷达制导、红外制导、毫米波制导、电视制导、激光制导等类型。按信号来源可分为主动寻的制导（弹上装有能量发射装置、照射源和接收装置）、半主动寻的制导（弹上装有接收装置，照射源装在弹外的地面、舰上、机载制导站内）和被动寻的制导（不使用照射源，弹上只安装接收目标本身辐射能量的接收装置）三种基本类型。其中主动寻的制导和被动寻的制导均有"发射后不用管"的特点。

（三）遥控制导

遥控制导由设在武器以外（地面、飞机、舰艇）的制导站，来测定目标与武器之间的相对运动参数并形成制导指令，注入弹上控制系统，控制武器飞向目标。武器受控于制导站，飞行弹道可根据目标运动情况而随时改变，适于攻击活动目标。多用于地空、空地、空空和反坦克导弹上。按指令传输方式和手段的不同，遥控制导可分为指令制导和波束制导两大类。指令制导的方式主要有无线电指令制导、有线电指令制导和电视制导。苏联的"萨姆—II"、美国的"奈基"等防空导弹均采用无线电指令制导，美国的"爱国者"防空导弹在飞行末段也采用了无线电指令制导来保证其命中精度。波束制导有雷达波束制导和激光波束制导两类。

(四) 复合制导

复合制导是在一种武器中采用两种或两种以上制导技术组合而成的制导方式。单一制导方式各有所长，也有其短板，若要精确制导武器既具有作用距离远、精度高，又有较强的抗干扰能力，显然依靠单一的制导方式是难以实现的。因此，先进的精确制导武器系统往往采取复合制导方式，发挥各种制导系统的优势，按导弹类别、作战要求和目标等不同，取长补短，互相搭配。远程精确制导武器一般都采用复合制导系统。通常有"自主+寻的"、"自主+遥控"、"遥控+寻的"和"自主+遥控+寻的"等复合制导系统。

三、精确制导武器的分类

精确制导武器，可分为导弹和精确制导弹药两大类。两者的区别就是导弹依靠自身的动力系统和导引、控制系统飞向目标，精确制导弹药自身无动力装置，其弹道的初始段、中段需借助飞机、火炮投掷，也没有全程制导装置，仅有在飞行末段起作用的寻的装置或传感器。

(一) 导 弹

导弹，是指依靠自身的动力装置推进，由制导系统导引、控制其飞行路线并导向目标的武器。通常由战斗部、推进系统、控制系统和弹体等部分组成。导弹是精确制导武器中研究最早、类别最多、生产和装备量最大的一类。

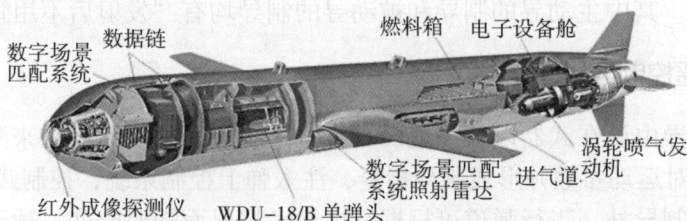

图14-2 "战斧"式巡航导弹结构图

导弹可从多种角度分类：按导弹发射点和目标位置，可分为地地导弹、地空导弹、岸舰导弹、潜地导弹、空地导弹、空空导弹和空舰导弹等。

按作战任务，可分为战略导弹和战术导弹。战略导弹，是用于完成战略任务的导弹。通常使用核战斗部，由国家最高统帅部直接掌握，用于摧毁敌方纵深重要战略目标。战术导弹，是用于完成战役战术任务的导弹。主要用于打击敌方纵深的战役、战术目标，亦可用于直接支援地面部队作战。

> **资料窗**
>
> **导弹射程区分**
>
> 　　近程导弹，射程为 1000 千米以内；中程导弹，射程为 1000～3000 千米；远程导弹，射程为 3000～8000 千米；洲际导弹，射程为 8000 千米以上。

按导弹射程，可分为近程导弹、中程导弹、远程导弹、洲际导弹。

按导弹的弹道特征，可分为巡航式导弹和弹道式导弹。巡航式导弹（如美国的"战斧"式巡航导弹）也称飞航式导弹，依靠空气喷气发动机的推力和弹翼的气动升力，主要以巡航状态在大气层内飞行。它可从地面、空中、水面或水下发射，攻击固定目标或活动目标。弹道导弹的弹道分为主动段和被动段。在主动段，导弹在火箭发动机推力和制导系统作用下飞行；在被动段，导弹按照在主动段终点获得的给定速度和弹道倾角作惯性飞行。

按攻击的目标，可分为防空导弹、反坦克导弹、反舰导弹、反潜导弹、反雷达（反辐射）导弹、反卫星导弹、反导弹导弹等。

防空导弹包括地对空和舰对空导弹。防空导弹按射程和射高分为四类：第一类是中高空防空导弹，射程大于 40 千米，射高超过 20 千米（如美国的"爱国者"防空导弹）；第二类是中低空防空导弹，射程 15~40 千米，射高约 6~20 千米；第三类是超低空防空导弹，射程在 15 千米以内，射

图 14-3 "爱国者"导弹发射

高在 6 千米以下；第四类是单兵便携式防空导弹，射程在 5 千米以内，射高在 3 千米以下，可以由单个士兵携带，肩扛发射。

反坦克导弹是专门用来对付坦克的导弹，可从车上、飞机上或者由单兵在地面上发射。战争实践证明，打坦克最有效的有两类武器，一种是反坦克火炮，一种是反坦克导弹。反坦克导弹与反坦克火炮相比，具有射程远、精度高、威力大、机动性强的特点。

反辐射导弹是现代战争中电子战的锐利武器，其主要作用是捕捉敌方雷达发出的波束，然后沿着雷达波直接攻击对方的雷达。

空空导弹是指从空中平台发射攻击空中目标的导弹，是现代空战的"杀手锏"。空空导弹从射程上可以分为近距格斗、中距拦截和远程拦截三种类型。

战术弹道导弹是专门用来压制和破坏战役战术纵深内地面目标的导弹，与传统的火炮相比，威力大大提高。

此外，还可以按发动机和推进剂的种类分为固体导弹、液体导弹、固液导弹；按发动机装置的级数可分为单级导弹和多级导弹等。

（二）精确制导弹药

精确制导弹药也称为灵巧弹药，根据不同的作用原理可分为末制导弹药和末敏弹药两类。

末制导弹药，装有寻的器和控制系统，在其弹道末段能根据目标和弹药本身的位置自行修正或改变弹道，直至命中目标。主要有制导炮弹、制导炸弹、制导雷等。

制导炮弹是用地面火炮发射，弹丸带有制导装置的炮弹的总称。它能够在火炮的最大射程内以很高的单发命中概率攻击目标，主要有激光制导炮弹、毫米波制导炮弹和红外寻的制导炮弹等。

制导炸弹也叫灵巧炸弹，是指有制导装置和空气动力操纵面的航空炸弹。主要有激光制导炸弹和电视制导炸弹。制导炸弹是航空炸弹的新发展，通常是在制式航空炸弹上加装制导装置和空气动力装置，靠飞机投弹时给予的初速滑翔飞行，其制导系统同一般空对地导弹的导引头相似，有的甚至就是直接移植而来的。精确制导技术使航空弹药"长了大脑"，一定程度上已具有"发射后不用管"、"同时攻击多个目标"、"指哪打哪"和能在数十、数百乃至上千千米之外全天候攻击目标的能力。精确制导的航空炸弹圆概率误差为0~3米，命中概率是第二次世界大战普通航空炸弹的25~50倍，弹药的消耗量降低到原来的1/10~1/50，效费比提高了25~50倍。

制导雷是一种将自毁破片技术、遥感技术和微处理机结合起来的新型雷，通常在普通地雷、水雷上加装制导系统后即可成为制导雷。制导雷是一个庞大的家族，通常可分为三大类：打击坦克、装甲车和直升机的制导地雷；执行反潜、反舰任务的制导水雷；执行反卫星任务的太空雷。

末敏弹药，不能自动跟踪目标，也不能改变飞行弹道，只能在被撒布的范围内利用其自身的探测器（寻的器）探测和攻击目标。末敏弹药通常由一些子弹药组成。子弹药被抛撒后，立即用其自身携带的探测器开始在小范围内探测目标，发现目标后，即可沿探测器瞄准的方向发射弹丸，对目标进行攻击。既有较大的毁伤面积，又有较高的命中精度。它是子母弹技术、爆炸成型弹丸技术和先进的传感器技术相结合的产物。末敏弹药探测范围较窄，一般仅为末制导弹药探测范围的 1/10 左右。

四、精确制导武器对现代战争的影响

20 世纪 60 年代以来，精确制导武器在局部战争中广泛运用，发挥了重要作用，以显赫的战绩被誉为"点穴之手"，对战争进程和结局产生了深远影响。

（一）成为现代战场的主要打击兵器

1973 年 10 月第四次中东战争中，埃及和以色列展开了一场第二次世界大战以来规模最大的坦克战，交战双方使用精确制导武器约 20 种。开战头 3 天，以军在西奈半岛损失坦克约 300 辆，其中被反坦克导弹击毁的约占 77%。1982 年英阿马岛战争中，英军用空空导弹击落阿军飞机 66 架，占阿军全部被击落飞机的 83%。1991 年海湾战争，精确制导武器更是大显身手，充当了战场的主角。多国部队使用了大约 20 种精确制导武器，如"战斧"巡航导弹、"爱国者"防空导弹、"斯拉姆"空对地导弹、"海尔法"反坦克导弹、"响尾蛇"空空导弹及大量激光制导炸弹等，显示出超常的作战能力。虽然精确制导武器的使用数量仅占全部弹药消耗量的 7%~8%，却完成了摧毁伊拉克重要目标 80% 以上的任务。美军在海湾战争后的历次战争中，使用精确制导武器的数量占全部弹药总量的比例不断上升。2003 年伊拉克战争时，这个比例已达到 68%。在电子战和 C⁴ISR 系统的密切配合下，精确制导武器已成为现代战场的主要打击武器。

（二）使作战样式发生深刻变化

精确制导武器在现代战争中的大量使用，给作战行动带来许多新的变化，使超视距、全天候、多模式、多目标精确打击成为可能。海湾战争中，美军从 1000 千米外发射的 35 枚空射巡航导弹、从海上发射的 288 枚"战斧"式巡航导弹，准确命中了预定目标；GPS 制导系统能在恶劣气象条件下自主导航，毫米波制导系统受云雾烟尘影响很小，合成孔径雷达不受云雾、昼夜条件的限制，能穿透地表发现地下数米深处的掩蔽部。使用精确制导武器可同时连续打击全部战场纵深内的目标，实现"非接触""非线式"作战。"外科手术"式打击，使对点目标攻击的附带杀伤和破坏降至尽可能小的程度，同时也提高了全天候、全时域的作战能力。

（三）改变军事力量对比的杠杆

现代战争表明，精确制导武器正在改变大炮、坦克、飞机、军舰等传统武器装备的军事价值，成为改变战争双方力量对比的杠杆。精确制导武器与电子战的密切配合，将成为决定未来战争胜负的重要因素。拥有先进的精确制导武器和电子战实力的一方，可以战胜具有传统武器数量优势，但精确制导武器陈旧落后、缺乏电子战配合的一方。历次局部战争实践表明，精确制导武器撬动军事力量平衡的杠杆作用越来越明显。同时，精确制导武器还促进了常规威慑力量的形成。从对点目标的摧毁能力上看，有的精确制导武器的威力已与小型核武器相差无几。

思考题：

1. 精确制导武器的制导方式主要有哪几种？
2. 精确制导武器与常规武器相比具有哪些特点？

第十五讲　航天技术

航天技术，是指将航天器送入太空，以探索、开发和利用太空及地球以外天体的综合性工程技术，又称空间技术。它是当代军事高技术的尖端领域，是国防现代化的重要标志之一，是世界主要军事强国重点争夺的"战略制高点"。

一、航天技术基础

航天技术主要包括航天器的设计与制造、发射与回收、运行与控制及空间生命保障技术等。

（一）运载器

运载器是发展空间技术、开发空间资源的基础。要想把各种航天器送到外层空间去，必须利用运载器的能量克服地球引力和空气阻力。常用的运载器是运载火箭，一般为多级火箭。

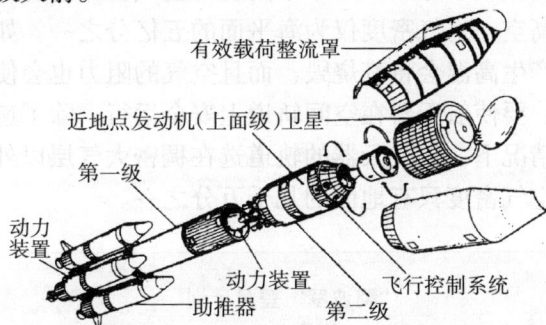

图 15-1　航天运载器结构示意图

运载火箭主要由动力系统、控制系统、箭体和仪器、仪表系统组成。就目前的发展情况而言，当今各国使用的运载火箭基本上都是液体推进剂运载火箭，按照运载火箭的不同结构形式，可以分为串联式、并联式（即捆绑式）和串并联式。

从 1957 年至今，俄罗斯（前苏联）、美国、法国、日本、欧洲空间局、印度、伊朗、巴西等国已研制并发射了各种大、中、小型运载火箭。我国从 1970

年 4 月 24 日长征一号火箭成功发射"东方红一号"卫星以来，长征系列运载火箭已经累计成功发射 100 余次。

运载器把航天器送入太空，实现太空自由飞行，必须满足一定的速度条件和一定的高度条件。

速度条件。将航天器从地球表面发射上天，必须借助巨大的推力产生足够快的飞行速度，才能冲破空气阻力和克服地球引力，在太空翱翔。根据对航天器的不同运行要求，通常将航天器运行速度分为第一、第二、第三宇宙速度。第一宇宙速度，又叫环绕速度，当物体在地球表面以 7.9 千米/秒的速度水平飞行时，其在引力作用下的下落速率与地球曲率一致，该物体将沿圆周轨道运动而不会落到地面上。第二宇宙速度，亦称脱离速度，当速度达到 11.2 千米/秒时，物体将挣脱地球的引力场，而变成绕太阳运转的人造卫星。第三宇宙速度，又称逃逸速度，如果物体运动的速度再增加到 16.7 千米/秒，这时太阳的引力也拉不住它了，它将脱离太阳系，进入茫茫宇宙深处，从而成为银河系的一个人造天体。

高度条件。通常，按照距离地球表面的高度不同，将天空划分为空中（距离地面 0~20 千米）、临近空间（距离地面 20~100 千米）、空间（space）或称太空（距离地面 100 千米以上）。由于地球周围有稠密的大气层，空气的密度与距离地面的垂直高度成反比。在距地面 100 千米高度的空气密度约为海平面的一百万分之一，在 200 千米高空，空气密度仅为海平面的五亿分之一。如果物体飞行轨道太低，与空气摩擦产生高温会将其烧毁，而且空气的阻力也会使飞行物体的速度下降而陨落。因此，要使航天器在空间轨道上安全运行，除了速度条件，还要满足高度条件。通常情况下，把航天器的轨道选在稠密大气层以外，即 120 千米以上的高空，这里的空气密度只有地面的几千万分之一。

资料窗

"阿波罗"登月计划

1961 年 5 月 25 日美国总统肯尼迪在国会提出"在 10 年内把一个人送上月球，并安全返回"的任务，由此启动了工程浩繁的"阿波罗"登月计划。1969 年 7 月 16 日，"阿波罗 -11"号宇宙飞船离开地球飞向月球，20 日宇航员阿姆斯特朗登上月球，并说出一句至今仍广为传颂的名言："这是我个人的一小步，但却是人类的一大步。"阿波罗飞船是当时世界上最大的飞船，直径约 4 米，可乘坐 3 名宇航员。以后又有 5 艘"阿波罗"飞船登上月球。"阿波罗 -17"之后，美国的登月计划截止。该计划共耗资 240 亿美元，历时 10 年，先后有 120 所大学、2 万家企业的 400 万人参加，堪称现代科学史上第一大工程。

（二）航天器

航天器是在地球大气层以外的宇宙空间运行并执行一定任务的各类人造飞行器的统称，亦称空间飞行器。航天器通常分为无人航天器和载人航天器两大类。

无人航天器，按是否环绕地球运行可分为人造地球卫星和空间探测器两类。人造地球卫星，简称人造卫星。它环绕地球运行，是数量最多的航天器（占已发射航天器总数的 90% 以上）。按用途，可分为：科学卫星、应用卫星、技术试验卫星。空间探测器，以太空星体为探测目标，按探测目标可分为月球、太阳、行星（金星、火星、水星、土星等）和行星际探测器。我国于 2007 年 10 月 24 日成功发射"嫦娥一号"月球探测器。

载人航天器可分为载人飞船（或称宇宙飞船）、空间站（或称太空站、航天站）和航天飞机三类。载人飞船是能保障航天员在外层空间短期生活和工作、执行航天任务并返回地面的航天器。空间站是供多名航天员长期工作和居住的航天器。航天飞机是可供重复使用的往返于地面和外层空间之间的航天器，它起飞时象火箭，靠强大的推力垂直发射到天空；进入轨道后像卫星或飞船，在围绕地球的轨道上运行；返回地球时又像是飞机，可以通过驾驶员的操纵沿着跑道滑翔降落。它集中了火箭、卫星和飞机的优点，又克服了它们的缺陷，是一种理想的太空交通工具。

航天器沿着特定的轨道在太空中飞行，常用轨道主要有近地轨道、地球同步轨道、太阳同步轨道、极轨道和回归轨道。

近地轨道。能保持卫星等航天器在空间围绕地球自由飞行的最低轨道高度（约关 110~120 千米）称为临界轨道高度。大致可将从临界轨道高度至 1000 千米的空间轨道称为近地轨道。

地球同步轨道。运行周期与地球自转周期（23 小时 56 分 4 秒）相同的航天器轨道。航天器几乎每天在相同时刻经过相同地方的上空。星下点轨迹近似为一条封闭曲线。其中，倾角为 0 度、圆形的地球同步轨道，称

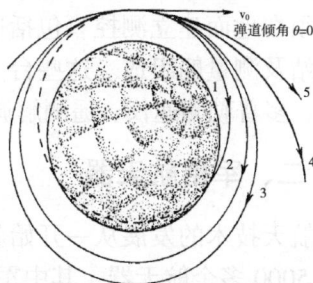

1. $v_0 < v_1$ 不能成为卫星。2. $v_0 = v_1$ 第一宇宙速度 7.9 千米／秒，为圆形轨道。3. $v_0 > v_1$ 椭圆轨道。4. $v_0 = v_2$ 第二宇宙速度 11.18 千米／秒循抛物线轨迹逃离地球。5. $v_0 = v_3$ 第三宇宙速度 16.7 千米／秒循双曲、线轨迹飞离太阳系。

图 15-2　航天器飞行轨迹随速度变化示意图

为地球静止轨道。其星下点轨迹为赤道上的一个点。在这种轨道上的航天器，高度为 35786 千米，运行速度为 3.07 千米/秒，由于它绕地轴的角速度与地球自转角速度大小相等、方向相同，相对在地面上的人，卫星始终不动。

太阳同步轨道。其轨道平面绕地轴的旋转方向和周期，与地球绕太阳的公转方向和周期相同。这种轨道的特点是太阳光和轨道平面的夹角保持不变。沿太阳同步轨道运行的卫星，每次从同一纬度地面目标上空经过，都保持同一地方时，同一运行方向，具有相同的光照条件，因此可在同样条件下重复观测地球。

极轨道。极轨道是倾角为 90 度的航天器轨道。只有在极轨道上运行的卫星才能每圈都经过地球两极上空。在极轨道上运行的气象卫星、照相侦察卫星、地球资源卫星，可以俯瞰包括两极在内的整个地球表面。

回归轨道。星下点轨迹周期性重复的人造地球卫星轨道称为回归轨道。在回归轨道上运行的航天器，每经过一个回归周期，重新依次经过各地上空。这样可以对覆盖区域进行动态监视，借以发现这段时间内目标的变化。

（三）航天测控系统

航天测控系统，是对飞行中的运载火箭及航天器进行跟踪测量、监视和控制的各种设施设备的总称。为了保证火箭正常飞行和航天器在轨道上正常工作，火箭和航天器必须不断将有关信息向地面报告，地面必须依靠所建立的测控系统对航天器进行遥测、遥控、跟踪和通信。因此，除了航天器上应载有测控设备之外，还必须在地面建立测控（包括通信）系统。地面测控系统由分布全球各地的测控台、站及测量船组成。这些台、站和船上通常配备有精密跟踪雷达、光学跟踪望远镜、多普勒测速仪、遥测解调器、遥控发射机、电子计算机、通信设备等。

二、军用航天器

航天技术的发展从一开始就和军事上的需要紧密相关。目前，世界各国共发射了 5000 多个航天器，其中军用航天器达 3000 余个，占 60%。航天技术已成为大国军事技术特别是军事高技术不可缺少的重要组成部分。军用航天器按用途可区分为军用卫星、空间武器和军用载人航天器三大类。

（一）军用卫星

军用卫星是指专门用于各种军事目的的人造地球卫星的统称，它是发射数量最多的一类卫星。军用卫星按用途可分为侦察卫星、通信卫星、导航卫星、气象卫星、测地卫星等。

1. 侦察卫星

侦察卫星是用于获取军事情报的人造地球卫星。它利用光电遥感器、照相设备和无线电接收机等侦察设备，从轨道上对目标实施侦察、监视或跟踪，以搜集地面、海洋或空中目标的情报。目前，侦察卫星已经成为战略情报的主要来源，世界主要军事大国 70% 的战略情报是由侦察卫星获取的，侦察卫星的触角还在伸向战役、战术等更精细的范围。

侦察卫星具有速度快、效率高、适用广、效果好的特点。根据不同的侦察手段和侦察任务，侦察卫星可以分为照相侦察卫星、电子侦察卫星、海洋监视卫星、导弹预警卫星和核爆炸探测卫星等不同种类。

照相侦察卫星，是利用光电遥感设备摄取地球表面图像的卫星。在各种侦察卫星中，照相侦察卫星发展得最早、最快，技术最成熟。它是空间侦察任务的主要承担者，照相侦察卫星在各种侦察卫星中占 2/3 以上。目前，世界上最先进的照相侦察卫星，是美国的第六代数字图像实时传输型可见光成像侦察卫星 KH-12，其分辨率达到 0.1 米。

电子侦察卫星，是用于侦测敌方电子设备的电磁辐射信号以获取情报的侦察卫星。它不受地域和气象条件的限制，能全天候侦察，是现代战略情报侦察不可缺少的手段。其侦察设备主要有无线电侦察接收机、磁带记录器和快速通信发射机等。当卫星飞经敌方上空时，敌方各种频率的无线电波信号就被记录在磁带上，在卫星飞经本国地球站上空时，再回放磁带，以快速通信方式将信息传回。其主要任务是：侦察敌方雷达的位置、使用频率等性能参数，为战略轰炸机、弹道导弹的突防和实施电子干扰提供数据；截获战略导弹试验的遥测信号，借以了解导弹核武器的发展情况；探测敌方军用电台和发信设施的位置，以便于进行窃听和破坏。

海洋监视卫星，主要用于探测、监视海面状况和舰船、潜艇活动，侦收舰载雷达信号和窃听舰艇无线电通信。被称作"耳、目"双全的海洋监视卫星，既能获取图像信息，又能截听电子信号。

导弹预警卫星，主要用于探测、发现和跟踪敌方战略弹道导弹的发射及其主动段的飞行，提供早期预警信息。这种卫星一般由几颗卫星组成预警网，利用卫星上的红外探测器，探测导弹主动段飞行期间发动机尾焰的红外辐射，配合使用电视摄像机及时准确地判明导弹发射。

核爆炸探测卫星，主要用于探测核爆炸时间、高度、方式和当量。核爆炸时，会产生光辐射、冲击波、早期核辐射、电磁脉冲等各种效应，在不同条件下这些效应又各有特点。在核爆炸探测卫星上，载有特殊的遥感设备来探测这些效应，从中可以获得有关核装置基本性能的情报，从而了解别国发展核技术与核军备的动向。

2. 通信卫星

通信卫星是用作无线电通信中继站的人造地球卫星。卫星通信是 20 世纪 50 年代末问世的一种新兴通信手段，是空间技术与通信技术结合发展的产物。它的出现，使军用通信和民用通信都发生了一系列重大的变化。

卫星通信具有覆盖范围广、通信距离远、通信容量大、传输质量高、机动性能好、生存能力强、经济效益好等特点。在地球同步轨道上等距离部署 3 颗通信卫星，就可实现除两极以外的全球通信。

军事通信卫星一般分为战略通信卫星和战术通信卫星两大类。战略通信卫星主要是为全球战略指挥通信、情报数据传输等特种通信以及有关战争全局范围或带关键性的局部地区的通信联络提供服务；战术通信卫星则主要为地面战斗部队、空降部队、登陆作战部队、战术空军以及支援作战的海军舰队提供服务。

3. 导航卫星

导航卫星是为航天、航空、航海、各类导弹、地面部队以及民用等方面提供导航信号和数据的航天器。导航卫星最初完全是为导弹核潜艇提供全球导航这一军事目的而研制的，以后逐渐扩大到航天、航空、地面部队作战及民用方面，成为一种现代化的导航手段。

目前，世界上只有少数国家能够自主研制生产卫星导航系统，已经建成或正在建设中的卫星导航系统主要有美国的全球定位系统（GPS）、俄罗斯的"格洛纳斯"全球导航卫星系统（GLONASS）、欧盟的"伽利略"（GALILEO）卫星导航定位系统和我国的"北斗"导航卫星系统（COMPASS）。

资料窗

"北斗"导航卫星系统

"北斗"系统是我国自主研发的导航卫星系统。按照"三步走"发展计划，第一步从 2000 年至 2003 年，建成"北斗"卫星导航试验系统；第二步在 2012 年左右，建成"北斗"区域卫星导航系统，提供亚太地区服务能力；第三步在 2020 年左右，建成由 30 颗卫星组成的全球卫星导航系统。

4. 气象卫星

气象卫星是从外层空间对地球及其大气层进行气象观测的卫星。它相当于一个无人高空气象站，在军事上民用上都有极为重要的使用价值，大多数气象卫星为军民合用。按运行轨道可分为极轨道气象卫星和静止轨道气象卫星。

气象条件对军事行动的影响历来为兵家所关注，空间技术的发展为在外层空间设置"气象观测台"创造了条件。由于在外层空间观测大气层的运动具有得天独厚的优越条件，气象卫星一出现，就受到军方的青睐。气象卫星不仅能为陆海空作战行动提供战略、战术气象情报，而且还能为照像侦察卫星探测路线，提供被侦察地区上空的气象情报。

5. 测地卫星

测地卫星是从宇宙空间，对大地进行重力分布、形状、精确地理坐标测量的人造地球卫星。主要是通过对地球测量，提供地球形状和地球重力场的资料，可用于研制新型导弹和提高导弹命中精度，提高武器的作战效能；也可用于绘制军用地图，还可用于收集地面战略目标资料。

测地卫星分为军用测地卫星和地球资源卫星。军用测地卫星用于测定地球形状，地球重力场以及地面上任何一点的坐标，主要服务于军方。地球资源卫星利用星载遥感仪器对地球进行探测，为人类有效利用地球资源、改进自然环境服务。这类卫星也可担负军事任务，属军民两用型卫星。

（二）空间武器系统

空间武器系统，是指部署在太空、陆地、海洋和空中，用于攻击、破坏和干扰太空目标的武器，以及从太空攻击陆地、海洋和空中目标的武器系统的统称。空间武器系统主要包括：反卫星系统、反导系统、轨道轰炸系统、军用空天飞机。目前正在研制的空间武器系统主要是反卫星系统和反导系统。

1. 反卫星系统

反卫星系统是专门用于攻击航天器，并通过攻击敌方的卫星来夺取"制天权"的武器系统。目前，攻击卫星的主要方法有：一是利用地面武器系统，如导弹、激光炮和动能武器系统等来摧毁敌方卫星；二是以卫星拦截卫星，这种拦截卫星不同于一般卫星，它本身就是一种攻击性武器，通过机动变轨飞行，跟踪接近目标后，能以自爆或撞击的方式来摧毁敌方卫星，或者利用卫星上装载的激光器、粒子束武器以及火箭来摧毁敌方目标；三是利用航天站或航天飞机来俘获敌方卫星，为自己服务。

2. 反导系统

反导系统主要用于拦截弹道导弹和巡航导弹。它包括动能反导武器、定向能反导武器和反导导弹等，动能反导武器又包括动能拦截弹和电磁轨道炮等，定向能反导武器包括强激光武器、高功率微波武器和粒子束武器等。

(三) 军用载人航天器

军用载人航天器是军事空间系统中的重要组成部分，也是航天技术中对未来太空战最具影响力的太空装备。军用载人航天器包括载人飞船、空间站、航天飞机、空天飞机等。

1. 载人飞船

载人飞船是能保证宇航员在空间轨道上生活、工作和执行航天任务并返回地面的垂直着陆的航天器。典型的载人飞船由对接装置、轨道舱、返回舱、仪器设备舱（主要装有动力和电源设备等）和太阳帆板等部分组成。它的运行时间有限，仅能一次性使用，可独立进行航天活动，也可以作为往返于地面和空间站之间的"渡船"，还可与空间站或其他航天器在轨道上对接后进行联合飞行。

载人飞船能担负的军事使命有：作为地面与空间站的军事运输工具，可向空间站运送各种军事补给物资以及接送人员，进行空间救护等；试验新的军用航天设备；用于特定目标的侦察与观测等。

2. 空间站

空间站是在绕地轨道上作较长时间航行的大型载人航天器。

在军事上，空间站具有多种运用潜力：一是作为战略武器的空间发射台和其他航天器停靠的"码头"，当作各种航天兵器的试验、部署、维修、指挥中心；二是作为俯瞰全球的空间侦察基地，直接参与跟踪、监视、捕获和拦截敌方航天器和洲际弹道导弹的作战行动。

3. 航天飞机

航天飞机是一种有人驾驶的空间飞行器。航天飞机具有运载能力大、用途广泛等优点，是一种理想的空间运输工具，在军事上具有巨大的应用潜力。它既可用于反卫星，对近地轨道上的敌方卫星实施检查、捕获和破坏；又可用于军事侦察，对运行中的无人侦察卫星进行维修、补充电源、更换胶卷、索取记录，必要时也可执行载人侦察任务；还可用于军事攻击，若装上炸弹，可在 45 分钟内，对地球上任何目标实施战略轰炸。

4. 空天飞机

空天飞机是能在普通跑道上水平起降，并在大气层内和空间轨道上飞行的可重复使用的航天器。20世纪80年代兴起的空天飞机计划，是以天地往返运输系统、军用跨大气层飞行器和民用高超音速运输机等研制项目为背景的。在未来太空战中，空天飞机具有重要的军事价值，可作为战略轰炸机、战略侦察机和远程截击机使用，是比航天飞机更为灵活、战斗力更强的一种太空武器。

三、军事航天技术对未来战争的影响

正如航空技术与航空器的发展导致空战、空军出现一样，航天技术与航天装备的发展也必将促使天战、天军的出现。未来战争，谁控制了空间，夺取了制天权，谁就可以居高临下地控制其他战场，牢牢掌握战争主动权。

（一）太空将成为未来战争新的"战略制高点"

军事航天技术的迅速发展及在军事领域的广泛应用，将进一步促进信息与火力的融合，空间将既作为获取、传输和发送信息的"高地"，同时还可能发展成为力量投送的"高地"。在以往的战争中，夺取战争主动权主要是指夺取制陆权、制海权、制空权。一旦太空成为战场，太空将成为未来战争新的战略制高点，谁夺取了制天权，控制了太空，就可以居高临下控制其他战场；反之，没有制天权，就很难夺取和保持制空权、制海权，在战争中就可能处于被动地位。在未来战争中，争夺制天权的斗争将异常激烈。通过掌握制天权，来掌握制信息权、制空权、制海权，从而全面掌握战场的自由权和主导权。拥有制天权的一方，其快速反应能力、作战效能、指挥效率和生存能力将显著提高，整体作战能力跃上新台阶，有助于确立全面作战优势，置对手于被动挨打的境地。航天技术的发展，使世界各国太空领域的竞争更加激烈，使国家安全面临新的威胁，传统意义上的国家安全观、国防观，仅仅考虑国家的领土安全、领海安全和领空安全已经远远不够，没有太空安全，其他安全都将难以保证。

（二）军事航天技术将提高核威慑与信息威慑的效力

人类历史上，军事航天技术的发展一直与核威慑密切相关。20世纪80年代初，美国政府提出了星球大战计划，要求研制一系列天基武器系统，用于击退前苏联的全面核突击。进入 21 世纪后相当长的一个时期内，战略核力量仍将在国家安全中的处于核心地位。国际安全环境的变化，加上核武器在使用上的局限性，使得各国不断对核战略进行调整。近年来，美国正在大力研制反导系统，一个是国家导弹防御系统 (NMD)，另一个是战区导弹防御系统 (TMD)，以谋求全面的核优势。实际上，精确制导武器、巡航导弹，与军事航天技术的结合都日益紧密。没有军事航天技术的支持，战略核武器将无法正常使用。军事航天技术的发展，将大大提高战略核武器的反应速度，加快 C^4ISR 系统与战略核武器的一体化建设，从而提高核威慑的有效性。

同时，在信息时代，信息战正在成为信息化战争的重要作战样式，信息战的战略运用和战略作用对战争的影响越来越显著。可以预见，在未来的信息化战争中，制信息必须首先制天，军事航天装备将日益成为战场信息威慑的核心。

(三) 军事航天器将主宰战场态势感知

航天器能够超越领空或其他限制，在短时间内，对地球上任一区域实现侦察监视，并具有长期值守、平战结合等特点，已成为获取各种情报最重要的"信息源"，为作战行动提供侦察监视、指挥控制、通信预警、导航定位和气象预报等信息服务。目前，美军 95%的侦察情报、90%的军事通信、100%的导航定位和100%的气象信息来自天基信息系统。

(四) 军事航天装备将强化联合作战体系

从近期几场局部战争看，以信息化武器为主体的陆、海、空、天、电五维一体的联合作战已成为基本作战形式，指挥、控制、通信、计算机、情报、侦察与监视系统 (C^4ISR) 成为联合作战体系形成的纽带。军事航天装备作为 C^4ISR 系统的一个重要组成部分，不仅可以全天时、全天候、全方位、近实时地获取、融合和分发各种战场信息，还可以利用独特的空间优势，发挥"粘合剂"的作用，实现 C^4ISR 各个系统的互联互通，提高信息系统的一体化水平。在联合作战行动中，军事航天装备的介入将极大地提高联合作战的快速机动、协同配合能力，把高度分散的部队凝聚为一个有机的整体。

(五) 军事航天技术将提升精确打击能力

远程精确打击是信息化战争的重要特征之一，提高各种远程打击武器的打击精度是提高其作战效能有效方法。基于空间导航系统的精确制导技术，精度高、费用低、作战准备时间短，不受气候影响，已成为现代战争各类武器系统最主要的制导方式之一。据统计，在 2003 年的伊拉克战争中，美英联军使用的空袭弹药中，制导弹药占 68%，而在这些制导弹药中有近三分之二采用 GPS 制导或以 GPS 为主的复合制导。由于拥有制天权，美军的作战效能倍增，使美国基于效果的作战成为可能，掌控了战争的进程。

思考题：

1. 航天器是如何分类的？
2. 军用卫星按用途分为哪几类？
3. 军事航天技术对未来战争的影响体现在哪些方面？

第十六讲 新概念武器

新概念武器是近年来出现的一类高新技术武器，由于技术上的重大突破与创新，使其在作战机理上与传统武器有明显不同，将引起作战方式的重大改变，对未来战争将产生深刻影响。目前，世界各军事强国纷纷投入大量人力、物力，进行新概念武器的研发，以抢占军事高技术的"制高点"，确保其在未来军事斗争中的有利地位。

一、新概念武器的概念和特点

资料窗

"星球大战"计划

1983 年 3 月 38 日，美国总统里根向全国发表电视演说，在大肆渲染所谓的苏联威胁之后，提出了他的"战略防御倡议（SDI）"，这就是美国20 世纪继"曼哈顿"原子弹计划、"阿波罗"登月计划之后的第三个高技术发展计划，即"星球大战"计划。

"星球大战"计划是一项震惊世界的宏大计划，其基本框架和设想是：采用先进的红外探测技术，探测数千千米之外的火箭尾焰，然后发射速度达 10~20 千米／秒的超高速动能弹，或发射以光速传播的强激光射束，或发射用高能加速器加速到接近光速的高能粒子束，拦截处于各个飞行段的洲际导弹或再入弹头。动能武器、激光武器和粒子束武器就是在这一计划中首次提出来的。

新概念武器是相对传统武器而言的，它是利用新原理、新能源、新技术、新材料、新思路和新结构开发的，在工作原理、杀伤机理、作战方式等方面与传统武器有显著不同的创新性武器的总称。

从这一概念可以看出，新概念武器的"新"主要表现出以下几个特点：

1. 创新性

新概念武器在设计思想、工作原理和杀伤机制上具有显著的突破和创新，它是创新思维和高新技术相结合的产物。

2. 奇效性

新概念武器有独特的作战效能，能有效抑制敌方传统武器效能的发挥，达到出奇制胜的效果。

3. 相对性

新概念武器是一个相对的、动态的概念，其研究领域随时代的进步和科技的发展不断更新，某一时期的新概念武器日趋成熟并得到广泛应用后，也就转化为传统武器。

4. 探索性

新概念武器的高科技含量远高于传统武器。它的探索性强，技术难度大，其发展在技术、经济、作战需求及研制过程等方面具有诸多不确定因素，因此具有较高的风险。

二、新概念武器的种类

根据杀伤原理、杀伤规模和杀伤手段，新概念武器可分为四大类，即新概念能量武器、新概念信息武器、新概念生化武器、新概念环境武器。其中，新概念能量武器包括动能武器（如超高速化学能发射器、电炮、混合电炮等）、定向能武器（如激光武器、微波武器或电磁脉冲武器和粒子束武器等）、原子能武器（如中子弹等）和声波武器（包括次声波武器等）。新概念信息武器包括智能武器（军用机器人、无人平台等）、比特武器（计算机病毒武器）和微型武器（纳米武器）。新概念生化武器包括基因武器、新概念化学武器等。新概念环境武器包括气象武器、地震武器等。目前，正在研制的新概念武器主要有以下几种：

（一）定向能武器

定向能武器是通过一定的能量转换装置，将某种电磁辐射和高速运动的原子/亚原子粒子束聚焦成强大的射束，以光速或接近于光速的速度，沿一定方向射向目标，从而造成破坏或毁伤的一类新概念武器。目前，具有研发前景的定向能武器主要有五类：

1. 激光武器

激光武器是指利用激光束的能量直接杀伤破坏目标或使目标丧失作战效能的武器。其杀伤效应主要有三种：一是烧蚀效应，即强激光照射到目标后，部分能量被目标材料吸收，转化为热能，使目标材料汽化而在表面形成凹坑和穿孔；有的还可能使目标材料内部温度大大高于表面温度，产生内部高压，从而发生爆炸。二是辐射效应，目标材料表面因汽化而形成等离子体云，该等离子体能辐射紫外线甚至 X 射线，使目标内部电子元件毁伤。三是激波效应，当目标材料蒸汽向外喷射时，在极短时间内给目标材料以反冲作用，形成的激波在目标材料内产生反射，可将目标材料扭断而发生层裂破坏，飞出的裂片也有一定杀伤力。

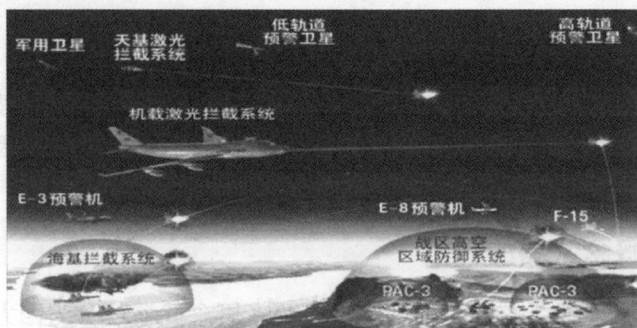

图 16-1　激光武器作战示图

2. 微波武器

微波武器是指利用发射峰值功率达 100 兆瓦以上的微波杀伤目标的武器。它是以干扰敌方武器系统中的电子设备或烧毁其电子元器件来发挥功效的，其机理是利用大功率微波在物体内产生的电效应、热效应对目标造成杀伤破坏。电效应是指大功率微波会在目标物的金属表面或导线上感应出电流，这种电流可对电子元件产生状态反转、击穿和改变性能等结果。热效应是指大功率微波对目标加热导致烧毁电路器件。另外，它还有生物效应，有的可使生物出现各种症状，如使人神经紊乱、心肺功能衰竭、甚至双目失明等。有的可产生生物被烧伤甚至烧死的现象，如当微波功率密度达到 20 瓦/厘米^{2}时，2 秒钟即可给人造成三度烧伤，达到 80 瓦/厘米^{2}时，1 秒钟内即可将人烧死。

3. 粒子束武器

粒子束武器是利用高能加速器产生并发射出的高能粒子束杀伤目标的武器。其基本原理是用高能粒子加速器将注入其中的电子、质子和各种重离子等带电粒子加速到接近光速，然后用磁场将它们聚集成密集的高能束流射向目标，以束流的动能或其他效能杀伤破坏目标。粒子束的毁伤作用表现在三方面：一是使目标结构材料汽化或融化；二是提前引爆目标中的引信或破坏目标中的热核材料；三是破坏目标的电路，进而导致电子装置失效。

4. 电磁脉冲武器

电磁脉冲武器是指能发出强电磁脉冲，攻击敌方武器装备和其他军用/民用设施中电子设备的武器。其破坏机理是：强大的电磁脉冲通过电缆、天线或接线柱等途径进入电子设备，产生很高的瞬时感应电压和电流，将电路击穿甚至将设备烧毁。电磁脉冲武器有爆炸驱动的电磁脉冲武器和等离子体电磁脉冲武器两类。爆炸驱动的电磁脉冲武器又分为核电磁脉冲弹和非核电磁脉冲弹两种，可用火炮或导弹发射，也可用飞机投掷，是开发研制的主要电磁脉冲武器。

5. 等离子武器

等离子武器是指利用在大气中瞬时形成的等离子体摧毁敌方导弹或飞机的武器，可以用于防空和导弹防御。等离子体是含有等量正离子和电子的电离气体，是良好的导电体并产生感应磁场。等离子体武器由地面的大功率微波发生器或激光器发出的电磁波或激光在空中聚焦，使附近的空气瞬时等离子体化形成等离子体气团，其流体力学性质将发生变化。当导弹或飞机飞经等离子体气团时，在磁场的作用下偏离预定的飞行方向，同时由于等离子体在飞行器内外产生巨大的压差而被摧毁。

（二）动能武器

动能武器是利用超高速运动的具有极大动能的弹头，通过直接碰撞方式摧毁目标的一种新概念武器，主要包括以下几种：

1. 电磁炮

电磁炮是利用运动电荷或载流导体在磁场中受到的电磁力去加速弹丸的一种新型火炮系统。按加速弹丸的方式，又可分为轨道炮和线圈炮两类。

图 16-2　电磁轨道炮发射粒子束摧毁弹道导弹作战示意图

2. 电热炮

电热炮是利用放电方法产生的等离子体推动弹丸的新型火炮系统。按照等离子体形成方法的差异，电热炮可分为直热式和间热式两类。前者是炮弹的药筒内装压缩的惰性气体，通以高功率脉冲电流使惰性气体电离成等离子体，并在高温下急剧膨胀，把弹丸发射出去。发射弹丸的能量全部来自电能，所以称为纯电热炮或直热式电热炮。后者是在药筒内装轻质推进剂，利用高功率脉冲电流放电产生高温高压等离子体射流，高速喷入推进剂，使之加热，产生化学反应，生成高温高压燃烧气体，驱动弹丸高速运动，从炮口射出。发射弹丸的能量主要来自推进剂的化学能，故又称间热式电热炮。

3. 超高速动能导弹

这是采用火箭发动机增速，实现超高速飞行并以动能战斗部拦截目标的导弹。其动能战斗部通常使用杆式穿甲弹芯或杀伤破片。超高速动能导弹有陆基发射型和天基发射型。目前，美、英、法、俄等国致力于发展的动能拦截弹就属于这一类。

4. 太空雷

太空雷又叫天雷或拦截卫星，是装有威力很大战斗部的反卫星卫星。目前，太空雷已成为世界上具备真正反卫星实战能力的第一种太空动能武器。这种武器结构简单、体积小、质量轻、价格便宜、可同时大量部署。若把它送到接近敌方天基平台的轨道后，便可根据地面指令引爆，从而摧毁敌方大量太空战斗平台。因此，这种动能武器发展前景看好。

（三）非致命性武器

非致命武器是指能使人和武器装备失去作战能力但不造成人员死亡和设施破坏的一类武器，又称失能武器。攻击人的非致命武器可使人暂时迷失方向、精神错乱、晕眩、嗜睡、无法行动或损伤人的感觉器官等；攻击武器装备的非致命武器可损坏光电探测器和电子设备，阻止车辆行驶或飞机起飞，破坏计算机的操作系统，使金属材料、复合材料变质脆化，使燃料变成胶状失去流动性等。有的非致命武器既能攻击人，又能攻击武器装备。非致命武器种类繁多，主要有以下几种：

1. 次声武器

这是利用与人体或人体某些器官固有振荡频率相同的强次声波杀伤人员的武器。次声波是频率在20赫兹以下的声波，它在空气中衰减小，可以传播很远距离，而且穿透力强。次声武器的杀伤机理是利用人耳听不见的次声波与人体及其器官发生共振，从而使人受到伤害，能杀伤地面和掩蔽所、坦克、潜艇等内部的人员。

2. 计算机病毒武器

计算机病毒武器就是利用各种类型的计算机病毒破坏敌方的计算机网络系

统，导致敌方指挥控制失灵、运转混乱、管理失控的一种新概念武器。

3. 泡沫发生器

粘性泡沫属于一种化学试剂，喷射在人员身上会立刻凝固，从而束缚人员的行动。美军在索马里行动中使用的"太妃糖枪"，就是由一个肩式发射器发射一种压缩性泡沫，可以将目标包裹起来并使其失去机动能力。它可以作为军警两用武器。目前，美国已开发出了第二代肩挂式粘性泡沫发射器。

4. 超级润滑剂

超级润滑剂是采用含油聚合物微球、表面改性材料、无机润滑剂等作原料配制而成的摩擦系数极小的化学物质，主要用于攻击机场跑道、航母甲板、铁轨、高速公路、桥梁等目标，喷洒在机场跑道或公路上使飞机无法起飞或车辆无法行驶。

5. 材料脆化剂

材料脆化剂是一些能引起金属结构材料、高分子材料、光学视窗材料等迅速解体的特殊化学物质。这类物质可对敌方装备的结构造成严重损伤并使其脆化，可用来破坏敌方的飞机、坦克车辆、舰艇以及铁轨、桥梁等基础设施。

6. 超级腐蚀剂

超级腐蚀剂是一些对特定材料具有超常腐蚀作用的化学物质，主要用来破坏敌方的飞机、坦克车辆、舰艇及铁轨、桥梁等装备和设施。

7. 超级粘胶

超级粘胶是一些具有极强粘结性能的化学物质。国外正在研究将它们用作破坏武器装备的传感装置和使发动机熄火的武器，还可以将它们与材料脆化剂、超级腐蚀剂等一起使用，以提高这些化学物质的作战效能。

8. 化学失能剂

化学失能剂能够造成敌方人员的精神障碍、躯体功能失调，从而丧失战斗能力。又可分为精神失能剂、躯体失能剂。最近，国外研究强效镇痛剂与皮肤助渗剂综合应用，能迅速渗透皮肤，使人员中毒而失能。

(四) 环境武器

所谓环境武器，是指利用或改变自然环境状态所产生的巨大能量，以达到战胜或危害敌方作战行动的武器，也称地球物理武器。环境武器总是以自然灾害（地震、火山爆发、山崩、海啸、雪崩、热风暴、流星、飓风、暴雨、冰雹、电磁层紊乱、地磁场变化、臭氧层变薄或穿孔等）形式出现，威胁极其巨大，对敌我双方具有双重危险，它的使用必将给人类生态环境带来新的灾难。环境武器主要以下四种类型：

1. 气象型环境武器

气象型环境武器简称气象武器，是一种以人工制造的气象自然灾害（冰雹、暴雨、飓风、雷电等），影响局部气象条件，以袭击敌方或造成有利于己方行动而不利于敌方的气象环境的一类武器。

二战至今，为研究干预因素对地球及其大气的影响，美国先后启动了10多项研究项目，包括制造闪电的"天火"计划、制造飓风和海啸的"烈风"计划等。近年还实施了"高频有源激光研究计划"，目的是通过向电离层发射高频电磁波束改变大气中间层的粒子特性和气象变化，如使电离层升温，形成等离子尘，从而构成反导防御屏障，还可以干扰无线电通信，使飞机、导弹、运载火箭、卫星、航天探测器的电子设备失效，同时能严重破坏大气层稳定，形成气旋，从而引发暴雨、飓风，造成巨大自然灾害。

2. 地震型环境武器

地震型环境武器又称地壳构造武器，具有极强的隐蔽性和巨大威力。地震武器一般并不直接产生杀伤力，其巨大的破坏作用是通过核爆炸诱发地震或海啸而间接实现的，且这种诱发性爆炸大多在距受攻击点几百千米甚至几千千米的海下、地下进行的，特别是可以在本国领土上使用地震武器冲击地球上任何一个角落，其破坏范围和破坏力大大超过核武器。

地震武器的研究，迄今没有任何一个国家或军方公开承认。但据资料揭示，日本在20世纪90年代曾进行过小规模的人造地震试验，利用地震传播的频率和速度能够准确地测定地下岩层和岩浆的结构和成分，预测未来岩浆运动和确定最接近地表的位置等，从而预测出下次火山喷发的日期。近年来，俄罗斯官方及媒体多次披露美国为制造地震、海啸、山崩等自然灾害不断进行近地环境大规模试验，其目的是要制造出威力巨大的"地球物理"集成系统。

3. 海洋型环境武器

海洋型环境武器是一种借助物理或化学方法，诱发海洋、岛屿、海岸及相关环境中某些不稳定因素（巨浪、海啸等）释放巨大能量，以在海战中攻击军舰、海岸军事设施及海航飞机等军事目标的武器系统。

目前海洋型环境武器系统还处于研制、试验阶段，其应用前景受到了各国军方的高度重视。目前已知的海洋型环境武器主要有巨浪武器、海啸武器、海幕武器和吸氧武器等。

4. 生化型环境武器

生化型环境武器是一种利用生物或化学药物等方法，对敌方土地、农作物、环境等造成生态破坏，从而间接达成战争目的的武器系统。典型的生化型环境武器有化学雨武器、臭氧武器等。

（五）其他新概念武器

1. 基因武器

基因武器是运用基因工程技术生产复制具有高传染性的病毒和细菌等微生物，或者进行基因重组，把一些特殊的致病基因转殖到微生物体内而合成新型的生化战剂。基因武器对有生目标攻击具有靶的性，能够"识别"敌我。这种武器对一种种族没有影响，但对另一个种族则会成为灭顶之灾。基因武器一旦用于实战，将给人类带来巨大灾难，特别是对那些存在种族冲突的国家，基因武器很有可能被种族主义分子用作为灭绝异种族的工具。

2. 纳米武器

纳米武器是指使用纳米技术制造出的新型武器装备。纳米技术是指在 0.1 纳米~100 纳米尺度上，通过直接操纵和组织原子、分子对物质和材料进行研究、处理以及制造具有特定功能产品的技术。

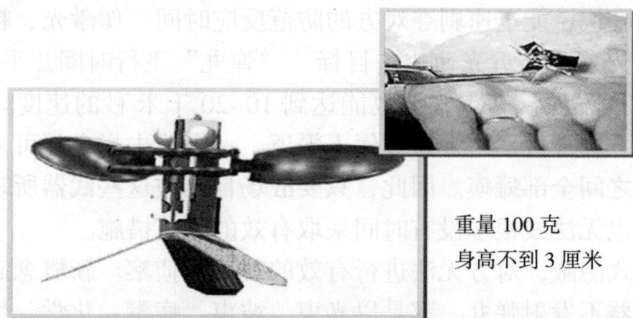

重量 100 克
身高不到 3 厘米

图 16-3 "黑寡妇"机器苍蝇

纳米制造技术的原理是：利用纳米微粒的光、电、磁、热、声、力学特性所具有小尺寸效应，从而制造出比普通物质优异得多的具有新的物理、化学性能的物质材料、设备。纳米武器大抵分两大系列：纳米信息装备系列和纳米攻防武器系列。前者是指用纳米技术制造出的各种军用信息系统装备，如"麻雀"卫星、迷你飞机/微型无人飞行器（"微星"、"飞行蝇"、"黑寡妇"等）、"间谍草"或"沙粒"传感器；后者是指用纳米技术制造出的微智能型攻防武器，如"蚊子"导弹、"蚂蚁"士兵、"针尖"炸弹、微型地雷、"灰尘"子弹、"跳蚤伞兵"、受控昆虫等。

3. 人工智能武器

人工智能武器是具有部分人脑智能的武器装备的总称。至今，美、英等国研制的各型人工智能武器已达数百种之多，从智能地雷、智能导弹到机器人射击平台、机器人哨兵，无所不包。其他发达国家也不甘落后，在智能武器的研究中也取得一定的研究成果。

三、新概念武器作战运用的特点

新概念武器作为一类新型武器，目前大多数还处在研制探索阶段，尚未形成完整的作战能力，要全面进入实战运用还需要一个较长的研究试验阶段，其作战影响目前尚不能得到充分展示。但根据对新概念武器的工作原理、杀伤破坏机理和作战效能等进行的综合分析，其一旦付诸实战可能带来的影响十分巨大。

（一）作战行动隐蔽

新概念武器一旦在战场上使用，将使作战行动更加隐蔽突然。

一是攻击速度快，能迅速剥夺对方的防范反应时间。像激光、粒子束、微波等武器，都是以光速或接近光速攻击目标，"弹丸"飞行时间几乎为"零"。动能武器的攻击速度虽然慢一点，但也能达到10~20千米/秒的速度。计算机病毒武器一旦找到对方计算机网络接口或侵入渠道，一个攻击指令就可使对方计算机系统和网络顷刻之间全部瘫痪。因此，只要战场目标被这些武器所攻击，对方就难以进行规避，也无法或根本没有时间采取有效的防范措施。

二是攻击方式隐蔽，对方无法进行有效的观测和侦察。新概念武器除动能武器外，大部分武器不发射弹丸，都是以光束、波束、病毒、化学、生物制剂等能量、信息、微生物质攻击对方，攻击时既无可供观察的外形，又没有丝毫的声响，单凭人的视觉、听觉和一般的探测设备，很难发现攻击行动的踪影，很多情况下是在受到某种损失后，才能判断可能受到了某种武器的攻击。

三是远战能力强，可以在较远的距离上打击对方。大部分新概念武器都可以在数十千米、几百千米甚至上千千米的距离上打击对方。因此，大部分新概念武器可以不直接配置在前沿战场，而是配置在战役、战略后方，有的甚至配置在外层空间。

（二）作战领域广泛

新概念武器是种类众多的新型武器体系，其中每一种武器都独具特点，都能在各自的作战领域中发挥其他武器难以替代的作用。不同种类的新概念武器可以从不同方向、不同领域、不同渠道对对方实施有效攻击。因此，新概念武器的作战领域十分广泛，其攻击的触角可以伸向军事斗争的各个层面，使其具有"全维"和"全频谱"综合作战能力。

一是拓宽了作战领域。它将激光、微波、粒子束、电磁频谱、微电子、基因、信息、气象等都纳入了军事斗争的范畴，可以使用相应的武器对对方实施攻击。

二是扩大了打击范围。新概念武器既可以对战场目标实施硬打击，也可以对通信、制导雷达、计算机系统等目标实施软打击；既可以对战场前沿目标，包括陆地、空中、海上的目标实施打击，也可以对战略后方和空间的目标实施打击；既可以对战场目标实施直接攻击，也可以通过改变战场环境对对方实施间接伤害。

三是拓展了打击渠道。新概念武器可以通过连接电路、线路、插入计算机网络、发射电磁波束、传播致病基因、施放化学战剂、投送智能武器等多种渠道，向对方发起攻击。

（三）作战效能独特

新概念武器在作战效能方面，有很多引人瞩目的特点：

一是命中精度高。激光、粒子束、高功率微波武器所发射的"光子"弹，以每秒 30 万千米的光速飞行，能够在瞬间射向目标并将其摧毁。攻击运动目标不需要提前量，只要对准目标即可击中，具有较高的命中精度。

二是运用灵活。新概念武器大部分属于无惯性武器，射击时武器不会产生后坐力，操作使用省时省力，十分灵便，可以快速、灵活地变换射击方向，一件武器可以同时攻击多个目标，而且转换射击方向时，并不降低攻击速度和射击精度。

三是攻击频度高。常规武器需要利用大量的弹药来摧毁目标，弹药供应一旦中断，攻击行动就无法继续。而大部分新概念武器靠射束能量来杀伤破坏目标，只要在战前把大量能量贮存起来，就可以实施连续持久的攻击，不受"弹药"供应的限制。

四是作用范围广。传统武器中除核武器外，一般单件武器的作用范围有限，一次攻击也只能对一两个目标和极小的区域造成伤害和破坏。而新概念武器的作用范围极广，有时只要使用一两件武器，就会在作战全局上给对方造成很大的影响。例如，使用计算机病毒武器，一次攻击就可能使对方作战系统内的计算机网络全部瘫痪，从而导致整个战场指挥体系"瘫痪"；使用气象武器，可在大范围内使对方受到恶劣气候的影响和干扰，整个作战环境就会向有利于己而不利于敌的方面转化。

五是能量密度高。激光、粒子束、高功率微波等新概念武器，可以在极短的时间内把能量集中在目标的一小块面积上，并且具有很强的穿透能力，破坏目标的内部机件和电子设备，或引起目标战斗部的提前起爆。这种高度集中的能量，具有极大的杀伤破坏力，能够摧毁一切战场目标。

思考题：

1.什么是新概念武器？其特点有哪些？

2.新概念武器主要有哪些种类？

3.新概念武器在作战运用上有哪些特点？

第十七讲　指挥信息系统

指挥信息系统，是以计算机网络为核心，具有指挥控制、侦察情报、预警探测、通信、安全保密、信息对抗等功能的军事信息系统。现代条件下，指挥信息系统集成水平的高低、功能的强弱，对于建设信息化军队、打赢信息化战争具有重要影响，起着关键作用。

一、指挥信息系统的发展演变

指挥信息系统，我军在 2006 年以前称为指挥自动化系统，美军则泛指"C^3I"系统。其形成与发展是一个不断完善的过程。

20 世纪 50 年代，随着军事装备的现代化、自动化，军兵种数量增多，作战距离、作战范围增大，部队机动能力也大大提高，军事指挥领域引入了"控制"一词，出现了 C^2 系统，其主要功能是指挥与控制（Command and Control）。最具代表性的是美国研制的"赛其"半自动化防空指挥控制系统和前苏联研制的"天空 1 号"半自动化防空指挥控制系统。

20 世纪 60 年代，通信手段在 C^2 系统中的作用日益完善、影响日益重要，于是又加上"通信（Communication）"，形成 C^3 系统。在冷战时代，随着远程武器的发展，特别是各种战略导弹和战略轰炸机的大量装备部队，指挥决策与作战行动执行单位之间可能彼此相隔数千千米甚至更远。单一的"C^2"系统已无法胜任现代化战争的指挥与控制任务，无法实时地进行大量情报信息的传输。"C^3"的出现表明，在现代战争中，指挥、控制、通信已经逐渐融为一个整体。

> **资料窗**
>
> **指挥与控制**
>
> 　　在指挥信息系统中，指挥控制始终是一个整体。指挥着重强调正向的引导，是命令下达的过程；而控制更强调信息的反馈，是指挥的动态调整。没有指挥的控制和没有控制的指挥都是不可想象的。

20 世纪 70 年代，美国首次把"情报（Intelligence）"作为指挥信息系统不可缺少的因素，出现了 C^3I 系统，并在较长时期内成为指挥信息系统的代名词。这里的情报有着极其广泛的含义，包括各种各样的探测、预警、侦察、导航、定位和敌我识别等。"C³I"的出现树立了指挥、控制、通信和情报不可分割的概念，也确立了以指挥控制为龙头，以通信为依托，以情报源为生命的一体化系统的雏形。

20世纪80年代末，由于计算机技术在指挥信息系统中的地位作用日益增强，又加上"计算机（Computer）"，变成C⁴I系统。而且，这个"C"后来居上，成为"C⁴I"家族中的核心。80年代，随着软件技术的飞速发展，以及计算机的小型化和微型化，高性能计算机在指挥信息系统中渗透到了无处不在的程度，计算机通用信息处理平台的作用越来越大，以数据形式传输和交换信息越来越广泛。更重要的是，高性能的计算机使指挥信息系统实现了情报采集、分析与方案制定、辅助决策等高层次信息处理活动的自动化，这为制服信息化条件下作战急剧膨胀的"信息洪水"提供了必不可少的技术手段。计算机已成为指挥信息系统各个领域不可缺少的重要设备，这就使计算机上升到与指挥、控制、通信、情报同等重要的地位。目前，世界各国正在建设的"数字化部队与数字化战场"，就是以计算机的普遍应用为基础的。在未来的军队指挥信息系统中，计算机是真正的核心设备。

20世纪90年代中期，美国根据海湾战争的经验，进一步认识到掌握战场态势的重要性，提出"战场感知"的概念，即利用各种侦察监视手段，全面了解战区的地理环境，实时掌握敌我友三方兵力部署和武器系统配置情况及其动向，为作战行动提供可靠的依据。C⁴I技术体系的内涵又进一步扩大，融入了"监视与侦察（Surveillance and Reconnaissance）"，变成了C⁴ISR。

进入21世纪，随着军队信息化水平的不断提高，C⁴ISR与武器平台、弹药等作战系统的"融合"不断加深，使C⁴ISR系统又新增了"杀伤（Kill）"手段，变成了C⁴KISR系统。从而使指挥信息系统成为以计算机为核心，融指挥、控制、通信、情报、监视与侦察以及杀伤于一体的自动化系统。

二、指挥信息系统的组成和功能

指挥信息系统根据军队的作战任务、体制编制和指挥关系构成一个自上而下、逐级展开、左右贯通的有机整体。按军种可以划分为陆军指挥信息系统、海军指挥信息系统、空军指挥信息系统和第二炮兵指挥信息系统等；按指挥层次可以分为战略级指挥信息系统、战役级指挥信息系统和战术级指挥信息系统及作战平台与单兵指挥信息系统等；按用途可以分为作战指挥信息系统、武器控制信息系统、联勤和装备保障指挥信息系统等；按结构形式可以分为集中式指挥信息系统和分布式指挥信息系统。

（一）指挥信息系统的基本组成

一个完整的指挥信息系统，一般有指挥控制、通信、情报、信息对抗和综合保障五个分系统构成。

1. 指挥控制分系统

指挥控制分系统是指挥信息系统的"心脏"和"龙头"。它能够将输入的各种情报和信息进行快速的综合处理，为指挥人员决策判断提供可靠信息；辅助指挥人员拟制作战方案并通过模拟推演、分析判断、得出结果数据，为定下决心、下达命令提供准确

图 17-1 指挥中心

依据；根据作战命令提供各种兵力、兵器的指挥控制和引导数据，通过通信分系统传递给有关部队和武器系统，实施指挥和控制。

2. 通信分系统

通信分系统又称信息传输分系统。它包括由各种通信设备（如传输设备、交换设备、用户设备、保密设备、供电设备和维护测试设备等）通过无线和有线两种手段组成的诸如电话通信网、电报通信网、数据通信网和图像通信网等各种业务网。它的基本任务是完成人与人之间、人与装备之间和装备与装备之间的信息传输。

3. 情报分系统

情报分系统主要由侦察情报、预警探测和情报处理中心组成。它是指挥信息系统的"感觉器官"，主要负责搜集敌我双方的各种情报信息，供指挥员及时了解军情和战场态势。情报分系统是陆基、天基并举，光、电、磁、声多种探测手段并用而构成的空、地、海、天一体化的情报侦察网，对整个军事态势和战场态势实施全方位、立体化、全天候的监视与侦察。

4. 信息对抗分系统

信息对抗分系统由侦察传感设备、显示操作设备、干扰执行设备、通信设备以及数据处理中心等组成。其任务是干扰和破坏敌方的指挥信息系统，使之完全瘫痪或执行错误动作；有效地保护己方的指挥信息系统不受敌干扰、破坏和打击，并处于良好的工作状态。采用技术手段对敌方信息系统实施干扰和破坏被称

为"软杀伤",是信息对抗区别于其他攻击手段的显著特点。比如,运用电子侦察、电子进攻、电子防御手段,可以对敌方的电子设备进行侦察、干扰和摧毁,以削弱其使用效能,同时采取反侦察、反干扰、反摧毁的防御措施,保障己方电子设备正常工作;还可以通过网络攻击敌方的信息系统,同时确保己方系统不受敌方攻击,等等。

5.综合保障分系统

综合保障分系统主要是指气象保障、测绘保障和后勤、装备保障。气象保障主要是收集、整理、编辑、传输气象情报资料,及时准确地向各级指挥中心提供有关地区的气象实况、天气预报和气候资料,并对可能危及军事行动的灾害性天气发出警报;通过气象数据库为各级指挥机构提供有关数据。测绘保障主要是通过军事地理信息数据库,及时为各级指挥中心提供各种电子地图和军事地理数据;电子地图库可为陆、海、空军提供导航定位保障,为第二炮兵和有关部队提供精确制导所需的各种数据;地理和地形分析专家系统,可以就地理因素对作战的影响提供决策建议和参考数据。后勤、装备保障系统主要是实时收集和管理各类后勤、装备业务数据,为拟制和优选后勤、装备保障计划提供决策支持;为实行联勤联供、装备和技术保障,做好物资、油料、卫生、医疗、运输、技术等保障工作等提供有效的手段。

(二)指挥信息系统的主要功能

指挥信息系统的功能可归结为信息功能、计算功能、决策功能和监控功能四个方面。

1.信息功能

指挥信息系统是以信息为媒介的信息系统。它的信息功能主要体现在以下几个方面:

一是信息收集。指挥信息系统用各种侦察设备作为其信息输入终端,形成信息收集子系统,实时地获取情报,帮助指挥员了解战场态势和威胁迹象;平时收集的静态情报存储在固定的数据库或制成缩微资料,一旦需要便能快速提供;人员侦察获得的情报和上级通报、指示可通过指挥信息系统传递、处理和显示,从而提高时效性。指挥信息系统把各类信息源联成整体,形成多手段、多层次、全方位的全源信息收集体系,使所获得的信息相互补充、彼此印证,确保信息收集的及时、全面、准确、可靠。

二是信息传递。指挥信息系统能够把收集到的情报传递到指挥机关，并把指挥员的命令下达到部队，把作战数据传送至各作战平台，保证信息传递的快速、准确、保密和不间断。

三是信息处理。指挥信息系统能够把收集到的情报存放到相应的数据库里，或标注在图上或表格内，并发送到有关部门；分析情报信息的获取时间、地点以及收到的时间，研究与辨别信息来源的可靠程度及获取时的具体情况；仔细分析情报所含内容，并与同一目标的其他情况进行比较，进一步判断情报的可靠程度、重要程度、紧急程度和价值水平等；把敌人的行动性质、部署和重要目标的情报归纳在一起，并在此基础上得出有关结论。例如，敌人的强弱、编成、部署、行动性质等。

四是信息存储与检索。指挥信息系统利用信息的可存储、可复制和可多次使用而无损耗等属性，把不断获取的情报有条理、有规律地存储起来，并使其具有快速检索功能。当指挥员在作战中希望得到以往的情报资料时，可以在很短的时间内快速查询。

五是信息显示。指挥信息系统可以显示作战态势图或战场实时景象。作战态势多用地图背景迭加战场实时信息，这些信息可用文字、数字和图形、图像等显示。随着时间的变化，根据战场传来的新信息，自动推移和增减标号、符号，以反映态势的演变。它也可以显示决心图、计划图和战场的实际作战情况。目前主要显示方式除了数据、图像（形）外，还实现了同时处理文字、声音、图形、图像的多媒体综合信息显示。

2. 计算功能

指挥信息系统的计算功能也是对信息的一种处理能力，但它主要是对数据信息的处理，其结果仍然是数据。计算功能可以帮助人们定量地认识作战规律和指导作战活动。现代战争更需要定量的规划与运筹，只有通过计算才能帮助指挥员及时、准确地把握时间和作战力量。指挥信息系统可以完成包括拟制开进计划、战役保障计划、工程作业计划、协同作战计划等在内的各种作战计划，并进行快速准确的计算；可以准确地拟制和计算后勤保障计划。对于武器控制则是指挥信息系统计算功能应用的主要方面。现代武器的速度快、威力大，使得战争空前激烈。该系统能够快速计算，合理选择和分配现有资源与打击目标，并计算出武器射击诸元，修正射击偏差。此外，它还能够完成作战运筹、模拟和作战中的协调等工作。

3. 决策功能

决策功能主要体现在作战决策、军事专家系统和作战模拟三个方面。

作战决策。指挥信息系统可以将指挥员的聪明才智和创造力与计算机的逻辑功能结合起来，将静态的历史经验与动态的系统分析和测算结合起来，将决策的机断性和方案的科学性结合起来，从而做出最佳的决策，避免失误。

军事专家系统。军事专家系统与决策支持系统是辅助决策软件系统的重要组成部分，分为预案检索型和人工智能型。预案检索型的实质是根据预先制定的决策方案，将其与配套的计划、控制程序，作为一个软件成品存放在软件库中，需要时可迅速提供给指挥员选用。人工智能型是一种类似于人脑思维方式的决策形式，它比预案检索型具有更多的灵活性和适应性。人工智能型决策是依据实时情况，按照军事专家的思维方式和水平进行灵活决策。这个决策是由专家系统临时生成的，它更符合战场多变的实际和战术的灵活性。

作战模拟。作战模拟是保证决策科学化的重要步骤和手段。进行作战模拟时，根据作战任务和战场情况选择适当的模型，把决心方案的初始数据，如兵力兵器的数量、地形气象数据、关键性事件的起止时限、敌方可能的反应和对策等输入到模型中进行推演模拟。不同的方案，也就是初始数据不同，输出的结果不同，对差异的利弊进行比较、分析，就可对各种方案进行评估和优选。

4. 监控功能

监控功能包括两方面含义，一方面是对己方情况的监控，另一方面是对敌方情况的监控，其实质也是对信息的收集和传递。对于己方，它能够对命令计划执行情况和对控制指令的反应结果进行收集，并及时反馈回指挥中心，使指挥员了解决心和指令实现的程度，以便做出必要的调整和修正。对于敌方，可以对其地面、海上、空中直到太空的行动进行监控，并作出迅速、准确、有效的反应，形成有利于我而不利于敌的战场态势，以夺取作战的胜利。

三、指挥信息系统在现代战争中的作用

(一) 军队战斗力的"倍增器"

在联合作战中，指挥信息系统突出的作用就是优化作战力量、整合作战要素、谋求最佳作战效能的综合集成，以实现作战体系间的整体对抗。

指挥信息系统的集成，一是实现按照作战信息流程，将信息获取、信息传

输、信息处理、信息利用、信息对抗手段综合集成为一个整体的过程；二是提高作战力量横向间的控制和协调能力，实现网络化、扁平化指挥，使各类作战力量形成整体，起到兵力"倍增器"的作用。

(二) 军队信息化作战体系的基础

联合作战的关键，是军兵种作战力量在各个层级上的联合和协同，而先决条件是信息的互联、互通和实时共享。指挥信息系统具有准确、高效、及时收集、传输、处理信息的功能，客观、全面的辅助决策功能，它是实现联合作战一体化指挥的平台。利用指挥信息系统，一是拓展了作战指挥范围；二是提高了部队的快速反应能力；三是提高了作战决策能力；四是提高了指挥的时效性。

(三) 军队指挥控制的重要手段

指挥信息系统的发展和应用可以大幅度提高联合作战指挥员的指挥效能。首先，它可提高联合作战指挥员对广阔作战空间的感知能力。指挥员可在远离战场的指挥所里通过显示设备，实时、直观地掌握战场态势和有关情况，了解战场态势所需时间大大缩短。其次，它可增强联合作战指挥员对诸军兵种的有效控制能力。联合作战指挥员可通过战场态势显示和通信网络直接了解战场态势变化，指挥作战行动，可实现从情报侦察、探测预警、监视捕捉、敌我识别、跟踪制导、电子对抗到命中目标的全程指挥控制，提高各种信息化武器装备的作战效能。第三，它可为联合作战协同提供高效的通信保障。由有线载波、微波接力、对流层散射、卫星和激光等通信设备组成的通信网，可保证诸军兵种、各层级作战部队之间的相互协同通信畅通无阻。

(四) 打赢信息化条件下局部战争的重要保证

在信息化条件下局部战争中，作战力量的指挥控制将更加受制于复杂的战场环境。在使用大量信息化武器装备的数字化、网络化战场上，指挥控制系统能使信息与能量实现最佳结合，既能为战场上所有作战单位提供"无缝"的信息传输能力和互操作能力，又能在任何时间、任何地点，接收实时、融合、逼真的战场图像，准确提供敌人或潜在敌人指挥控制部队的各种信息，可全向发布、响应命令，指挥控制己方部队。另外，指挥控制系统也是取得信息优势的必备条件。实施信息战的主要任务是压制、削弱、破坏和摧毁敌方指挥信息系统，同时确保己方指挥控制系统免遭这种攻击，使己方的信息收集、处理、传输和利用等不受影响，建立起信息优势。

四、指挥信息系统的发展趋势

随着科学技术的不断发展，指挥信息系统将会根据"作战力量分散配置，战场态势共享感知，指挥控制实时高效，作战行动自主协同"的作战需求，逐步实现信息获取多元化、信息传输高效化、信息处理综合化、辅助决策智能化、同步作业一体化和战场监控实时化。

（一）在功能上，向综合化、智能化方向发展

多年以来，包括美军在内的世界多数军队的"C³I"系统，受发展规划、技术和条件等因素的限制，走的都是各军种各自为政的"烟囱式"发展道路，致使建成的系统功能独立，各军种间的互连、互通、互操作能力差。在海湾战争时就已证明，这种系统难以适应信息化条件下联合作战的需要。为了克服上述缺陷，各国在指挥信息系统的研制建设上，都强化了综合集成。比如，美军采用开放式系统工程的方法，从分立的"烟囱式"系统向综合系统转变，首先提出建立更广泛的"C⁴I"系统的新概念，它把"C⁴I"的范围扩展到反情报、联合信息管理和信息战领域。这种体制，不仅可以指挥控制己方的作战部队，而且还可提供敌方如何指挥控制其部队的有关信息，实现了多层次、大范围的信息链接和信息共享，增强了信息作战能力。美军1997财年就将监视、侦察与"C⁴I"系统集成为"C⁴ISR"，它是综合集成的指挥、控制、通信、计算机、情报、监视和侦察系统，其中蕴涵着通信对抗、反侦察等功能，基本涵盖了指挥信息系统的全部内容。美军的"C⁴ISR"系统向综合化方向发展，就是向应用范围更广、层次更高、功能更全、内容更新的阶段发展。

大力提高指挥信息系统的智能化水平，也是其未来发展的方向之一。提高智能化的核心是开发各类智能化软件系统。随着思维科学、决策科学、认知科学、机器自学功能的提高，以及神经网络计算机的产生，指挥信息系统的智能化水平将进入更高的发展阶段。

（二）在规划上，强调系统的一体化，更加重视信息安全

实现系统的一体化，是指挥信息系统发展的又一趋势。比如，美军早就提出

了实现国防部"C⁴I"系统与三军"C⁴I"系统以及三军"C⁴I"系统之间的一体化要求。据不完全统计,美国防部和陆、海、空三军的各级"C⁴I"系统就有140多个。在一体化过程中,美国国防部首先带头将国防部所属的14个系统集成为一个大系统。美国陆、海、空军也分别将本军种所属的若干系统向着一体化的方向集成,最终集成为本军种的一个大系统。与此同时,各军种的系统和国防部的系统还要进一步综合集成为一个一体化的更大系统,以实现互连、互通、互操作。为促进一体化的实现,美军制定了国防信息系统网(DISN)综合化计划和全球指挥、控制、通信系统(GCCS)计划。其国防信息系统网已于1993年10月实现了9个独立网的综合,1996年已有170多个网络综合进了该网,这对实现一体化产生了巨大的作用。GCCS计划全部实现后,陆军指挥官可用海军的平台指挥陆上作战;同样,海军的指挥官也可以用陆军指挥平台指挥海上作战,实现了指挥平台互通共用的一体化。

随着信息技术的发展和信息战作用的日益提高,信息安全受到了严重威胁,各国视安全为信息的生命。因此,对加强信息和信息系统的安全特别重视。美军对信息安全提出了如下的要求:第一,信息系统必须有能力在任何复杂环境中,安全处理各种信息;第二,必须充分保护国防部的信息系统,以便有能力与有关网络上的多个主机进行分布式信息处理和分布式信息管理;第三,信息系统必须有能力支持具有不同安全要求的用户,利用不同的安全保密级别的资源进行信息处理。

(三)在使用上,提高系统的多种能力,向深海和外层空间发展

根据近期几场局部战争的实战经验,人们普遍认识到必须进一步提高指挥信息系统的各种作战性能和适应能力,以满足未来信息化战争的需求。

一是要提高快速反应能力。美国对付海湾危机的应急决策表明,指挥信息系统的各个环节都要注意提高对付突发事件的反应能力。这就要求,必须建立多层次、多手段的预警和侦察系统,提供准确情报,保证对作战命令和作战情报的迅速传送;要保障各种战勤指挥通畅,供应及时;要利用计算机模拟各种复杂情况,迅速制定计划,提高机动和适应能力。指挥信息系统必须有较强的机动能力和适应恶劣的自然环境、残酷的战争环境的能力。各级指挥信息系统要能车载、舰载或机载,要能够灵活、迅速地开设和重新组合,在机动中保障不间断的指挥。

二是提高抗毁和生存能力。随着指挥信息系统技术水平的提高，其脆弱环节也会越来越多，对其抗毁和生存能力的要求将更加突出，因此，必须采取机动隐蔽、防护加固、冗余技术、容错系统、抗干扰抗病毒等多种手段，从多种途径提高其抗毁和生存能力。

三是向海洋和外层空间发展。目前的指挥信息系统都是沿地球表面配置的，随着航天技术的不断发展，指挥信息系统平面配置的格局将被打破，取而代之的将是从外层空间到海洋深处的立体配置，永久性的载人空间站、轨道站的建立都可以成为指挥信息系统的中心和武器平台。据称，空间平台将能监视整个陆地和30米深的海面以下以及高至数万千米的空间。美军在研究从潜艇发射通信卫星的同时，还准备建立海底指挥中心。可以预见，未来的指挥控制系统将从外层空间一直延伸到海洋深处，形成立体配置、全球连通的网络。

思考题：

1. 指挥信息系统的组成和功能是什么？
2. 指挥信息系统在现代战争中的作用表现在哪些方面？

第五单元　信息化战争与世界新军事变革

🔖 **学海导航：**

　　1. 国防科技信息网。

　　2. 中国军工网。

　　3. 北斗网。

学习目标

1. 了解信息化战争的含义、形成和特征。
2. 熟悉新军事变革的基本内容。
3. 认清新军事变革对国际战略格局和安全环境产生的影响。
4. 明确科学技术与战争的关系，树立为国防建设服务的思想。

第十八讲　信息化战争

　　20 世纪八九十年代以来，信息技术的迅猛发展及其在军事领域的广泛运用，促使战争形态的根本改变，信息化战争开始登上战争舞台。与农业时代的冷兵器战争、工业时代的机械化战争一样，信息化战争将是信息时代的基本战争形态。

一、信息化战争的含义

信息化战争，是信息化军队在陆、海、空、天、信息、认知等六维空间，运用信息资源、信息系统和信息化武器装备进行的战争，是信息时代的基本战争形态。

信息战

信息战是一种作战样式，有广义和狭义之分。广义信息战，是指敌对双方在政治、经济、科技和军事等各个领域，运用信息技术手段，为争夺制信息权而进行的对抗。狭义信息战，是指战场信息战，它是敌对双方为争夺战场上的制信息权，而展开的一系列针对信息系统的对抗活动。

信息化战争通常应具备六项基本要素：一是时代性。在信息时代，有多种形态的战争，但信息化战争是最基本的、最主要的战争形态。二是交战双方至少一方是信息化军队，机械化军队或半信息化军队打不了信息化战争。三是使用信息化武器装备，各作战单元网络化、一体化。四是在六维空间进行，特别是在航天空间、信息空间、认知空间进行的战争要占相当比例。五是在物质、能量、信息等构成作战力量的诸要素中，信息起主导作用。六是战争中的必要破坏和"流血暴力"依然存在，但附带破坏，就是与达成战争目的无关的不必要杀伤破坏，将降低到最低限度。根据这六条标准判断，目前已进行的战争虽具备信息化战争的一些特点，但还未完全摆脱机械化战争的基本模式。只是在作战层面，出现了信息战等新型作战方式。

二、信息化战争的形成

信息化战争，是人类社会政治、经济、科学技术和战争实践发展到一定阶段的必然产物。

（一）社会经济形态的嬗变是引发战争形态变革的根本原因

人类社会和战争历史的发展表明，社会经济形态是战争形态的母体，有什么样的经济形态，就会孕育出什么样的战争形态。这是不以人的意志为转移的客观规律。因为人们从事战争的工具和手段，是由特定时代的社会经济形态所提供和决定的。

农业时代的手工业生产方式，决定了战争能量的释放形式主要是依靠人的体能，由于生产力发展缓慢，人们只能使用手工制作的青铜和铁质的刀枪剑戟以及弓箭、战车等冷兵器进行战争。工业时代的机器大工业生产方式，决定了热能成为战争的能量释放形式，社会生产方式的机器化、电气化和大规模化，使人们能够大量运用火炮、坦克、飞机和舰船等机械化武器装备从事战争，战争的能量释放形式从体能为主转变为热能和核热能。因此，这一时代的战争被称为机械化战争。

以计算机技术和信息技术为龙头的高新技术群的飞速发展，标志着人类社会开始步入信息时代。随着信息技术在军事领域的广泛运用，大量信息化武器装备投入战场，为新的一轮战争形态变革提供了物质基础，信息化战争也随之逐步形成和发展。

（二）高新技术的发展是信息化战争产生的直接动因

战争形态的重大变革，通常发生在技术革命之后，而技术革命又往往是在科学技术水平迅猛发展并发生质的飞跃的情况下出现的。

20世纪五六十年代以来，世界上陆续出现了一大批高新技术群，如以微电子技术、电子计算机技术、人工智能技术、通信技术为基础的信息技术，以导弹为代表的精确制导技术，以人造卫星和航天飞机为代表的航天技术，以激光技术为先导的聚能技术，以核聚变为代表的新能源技术，以遗传工程为代表的生物技术，以海洋工程为代表的海洋开发与应用技术，以复合材料和耐高温材料为代表的新材料技术，以及以新材料为基础的隐形技术等。其中，信息技术在高技术群中起主导作用。

军事技术革命的出现，必然导致武器装备发生质的变化。以军事信息技术为核心的军事高技术群，使人类进行战争的工具发生了"时代性的飞跃"，即由机械化武器装备阶段进入了信息化武器装备阶段。这必然引起作战方式、作战理论和军队编制体制的根本性变革，从而形成新的战争形态——信息化战争。

（三）近期局部战争是信息化战争形成的实践基础

20世纪90年代以来先后发生的海湾战争、科索沃战争、阿富汗战争和伊拉克战争，在人类战争史上具有承前启后的重要意义。它们既是工业时代机械化战

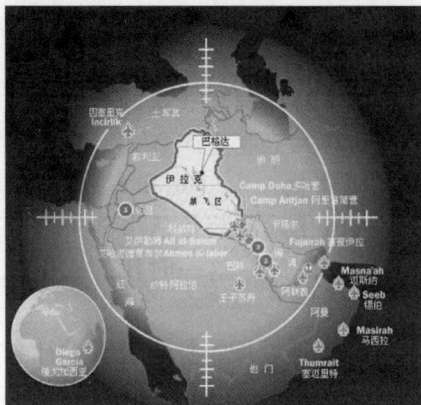

图 18-1　伊拉克战争形势图

争的延续，更是孕育信息化战争雏形的"母体"。这几场局部战争几乎都使用了全新的武器和全新的战法，每场战争都给人们以耳目一新的感觉。人们越来越强烈地感悟到，战争形态正在发生深刻变化，机械化战争形态正向信息化战争形态转变。

人们之所以得出上述结论，是因为这几场局部战争的实践，对信息化战争的产生有着巨大的启示作用：一是先进的战场信息系统和现代输送工具的有机结合，为信息化战争的兵力投送和后勤保障提供了保证。二是拉开战争序幕并贯穿战争全过程的信息作战，成为夺取战争胜利的重要手段。三是空袭作战不仅是决定战争胜负的重要阶段，在条件具备的情况下，可能会直接达成战略目的。四是非线式、非接触的远程精确作战，将是信息化战争的基本作战样式。

三、信息化战争的基本特征

近期几场局部战争虽然称不上完全意义上的信息化战争，但显示出了信息化战争的一般特点。与传统战争形态相比，信息化战争具有鲜明的时代特征。

（一）传统战争的界线模糊化

传统的战争，主要指阶级、民族、政治集团和国家间为达到一定的政治和经济目的，使用武力进行的暴力斗争。而未来的信息化战争将在战争目的、战争行动、战争层次、战争主体等方面发生根本性的变化，传统战争的概念和界限将被超越甚至被彻底打破。

战争目的发生异化。"战争是政治的继续"，这是克劳塞维茨对传统战争概念的经典论断。而政治又是以经济为基础的，是为经济服务的。因此，战争背后的最终动因通常是经济利益。在传统的战争中，为了扩张和维护经济利益，交战双方的战争目的主要表现为对有形资源的争夺。农业时代的战争主要表现为对人力、土地资源的掠夺和占有，而工业时代的战争则主要表现为对土地、能源和矿产资源的掠夺和控制。信息时代，战争的目的可能发生某些变化，主要表现为：

战争的目的将从对有形资源的争夺为主，转变为对无形资源（即知识和信息）的争夺和控制为主。战争的目的将不再主要是明火执仗地攻城掠地，赤裸裸地抢占自然资源，而是通过争夺和控制知识与信息资源，包括控制敌对国领导层和民众的精神、意识与价值观，从而维护和发展国家与集团的政治利益和经济利益。

战争暴力行动边缘化。按照传统的战争概念，"战争是流血的政治"，是政治以暴力手段的继续。但在信息时代，战争则可能成为不流血或少流血的政治。信息时代，由于各种经济活动和社会活动的高度计算机化、信息化和网络化，社会的经济生活和政治生活更多地依赖于各种信息系统。像支撑社会经济和政治活动的金融系统、能源系统、交通系统、通信系统和新闻媒介等，都是以计算机为基础的信息网络系统。在未来信息化战争中，信息和信息系统既是武器，也是交战双方攻击的主要目标。瘫痪敌国的经济，制造敌方社会的动乱，把战争意志强加给对方，可以不使用大量的军队，实施传统意义上的大规模交战，通过消灭敌军的有生力量，占领敌方的领土来实现，而是通过进攻性信息战，以网络攻击、黑客入侵或利用新闻媒介实施的大规模信息心理战等"软"打击的方式来实现。这样一来，传统战争的暴力行动，将被非暴力的"软"打击行动所替代，"流血的政治"将在一定程度上转变为不流血或少流血的政治。

战争层次趋同化。传统战争按照行动的目的和规模，可以区分为战争、战役和战斗各个层次。未来信息化战争中，传统战争层次的划分将基本失去意义。首先，战争与战役甚至战斗在目的与时空上更加趋同。在信息时代的局部战争中，由于大量信息化、智能化装备和系统的集中运用，使得精确打击能力获得更大幅度提高，对敌方经济和心理的攻击具有更大的威力。因而，小规模的作战行动和高效益的信息进攻行动就能有效达成一定的战略目的。一场战斗、一个战役或一个周密计划的信息行动可能就是一场战争。这使得战争的目的更加有限，战争进程更为短暂，战争与战役甚至战斗在目的和时空上的趋同性更为突出。其次，作战行动将主要在战略级展开。未来信息化战争中，交战双方将更加注重战略打击和战略防卫。战争一开始，打击的对象就将主要集中于关乎敌方政治、经济和军事命脉的重要战略目标。未来信息化战争在战斗地域进行的近距离交战将逐步减少并可能最终退出战争的历史舞台。前沿（战斗地域）、纵深（战役地幅）和战略后方的线式划分完全丧失原有的意义，战斗和战役行动将趋同于战略交战。

战争主体多元化。传统的战争主要发生在国家和政治集团之间，战争打击的目标主要是对方的军事力量和战争潜力，战争的主体是军队。而在信息时代，由于信息技术和信息系统高度发展，计算机网络联通了整个世界，使得整个世界的政治、经济、科技和文化的联系日益密切，国家的安全受到来自多方面、多种形式的威胁，表现出极大的易攻击性的脆弱性。在遍及全球的互联网上，每台计算机都可能成为一个有效的作战单元，每个芯片都可能成为一种潜在的武器。实施信息攻击的主体既可能是军队，也可能是社会团体，还可能是怀有极端目的的个人，包括恐怖组织、贩毒集团和宗教极端分子。

（二）信息资源主导化

冷兵器战争中，信息是辅助作用，在视距内获取可见光信息和声音信息，传递主要靠人工和烽火、灯光、号角等，决策靠指挥官个体脑力劳动完成。工业时代的战争，起主导作用的是物质和能量，打的主要是"钢铁仗"和"火力仗"，军队像工厂一样实行专业化分工。在信息化战争中，信息是核心资源，是决定战争胜负的关键因素。信息技术的发展，导致了战场信息网络化的产生，C^4ISR 系统把陆、海、空、天战场联成一个巨大的全维作战网络。在这一网络运转过程中，信息流极大地提高了物质和能量的运行效率，军队战斗力倍增。在某种意义上讲，信息化战争是以争夺战场"制信息权"为主要目的的战争。未来战争中，对信息的争夺将发挥核心作用，可能会取代以往冲突中对地理位置的争夺。

急剧升值的信息资源，决定了争夺制信息权的斗争将在全时空进行，决定了战争中交战双方将倾全力去争夺"信息优势"。伊拉克战争期间，美军联合作战中心能将分散在各地的各种传感器收集到的信息及时分析处理，形成战场共享态势图，提供给最高指挥层到一线作战单元和武器平台，使各个作战层级都能及时获取需要的战场信息，取得绝对"信息优势"，从而为顺利实施作战并最终赢得战争提供了可靠保证。

（三）武器装备高度信息化

科学技术在军事领域的运用，物化为战争手段——武器，是引起战争形态发生深刻变革的根本原因。工业时代的战争，是以机械化武器装备为物质基础所进行的战争。信息时代的战争，是以信息化武器装备系统为物质基础所进行的战争。信息化的武器装备系统，是以计算机技术为核心、以信息技术为基础的一体化的武器装备系统。其构成主要包括信息攻防武器系统、单兵数字化装备和指挥信息系统（C^4ISR）。

信息攻防武器系统，包括软杀伤型信息武器和硬杀伤型信息武器。软杀伤型信息武器，是指以计算机病毒武器为代表的网络攻击型信息武器和以电子战武器为代表的电子攻击型信息武器。硬杀伤型信息武器，主要是指精确制导武器和各种信息化作战平台。精确制导武器能够获取和利用目标的位置信息，进行弹道修正和准确命中目标。信息化作战平台装有大量的电子信息传感设备，并与 C^4ISR 系统联网，集侦察、干扰、欺骗和打击功能于一体，既可实施战场探测，为精确打击和各种战场行动提供目标信息，还可实施信息攻防作战，是信息化战争的重要物质基础。

单兵数字化装备，是士兵在数字化战场上使用的个人装备，也称信息士兵系统。它由单兵计算机和无线电分系统、综合头盔分系统、武器分系统、综合人体防护分系统和电源分系统五部分组成。单兵数字化装备，既是战场网络系统的一个终端，也是基本的作战单元，具有人机一体化的远程传感能力、攻击和生存能力，能够实时地为炮兵和执行空地作战任务的飞机提供数字化的目标信息。阿富汗战争中，美空军准确无误地对地面目标实施攻击，在很大程度上得益于装备单兵数字化装备的特种作战部队深入敌后，提供及时准确的目标数据。

图18-2　单兵数字化装备

指挥信息系统（C^4ISR），是指挥、控制、通信、计算机、情报、监视、侦察系统的简称，是把作战指挥控制的各个要素、各个作战单元粘合在一起，使军队发挥整体效能的"神经和大脑"。在信息化战争中，指挥信息系统是敌对双方的主要作战目标，围绕着指挥信息系统展开的攻防成为战争的重要作战行动。海湾战争中伊军战败的一个重要原因，就是在交战初始阶段其指挥信息系统即遭到多国部队180枚"战斧"式巡航导弹的"斩首"攻击而陷入瘫痪，丧失了战场的控制权。

（四）作战空间超大多维化

信息化战争中的作战空间呈现出日益拓展的趋向。

战场空间向全球发展。战场空间与武器装备直接相关。武器装备是人的各种

资料窗

历次战争中战场空间比较

第一次世界大战中，决定战争胜负的第二次马恩河战役、亚眠战役，战场范围仅有数百至数千平方千米。第二次世界大战中，决定战争胜负的维斯瓦河—奥得河战役、柏林战役、诺曼底战役，战场范围也不过数万或数十万平方千米。而海湾战争，战场空间急剧扩展，东起波斯湾、西至地中海、南到红海、北达土耳其，总面积达1400万平方千米。

器官的延伸。人类最初的战争，双方是面对面的徒手格斗；弓箭发明后，双方相距一百多米就可以进行交战了；火枪、火炮的出现，使人的手臂作用距离延伸到了几百米到几十千米以外；而各种现代作战飞机、导弹的使用已经把这种距离进一步延伸到了几百千米、几千千米甚至上万千米以外，军队具备了远程打击的能力。

战场空间向太空发展。太空，是信息时代人类活动的重要领域。各种太空平台和空间系统，是信息化国家从事政治、经济、科技和军事活动的关键信息基础设施。未来信息化战争中，控制太空将具有重要的意义，争夺太空控制权的斗争将成为首要的作战行动。占领太空这个制高点，将获得巨大的优势和利益。一是可以实现全球实时探测与预警。二是可以实现远程精确作战。三是可以不受国界、地理和气象的限制，太空中没有国家主权的概念，也不受大气层内气候变化的影响，太空平台能够自由地飞越世界任何国家和地区，日夜畅通无阻。这些优越性都是以往传统战争所无法与之相比的。

战场空间向信息领域发展。信息空间是一个全新的概念，它包括电磁空间、网络空间和心理空间三个方面，渗透于陆、海、空、天各个战场空间。

电磁空间是信息空间的重要组成部分。电磁战场被称作继陆、海、空、天之后的"第五维战场"，是信息化战争的重要作战空间。

网络空间是人类进入信息社会的必然产物。信息时代的一个明显标志就是计算机和计算机网络技术的广泛应用。英特网将世界上所有国家和地区的计算机网络连为一体。信息高速公路正在全球范围内逐步建成，时空的概念正在急剧缩小，地球正在变成一个数字化的"小村落"。网络空间的出现，使地理上的距离概念和国家之间的地理分界线将失去意义，凡是与网络空间相联系的目标都可能遭到攻击。

心理空间特别是决策者的思维空间，已成为信息化战争的重要作战空间。心理是控制和决定人的行为的重要因素。在信息化条件下的局部战争中，心理空间的对抗倍受各国军队的重视。美军不仅编有心理战部队，而且研制了"噪声仿真器"、"电子啸叫器"等专用心理战武器。在阿富汗战争和伊拉克战争期间，美军采取军事打击与攻心并重的方针，成功地实施了心理战。

（五）战争行动可控化

以往战争的手段，也就是武器装备在精度、威力、作战距离方面的问题，使得战争缺乏可控性。战争启动后往往不依人的意志为转移，其规模和进程难以控制。信息化武器装备的发展，使得有效控制打击目标、战争规模和时间成为可能。

控制打击的目标。信息化战争中，军事探测系统将遍布太空、空中、地面（海面）和深海，侦察、探测的空域、时域和频域范围大大扩展，对作战行动的感知、定位、预警、制导和评估达到几乎实时和精确的极限。

控制战争的规模和时间。由于信息化武器侦察范围广、打击距离远，战争将不再像以往那样，从战场的前沿到纵深逐次进行，信息化武器可以通过对纵深重要目标的打击，直接达成战略目的，这样也就避免了战争的久拖不决，避免了战争规模的扩大。

（六）交战行动非接触化

非接触作战，是敌对双方在不接触的情况下，使用信息系统和远程作战武器实施防区外打击的作战样式。从近期几场局部战争实践看，非接触作战已走上战争舞台，成为信息化战争的主要作战样式。

非接触作战的出现，是一体化的远距离侦察信息系统和远程作战武器发展的必然结果。首先，远距离侦察提供实时、准确的目标信息。在信息化战场上，从太空到高、中、低空，从地（海）面到水下，一体化的侦察、监视、预警系统可以对敌方实施大范围、全纵深、全天候的立体侦察，并迅速将获取的目标信息传递给各个火力打击平台。其次，远距离作战兵器性能的大幅度提高，为实施非接触作战提供了物质保证。信息化武器装备的射程和航程空前增大，以飞机的作战半径为例，第一次世界大战时只有 30~50 千米，第二次世界大战为 150~200 千米，而现在则达到 600~1800 千米，甚至更远。巡航导弹的射程则在 3000 千米左右。

四、信息化战争对国防建设的要求

信息化战争作为一种全新的战争形态，对国防和军队建设提出了许多新的要求。

(一) 把思想观念由传统战争转到信息化战争上来

纵观军事斗争的发展历史，每一次战争形态的变化都必将引起一场思想观念的深刻变革。信息化战争的出现，反映在人们的头脑中，首当其冲的就是要进行思想观念上的转变。目前，我军作战力量机械化尚未完成，又面临着信息化这个崭新的课题，如果我们仍然以传统的战争观念指导国防建设，那必将失去难得的历史机遇，在战争中就会败于敌手。因此，我们必须从传统的思维定势中解放出来，要改变传统的"火力中心"观念，把国防建设的中心转移到信息上来，把信息国防能力作为国防建设的重中之重。其次，要抓住信息化浪潮为我们提供的极其宝贵的发展机遇，瞄准世界强国，高标准地进行我国的信息化国防建设，使我国在下轮军事竞争中占据有利的战略地位。再次，要有创新的勇气，大胆超越，准确把握信息化战争的发展方向，加快我国信息化国防建设的速度。

(二) 努力实现武器装备的信息化

打赢信息化战争，必须发展信息化的武器装备。武器装备信息化也是国防信息化的重要标志。从发达国家信息化建设实践看，实现武器装备信息化的途径主要有三个：一是对现有武器装备进行信息化改造，提高其信息能力；二是研制生产全新的信息化武器，并迅速形成战斗力；三是加强信息系统建设，运用信息系统把各种武器系统连成一个整体，形成信息化的武器装备体系。

(三) 大力培养适应信息化战争的军事人才

在信息化战争中，人是应用信息技术的主体，信息化武器装备不仅依赖高素质人的研发，而且也离不开高素质人的使用。从本质上讲，信息化战争归根到底是信息化的军人运用信息化技术的作战。因此，要打赢信息化战争必须大力培养信息化的军事人才。从国防和军队建设的实际需要看，信息化军事人才主要包括五类人才：集科学文化知识、军事高技术知识和专业知识于一身，并掌握高超指挥艺术的指挥人才；既有广博的知识，又是某一领域专家，可以与指挥员同步思维的参谋人才；具有高深的专业知识和熟练掌握信息化武器的战斗人才；能准确提供装备维护与保养的保障人才；具有强烈创新意识和能力的科研人才。

(四) 切实加强信息化战场建设

信息化战场是由通信系统、指挥控制系统、情报侦察监视系统、计算机系统与战场数据库及各种用户终端构成的综合战场网络体系。这个体系要能实时地传输和交换信息，快速有效地共享信息资源，形成战场情报、通信、指挥、控制及各种保障的一体化。为此，必须按照战场要素数字化、战场结构网络化和战场空间整体化的目标搞好信息化战场建设。战场要素数字化，就是对未来战场上的各种要素，包括地理环境、各种资源、交战双方军队等，进行统一编码处理，构成以数字方式表达的信息源，以便运用计算机进行处理。战场结构网络化，就是在广阔的空间战场上，建立高度稳定可靠的战场信息网络，使战场上各种情报侦察、通信、指挥和控制系统，以及各作战单元连接成一个有机整体。战场空间整体化，就是按照整体化的要求对未来战场的重要目标和设施进行统筹兼顾、全方位建设，以实现战场功能的综合化。

(五) 必须提升武装力量的整体信息化水平

武装力量是进行战争的主体。信息化战争对武装力量建设提出了新的要求。必须实行精干的常备军与强大的后备力量相结合的武装力量体制。一方面要本着精干、高效和加强质量建设的原则，压缩军队数量规模，大力提升军队质量，以人数少、信息化程度高的军队取代大规模军队。部队的编成要打破传统的军兵种结构，形成诸军兵种的一体化。另一方面，要本着寓军于民和军民融合式发展的要求，加强民兵预备役部队建设，做好信息化战争的动员准备，特别是做好信息科技人员的动员和信息化物资技术动员的准备。

思考题:

1. 如何理解信息化战争的基本特征?
2. 信息化战争对国防建设提出了哪些新要求?

第十九讲　世界新军事变革

回顾人类战争史，先后经历了冷兵器战争、火器（热兵器）战争、机械化战争几种军事形态。军事变革，就是一种军事形态向另一种军事形态转变的过程。新军事变革最终将推动工业时代的机械化军事形态向信息时代的信息化军事形态的根本转变，因此也可称为信息化军事变革。

一、新军事变革的产生与发展

综观世界新军事变革的演进过程，大致可以分为三个阶段。

第一阶段，从越南战争后期到 20 世纪 80 年代末，可以看作新军事变革的孕育阶段。这个时期，信息技术迅猛发展，并广泛应用于军事领域，出现了以灵巧炸弹为代表的精确制导武器，同时美苏等军事强国指挥手段基本上实现了自动化。精确制导武器与指挥自动化系统的发展，促使战争方式发生一些微妙变化，也为新军事变革提供了最基本的物质技术前提。军事领域的这些发展变化引起了军事领导人和军事理论家的关注。最早提出军事变革这一命题的是前苏军总参谋长奥加尔科夫元帅。他在 1979 年撰文指出，新兴技术将使军事学说、作战概念、训练、兵力结构、国防工业和武器研制重点发生革命性变化，他把这种变化概括为"新军事技术革命"。在西方，美国著名未来学家阿尔夫·托夫勒在 20 世纪 80 年代初也提出了三次浪潮战争革命的理论。但是，这时人们关注的重点还是武器技术的发展，以及由此引起的作战方式的变化，对于军事领域的整体变革认识还比较肤浅。

资料窗

三次浪潮战争革命

美国未来学家托夫勒在 20 世纪 80 年代出版的《第三次浪潮》一书中提出三次浪潮战争革命的理论，即：农业革命引发了第一次浪潮战争；工业革命引发了第二次浪潮战争革命；信息技术革命将引发第三次浪潮战争革命。

第二阶段，以海湾战争爆发为标志，新军事变革进入全面展开阶段。1991年 1 月 17 日，当停泊在地中海上的美军战舰发射"战斧"式巡航导弹，击中千里之外的伊拉克军事目标时，人们真切地感受到了军事变革的巨大冲击。海湾战争仅仅持续42天，而空袭行动就占了38天。在多国部队大规模、高强度的空中打击之后，号称世界第四大军事强国的伊拉克军队几乎未作抵抗就迅速溃败。这场战争引起了世界的震惊，人们在震惊之余开始对军事变革问题进行理性研究。各国在深化理论研究的基础上，纷纷制订新的军队发展规划，推动军队转型建设，由此正式启动了世界新军事变革的进程。1993年，时任美国国防部基本评估办公室主任的马歇尔认为，军事技术革命已不足以全面反映这场革命的内涵，提出用"新军事革命"取代"新军事技术革命"。1994年1月，美国国防部接受了这一提法。从此，新军事革命的提法不仅为美国所采纳，也逐渐为世界各国军界所接受。

第三阶段，以伊拉克战争为契机，新军事革命进入加速发展阶段。2003年的伊拉克战争，标志着信息化战争作为一种战争形态已基本形成。美军在战场上表现出的全面信息优势、战场控制能力和灵活应变能力，一方面刺激了国内加速军事变革、称霸全球的强烈欲望；另一方面，也对其他国家起到了警示和示范作用，使他们进一步增强了军事变革的紧迫感和危机感。因而，伊战结束后，各国纷纷加大军事投入，加快了军队转型的步伐。

由此可见，世界新军事变革的根本动因是科学技术的突破性发展，冷战结束后世界战略形势的变化也为军事变革提供了背景，近期几场局部战争则对军事变革起到了有力的促进作用。

二、新军事变革的基本内容

新军事变革是在人类社会由工业时代向信息时代过渡的大背景下，以高技术特别是信息技术的发展为直接动力、以信息为"基因"、以信息化建设为根本途径的军事转型，根本目的是争夺未来国际战略格局中的有利地位。其基本内容可以概括为"三新一变"。

(一)武器装备的新飞跃

武器是进行战争的物质手段，也是衡量战争与军队发展水平的重要标志。新军事变革作为军事系统的整体性变革，首先表现为传统的机械化武器装备向信息化武器装备的跨越。信息化武器装备主要包括：信息化武器平台，如坦克、飞机、军舰等；信息化弹药，如各种精确制导弹药；单兵数字化装备；指挥信息系统,即 C⁴KISR 系统。

在信息化武器装备发展上,主要途径有二:一是对现有武器平台进行"嵌入"式改造。即在现有武器平台上"嵌入"先进传感器、夜视器材、数字通信手段、精确制导等信息单元,通过要素更新,使传统机械化武器装备具有目标探测与引导、信息处理、精确打击和信息攻防能力,从而实现综合战斗力的整体提升。如美军的 M1A2 坦克通过"系统增强计划"改造,加装微处理器等信息单元后,防护力提高 100%,攻击力提高 54%,射击命中率和效率提高 100%,综合战斗力显著提升。

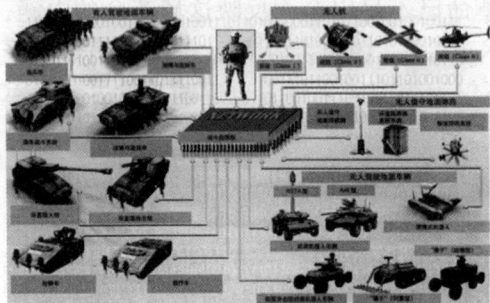

图 19-1 美军"未来战斗系统"

二是研制全新的信息化武器。按照新的思路,突出信息主导作用,大量运用各种新材料、新技术和新工艺研制的新型信息化武器,较之传统的机械化武器,在综合性能和作战功能及运用上,都有了全新的突破,具有微型化、无人化、智能化和体系化等突出特点。如美国陆军提出的"未来战斗系统"由 18 个单件武器和网络与士兵系统组成,囊括了从侦察、监视、瞄准、跟踪、发射、制导、识别目标、杀伤破坏到维修补给的全部作战与保障功能,不仅集传统所有地面装甲战斗车辆的功能于一体,而且通过信息的"粘合"作用,使整体战斗力得到成倍的放大。

(二) 军事理论的新发展

军事理论包括战争理论、军队和国防建设理论,既是军事变革的一个组成部分,又对军事变革具有重要的指导作用,是军事变革的灵魂和核心。随着信息化武器装备的不断发展和广泛运用,传统的战争理论、作战原则以及战略、战役、战术思想正在发生深刻变化,一些建立在新的物质基础之上的军事理论不断涌现,并在战争实践中逐步成熟,形成新的体系。比如,信息化战争理论、信息战理论、联合作战理论、精确作战理论、非对称作战理论、非接触作战理论、空间作战理论、网络中心战理论,等等。

资料窗

非接触作战

"非接触作战"是指运用空、海、天侦察和打击系统，在对手防卫范围之外实施攻击的作战样式。其核心原则是最大限度地减少己方人员伤亡，基本手段是远程精确打击。"非接触作战"主要特点：一是作战力量结构发生了变化；二是"制高点"向空中飘移，信息保障和压制成为取胜的关键因素，以空中侦察、预警、目标引导和电磁干扰为主要内容的信息保障和信息压制成为制胜的关键因素；三是打击重心出现位移，战略经济目标成为打击的重点；四是战术行动和自然环境对战争胜负的影响越来越小，武器装备劣势的一方将更加被动。

值得注意的是，随着技术手段的发展，军事理论创新机制也在发生着变化。以往战争中，军事理论一般都是在总结战争实践的基础上发展起来的。《孙子兵法》是在对我国春秋时代战争经验总结的基础上写出的，克劳塞维茨的《战争论》则是对拿破仑战争经验的科学总结。这次新军事变革中的军事理论发展则在一定程度上表现出了超前性。例如，美国军事理论界提出的理论创新"五步递进法"就是：第一步，提出概念；第二步，模拟论证（作战实验室）；第三步，训练试验（训练场）；第四步，实战检验；第五步，形成条令、条例。伊拉克战争，美军就是在"超前"理论指导下打的一仗。战前，美军理论界提出了一种"震慑"作战理论，也称"快速决定性作战"，其实质就是利用美军的信息优势，直接打击对手的"重心"，摧毁对手的抵抗能力和意志，速战速决。1999 年美军首次在《国防规划指南》中提出这一理论，接着就在战争实验室和各种演习中试验这一理论，并研发了一批武器。最后，战争实践结果表明，这一理论经受住了实战检验。

资料窗

非对称作战

"非对称作战"是美军 20 世纪 90 年代提出的一种新的作战理论。美军在 1991 年颁发的第一号联合出版物《美国武装部队的联合作战》中首次将"非接触作战"定义为：不同类型部队之间的交战，如空军与海军、海军对陆军的作战等。之后在新的条令和文件中，对"非对称作战"有进一步论述。归纳美军的观点，"非对称作战"的实质就是使用非常规手段、采用非常规方法进行的作战。

（三）编制体制的新变化

一场军事变革的完成，通常以军队组织结构调整的最终实现为标志。调整改革军队的编制体制，根本目的是要实现人与武器的有机结合，最大限度地发挥武器的作战威力。信息化战争中，信息上升为制胜的关键因素。为此，军队编制体制改革的基本思路是，围绕确保信息的及时获取、快速流动和高效利用，优化组合各种作战力量和资源。信息化战争不是简单地打武器、打金钱，也不是简单地打人力，而是打人的创意、打人的智慧、打人的战略头脑。因此，在军队组织结构中，如何保障每个军人的创造性、积极性，充分挖掘每个军人的知识潜能，也是军队编制体制改革的努力方向。

目前，世界军事强国军队编制体制改革的主要趋势体现在以下几个方面：一是改革指挥体制，使传统的"树"状指挥体制向"扁平"型"网"状发展；二是精简军队数量，使作战编成向小型化、多能化、一体化方向发展；三是增编高新技术力量，"天军"、"网军"等全新军兵种将成为军队的重要组成部分；四是提高对军事人员的素质要求，打造智能性、知识密集型的军队。

（四）作战方式的根本改变

恩格斯指出："一旦技术上的进步可以用于军事目的并且已经用于军事目的，它们便立刻几乎强制地、而且往往违反指挥员的意志而引起作战方式上的改变甚至变革。"随着信息化武器系统的广泛运用，战争中的作战方式已经并将继续发生深刻变化。例如，伊拉克战争中，美英联军彻底放弃了传统逐次突破推进的作战方式，而是一开始就超越伊军防御地带和自然地理屏障，直接对其战役和战略纵深目标实施中远程精确打击，通过瘫痪伊军的整个作战体系、摧毁其战争潜力和国家意志来达成战略目的。

资料窗

网络中心战

"网络中心战"是美国前海军作战部长约翰逊于1997年4月首先提出的，现已成为美国指导军队转型建设和未来战争的基本理论。它以"全球信息网"为支撑，以网络化的数据链作为连接各作战单元的主要数字通信手段，以各平台信息终端为节点，多个节点排列为栅，栅与栅之间以战场空间为格。这种"无缝隙连接"和"共享"信息，能够回答战场态势中的三个关键问题：即敌、我、友现在何处，实现战场可视化，从而为部队提供信息优势和决策优势。

从 20 世纪 90 年代以来发生的几场局部战争看，信息化战争作战方式的变化主要体现是：在战争目的上，从追求大量歼灭敌人、占领领土向瘫痪敌人作战体系、摧毁敌人作战意志转变；在作战手段上，从以打击武器之间的格斗为主向信息系统之间的对抗为主转变；在作战空间上，从陆、海、空立体空间向陆、海、空、天、电多维空间转变，太空和信息领域的争夺已成为制胜的关键；在具体打击方式上，从逐次消耗摧毁向同时点穴瘫痪转变，"非线式"、"非接触"作战成为主要作战样式，等等。

综上所述，新军事变革的实质和核心就是信息化，这是一场军事系统的信息化变革。这是因为：第一，信息技术是变革的技术支柱。据统计，目前美国等西方国家武器装备的信息技术含量，军用飞机达到 50%以上，战略轰炸机和隐形飞机超过 60%，作战舰艇为 25%~30%，火炮和主战坦克接近 35%，空间武器达 75%；指挥控制系统的信息技术比重则高达 88%。第二，信息能力成为军事能力的核心。物质、能量和信息是构成军队作战能力的三大要素，工业时代的机械化战争中，物质和能量是构成作战力量的主导要素。在信息时代的信息化战争中，信息成为作战力量构成中的主导要素，失去"制信息权"的一方，由于信息流被切断，军队变成了"瞎子"、"聋子"和"瘫子"，兵力兵器就无法转化为实际战斗力。第三，信息战将成为信息化战争的主要作战样式。信息战在正式开战前就已打响，并贯穿战争全过程。信息战的成败关系到"制信息权"的得失，进而影响到战争的胜负。第四，信息化建设将是军队建设和军事斗争成败的关键。无论是打信息战，还是提高军队的信息能力，都依赖平时的信息化建设，只有搞好信息化建设才能有效提高信息能力，打赢信息化战争。

三、新军事变革的深刻影响

新军事变革，促进了世界军事力量的大发展、大动荡和大调整，从而对国际战略格局和安全环境产生重大而深刻的影响。

（一）推动了各国军事战略的全面调整

新军事变革极大地冲击了传统战争理念，改变了现代战争面貌，促使各国重新审视安全环境和战略策略，依据客观环境和主观需求积极主动地进行战略调整。20 世纪 90 年代以来，美国出于维护其全球霸权的需要，先后进行过五次军事战略调整。俄、英、法、德、日等国也不甘落后，为谋求在国际舞台上的有利地位，积极顺应世界新军事革命发展的潮流，纷纷进行战略调整。一些发展中国家基于维护自身安全的考虑，在战略上也作出了必要调整。可以预见，随着新军事变革的深入发展，各国还会进行新的战略调整，并促进国际战略格局进行新的整合。

（二）加剧了世界战略力量对比的失衡态势

新军事变革不仅促使武器装备发生根本性的变化，还使国际战略力量对比发生明显的倾斜，造成一种强者愈强的不平衡态势。美国拥有当今世界最雄厚的经济实力、最先进的科学技术和最强大的军事力量，在这样一个高起点上推行新军事变革，其"能量"的积累将更加惊人，与其他国家的相对优势将更加明显。当前发达国家军队与发展中国家军队在武器装备上的优劣差距十分明显，已形成一种新的"时代差"，主要表现在：优势的一方，可以在战场上清楚地看到劣势的一方，而劣势的一方却看不到优势的一方；优势的一方可以打到劣势的一方，而劣势的一方却根本打不到优势的一方；优势的一方可以做到反应灵敏、行动自如，而劣势的一方则处处被动、手足无措。

（三）提升了军事手段在维护国家安全中的作用

军事手段作为政治斗争的最高形式和最后选择，其地位和作用历来受到特别关注。新军事变革催生了大量高新技术兵器，为运用军事手段达成政治目的，提供了低风险、高效能、多样化的可能选择。现在，高新技术使战争的可控性显著增强，也使军事手段的运用空间进一步拓展。据统计，冷战时期发生的局部战争和武装冲突年均为 4 次，而冷战后年均却达 10 次之多。特别是海湾战争、科索沃战争、阿富汗战争和伊拉克战争，显示出军事手段在解决争端中有"泛化"的趋势。以美国为首的西方发达国家认为，拥有绝对军事优势是处理国际危机的前提。自 1990 年以来，美国对外出兵达 60 多次，占二战后对外出兵总数的一半以上。由此可见，新军事变革不仅使军事手段的地位和作用明显上升，而且会刺激新干涉主义进一步抬头，给世界和平与地区安全带来新的威胁。

（四）促进了各国之间的军备竞赛

美国在新军事变革中"一马当先"，引起世界各国"群起直追"，在世界范围内展开了新一轮的军备竞争。这场军备竞赛主要涉及外太空、信息战、弹道导弹攻防、核武器等多个领域。美国是这场军备竞赛的始作俑者。由于美国谋求"绝对军事优势"，大力推进军队转型，美军的作战能力在短时间内得到"几何级数的提升"，从而对其他国家造成巨大的压力。它们感到，要想不被美国远远抛在后面，就必须加速实施武器装备信息化建设。俄罗斯总统梅德韦杰夫在 2009 年 3 月宣布，俄军将从 2011 年起大规模更新武器装备，国防开支可能上涨 30%。而一些弱小国家为弥补与霸权国家在常规武器上的巨大"时代差"，试图发展核打击手段，这就诱发了一系列"核危机"。

图 19-2　五维战场空间

军备竞赛是国家经济实力、科技水平等综合因素的竞争，是一把双刃剑。对于广大发展中国家来说，如果不顺应世界潮流，加大国防投入，尽快提升武器装备水平，放任与发达国家军队之间的"时代差"越拉越大，国家安全和利益就没有保障；而要投入大量资源用于军备竞赛，必然影响经济建设，从长远来看也会影响国防建设的持续发展。美国人保罗·肯尼迪在总结 1500 年来大国兴衰的历史后得出结论，认为"大炮""黄油"和"保证增长的投资"三者之间的平衡，是大国保持长盛不衰的必备条件。面对新军事变革的严峻挑战，发展中国家必须科学统筹、慎重决策，努力做到在国家经济发展的基础上增强国防实力，确保国防和军队建设的全面、协调和可持续发展。

四、应对新军事变革的对策思考

军事形态的跨时代变革，对于每个国家都是严峻的挑战，同时也带来了发展机遇。美国兰德公司资深研究员巴肯说："对于发展中国家来说，军事变革的最大吸引力就在于它们有可能使其军队发展中'跳过几个阶段'。"面对新军事变革的挑战与机遇，我们必须勇于面对挑战，抓住机遇，奋力追赶，努力实现军队和国防建设的"跨越式"发展。

（一）要有强烈的危机感、紧迫感

随着新军事变革的深入发展，国际战略力量发展的不平衡性将日益加剧。人类历史上的西方国家以洋枪洋炮对亚非拉国家大刀长矛的军事技术优势，正在转变为发达国家用信息化军事对发展中国家机械化半机械化军事的新的军事技术优势。如果我们不能抓住机遇，实现跨越发展，军事力量与发达国家就会形成"时代差"，而这种"时代差"的结果是灾难性的。近期几场局部战争中，科索沃战争美军基本实现了零伤亡，阿富汗和伊拉克战争，美军都是以极小的人员伤亡代价取胜的。美军之所以能取得这样的战绩，根本原因就是与对手武器装备上的"时代差"。为避免重演大刀长矛对洋枪洋炮的历史悲剧，中国军队必须不断加快转型的步伐。

（二）要把推进新军事变革作为国家行为

军事变革涉及政治、经济、外交、教育等多个领域，不是军队内部的事。军队作为军事变革的主体，必须以超前的眼光和强烈的使命感，筹划好军队的建设和发展，国家相关部门也应积极配合，作好相关配套和保障工作。更重要的是，国家要把军事变革纳入长远发展战略之中，进行统筹规划，合理布局，协调好各种资源和力量，整体推进军事变革，开创一条军民融合式的发展道路。

（三）要走中国特色的变革之路

美国等西方发达国家军队是在实现了高度机械化的基础上开始向信息化迈进的，面对的是信息化"单一建设"问题，而中国军队是在尚未实现机械化的情况下向信息化迈进，必然面对机械化与信息化"双重建设"的问题。中国特色的军事变革之路，就是要在奋力追赶信息化潮头的同时，打牢机械化这个基础，努力完成"双重建设"的历史任务，实施"跨越式"发展。因此，我们在学习借鉴国外军事变革先进经验的同时，更重要的是要立足自身实际，在机械化与信息化"复合式"发展上下工夫。在具体武器装备发展上，由于我们的财力和技术有限，我们不能搞"你有我也有"的盲目跃进，不"与龙王比宝"，必须坚持"有所为、有所不为"，"有所赶、有所不赶"的原则。当前，我们就是要集中有限的资源，集中力量发展"杀手锏"武器。

（四）人才培养是关键

美国未来学家托夫勒在《未来的战争》一书中指出："知识贫乏的部队能在第一次浪潮战争的白刃肉搏中英勇作战，在第二次浪潮战争中也能打败敌人，但在第三次浪潮战争中，他们将像无知的工人无法从事第三次浪潮工业生产一样，不知何去何从。"信息化战争中，人在作战体系中的地位不是降低而是提高了，士兵已从过去作战的一个基本分子或单一元素，变为控制某一单元系统的主人，一切信息的获取、传递和利用，都离不开人的设计、控制和操作。而信息化武器装备作用的发挥，不但依靠人的操作，在其离开人体之后，仍然依赖人赋予的程序功能才能继续发挥作用。当前，世界军事领域的竞争突出表现为高素质军事人才的竞争。为此，我们应把高素质军事人才作为军事变革的关键环节，采取有效措施，提高我军官兵和国防后备人才的综合素质，以适应建设信息化军队、打赢信息化战争的需要。

思考题：

1. 新军事变革的内容和实质是什么？
2. 新军事变革的深刻影响表现在哪些方面？
3. 结合个人认识，谈谈如何应对世界新军事变革的挑战。

普通高等学校军事课教学大纲

（2006 年修订）

依据《中华人民共和国国防法》、《中华人民共和国兵役法》、《中华人民共和国国防教育法》以及国务院、中央军委有关文件精神，结合我国高等教育和普通高等学校的实际，制定本《大纲》。

一、课程性质

第一条 军事课程是普通高等学校本、专科学生的必修课。军事课程以马列主义、毛泽东思想、邓小平理论和"三个代表"重要思想为指导，贯彻和落实科学发展观，按照教育要面向现代化、面向世界、面向未来的要求，适应我国人才培养战略目标和加强国防后备力量建设的需要，为培养高素质的社会主义事业的建设者和保卫者服务。

二、课程目标

第二条 军事课程以国防教育为主线，以军事理论教学为重点，通过军事教学，使学生掌握基本军事理论与军事技能，增强国防观念和国家安全意识，强化爱国主义、集体主义观念，加强组织纪律性，促进综合素质的提高，为中国人民解放军训练储备合格后备兵员和培养预备役军官打下坚实基础。

三、课程要求

第三条 军事课（含军事理论教学和军事技能训练）列入普通高等学校的教学计划，考试成绩记入学生档案，学校应当按照本《大纲》组织实施军事教学，严格考勤考核制度。

第四条 军事理论教学时数为 36 学时。学校在完成规定的学时外，应积极开设与军事课相关的选修课和举办讲座。在军事课教学中，要注重理论联系实际，掌握好深度和广度，不断改进教学方法和手段，确保教学质量。

第五条 军事技能训练时间为 2-3 周，实际训练时间不得少于 14 天。在组织军事技能训练时，要以中国人民解放军的条令条例为依据，严格训练，严格要求，培养学生良好的军事素质。

四、课程内容

第六条 军事理论教学内容和教学目标

	军事理论课教学内容	教学目标
中国国防	一、国防概述 　国防要素；国防历史；主要启示 二、国防法规 　国防法规体系；公民国防权利和义务 三、国防建设 　国防领导体制；国防建设成就；国防建设目标和国防政策；武装力量建设 四、国防动员 　人民武装动员；国民经济动员；人民防空动员；交通战备动员；国防教育	了解我国国防历史和国防建设的现状及其发展趋势，熟悉国防法规和国防政策的基本内容，明确我军的性质、任务和军队建设指导思想，掌握国防建设和国防动员的主要内容，增强依法建设国防的观念。
军事思想	一、军事思想概述 　形成与发展；体系与内容 二、毛泽东军事思想 　科学含义；主要内容；历史地位和现实意义 三、邓小平新时期军队建设思想 　主要内容；地位作用 四、江泽民论国防和军队建设思想 　主要内容；地位作用 五、胡锦涛关于国防和军队建设重要论述 　主要内容；地位作用	了解军事思想的形成与发展过程，熟悉我国现代军事思想的主要内容、地位作用及科学含义，树立科学的战争观和方法论。

军事理论课教学内容		教学目标
国际战略环境	一、战略环境概述 　　基本要素；战略与战略环境 二、国际战略格局 　　现状和特点；发展趋势 三、我国周边安全环境 　　演变与现状；发展趋势；国家安全政策	了解国际战略格局的现状、特点和发展趋势，正确认识我国的周边安全环境现状和安全策略，增强国家安全意识。
军事高技术	一、军事高技术概述 　　概念与分类；发展趋势；对现代作战的影响 二、高技术在军事上的应用 　　精确制导技术；隐身伪装技术；侦察监视技术；电子对抗技术；航天技术；指挥控制技术；新概念武器 三、高技术与新军事变革	了解军事高技术的内涵、分类、发展趋势及对现代战争的影响，熟悉高技术在军事上的应用范围，掌握高技术与新军事变革的关系，激发学习科学技术的热情。
信息化战争	一、信息化战争概述 二、信息化战争的特征与发展趋势 三、信息化战争与国防建设	了解信息化战争的形成、发展趋势和与国防建设的关系，熟悉信息化战争的特征，树立打赢信息化战争的信心。

第七条　军事技能训练内容和教学目标

军事技能训练内容		教学目标
条令条例教育与训练	一、《内务条令》教育 二、《纪律条令》教育 三、《队列条令》教育 　　1. 单个军人队列动作训练 　　2. 分队队列动作训练	了解中国人民解放军三大条令的主要内容，掌握队列动作的基本要领，养成良好的军人作风，增强组织纪律观念、培养集体主义的精神。
轻武器射击	一、武器常识 二、简易射击学理 三、射击动作和方法 四、实弹射击	了解轻武器的战斗性能和基本射击理论，掌握半自动步枪射击的动作要领，完成第一练习实弹射击。

续表

军事技能训练内容		教学目标
战术	一、战斗类型和战斗样式 二、战术基本原则 三、单兵战术动作	了解战斗的基本类型和基本样式,掌握战术基本原则的主要内容,学会单兵战术的基本动作要领。
军事地形	一、地形对军队战斗行动的影响 二、地形图基本知识 三、现地使用地形图	了解地形对作战行动的影响,掌握地形图的基本知识,学会现地使用地形图的方法。
综合训练	一、行军 二、宿营 三、野外生存	了解行军、宿营的基本程序、方法,培养野外生存能力。

五、课程建设

第八条 军事教师是完成军事课程目标的具体执行者和组织者。学校应当在教育行政部门核定的教师总编制内,按照军事课程教学任务配备相应数量的合格军事教师。

第九条 军事教师要努力提高自身思想素质和业务能力,积极参加教学改革和学术研究,不断提高教学质量,开创教学科研工作新局面。

第十条 各级教育行政部门、军事部门和普通高等学校,应当有计划地安排军事教师接受继续教育和培训,不断改善知识结构,提高军事理论水平和学历、学位层次,以适应教学科研工作需要。

第十一条 普通高等学校应当建立健全军事课教学规章制度和教师聘任制度,建立军事课教学档案并实行规范化管理。

第十二条 军事课程教材建设与管理,由国家教育部会同总参谋部统一规划,并建立和完善教材编写、评审制度。军事课教材具有特殊性,普通高等学校军事教学指导委员会将通过定期评审的形式推出优秀教材。各高等学校要严格把关,选用优秀军事课教材开展教学。

六、课程评价

第十三条 军事课程评价包括课程建设和课程定位、教师教学状况、学生学习效果等方面。课程建设评价应包含课程结构体系、课程内容、教材建设、教学管理、师资配备与培训、经费保障以及课程目标的完成情况等。课程定位应包含课程指导思想、课程管理、机构建制、保障措施等。军事教师教学状况应包含教师专业素质、教学能力、科研能力、教学工作量和课堂教学效果等，通过教师自评、学生评价和专家评议进行。学生学习效果应包含学生的学习态度、学习过程和学习效果评价，通过学生自评、互评和教师评定进行。

第十四条　军事课程建设的评价由教育部会同总参谋部、总政治部组织实施。各省级教育行政部门和军事部门应制订本地区的评价方案，定期组织军事课建设评价检查，充分发挥教育评价的导向和激励作用。

七、附　则

第十五条　本《大纲》是普通高等学校组织实施军事课程教学的基本依据，也是军事课教材建设和开展课程评价的重要依据。

第十六条　各普通高等学校可根据实际情况和专业特点，对教学内容作适应调整。

第十七条　本《大纲》自 2007 年 9 月起在全国普通高等学校施行。
学的发展，各种现代化的工具如手机、电脑、卫星电话等都可以十分方便快捷地发出求救信号。最广为人知的是"SOS"国际通用的求救信号。"SOS"是"Save Our Soul"（救救我们）的缩写，在荒原、草地、丛林的空地上都可以各种形式写上"SOS"大字求救，往往能够取得良好的效果。

附录二

军事技能训练理论

军事技能训练课是军事课内容之一，是大学生的必修课。大纲规定，普通高等学校军事技能训练时间为 2~3 周，其教学目标是：了解中国人民解放军三大条令的主要内容，掌握队列动作的基本要领，养成良好的军人作风，增强组织纪律观念，培养集体主义精神；了解轻武器的战斗性能和基本射击理论，掌握射击的动作要领；了解战斗的基本类型和基本样式，掌握战术基本原则的主要内容，学会单兵战术的基本动作要领；了解地形对作战行动的影响，掌握地形图的基本知识，学会现地使用地形图的方法；了解行军、宿营的基本程序与方法，培养野外生存能力，提高大学生的综合素质。

一、共同条令与队列训练

(一) 共同条令简介

条令，是中央军委以简明条文规定并通过命令颁布的，关于军队战斗、训练、生活、勤务活动的行动准则。我军的共同条令主要包括《中国人民解放军内务条令》（以下简称《内务条令》）、《中国人民解放军纪律条令》（以下简称《纪律条令》）和《中国人民解放军队列条令》（以下简称《队列条令》），亦称三大条令，是全体军人必须遵守的法规，是从严治军、依法治军的重要武器，是有效维护军队高度集中统一的基本保证。

1. 《内务条令》

《内务条令》是规定军人基本职责、军队内部关系和日常生活制度的法规，是军队生活的准则、行政管理的依据。它的主要作用是：建立和维护团结统一的内部关系、紧张有序的生活秩序、严整的军容、优良的作风和严格的组织纪律，以巩固和提高战斗力，保证作战及其他任务顺利进行。

现行的《内务条令》是 2010 年由中央军委发布施行的。内容包括：总则，军人宣誓，军人职责，内部关系，礼节，军容风纪，对外交往，作息，日常制度，值班，警卫，人员管理，日常战备和紧急集合，装备管理，财务和伙食、农副业生产管理，卫生，营区、营产管理，野营管理，安全工作，国旗、军旗、军徽的使用和国歌、军歌的奏唱，附则等，共 21 章 420 条。

2.《纪律条令》

《纪律条令》是中国人民解放军维护纪律、实施奖惩的基本依据，适用于中国人民解放军现役军人和单位以及参战、支前的预备役人员。它的主要作用在于通过实施奖惩来保障其他军事法规的各项规定得到落实，各项军事活动得到正常运转。

现行的《纪律条令》是 2010 年 6 月由中央军委颁布实施的。该条令有总则，奖励，处分，特殊措施，控告和申诉，首长责任和纪律监察，附则，共 7 章 179 条。

3.《队列条令》

《队列条令》是规定队列动作、队列队形和队列指挥的法规，是全军队列训练的依据。它的主要作用在于通过对军人良好的姿态、严整的军容、优良作风的培养，提高部队的组织纪律性，增强凝聚力和战斗力。

现行的《队列条令》是 2010 年 6 月由中央军委发布施行的，共有总则，队列指挥，队列队形，队列动作，分队乘坐汽车，敬礼，国旗的掌持、升降和军旗的掌持、授予与迎送，阅兵，附则等 11 章 71 条。

（二）队列动作训练

队列动作，是对军人或部（分）队所规定的列队训练、队列生活和日常行为的制式动作，也是战斗行动的基础。通过队列动作训练，增强组织纪律观念，培养集体主义精神，养成良好的军人姿态。

1. 单个军人的队列动作

单个军人队列动作主要包括：立正、跨立、稍息、停止间转法。

（1）立正。立正是军人的基本姿势，是队列动作的基础。军人在宣誓、接受命令、进见首长和向首长报告、回答首长问话、升降国旗和军旗、奏国歌和军歌等庄重的时机和场合，均应当自行立正。

口令：立正。

要领：两脚跟靠拢并齐，两脚尖向外分开约60度；两腿挺直；小腹微收，自然挺胸；上体正直，微向前倾；两肩要平，稍向后张；两臂下垂自然伸直，手指并拢自然微曲，拇指尖贴于食指第二关节，中指贴于裤缝；头要正，颈要直，口要闭，下颌微收，两眼向前平视。

（2）跨立。跨立主要用于军体操、执勤和舰艇上分区列队等场合。可以与立正互换。

口令：跨立。

要领：左脚向左跨出约一脚之长，两腿挺直，上体保持立正姿势，身体重心落于两脚之间。两手

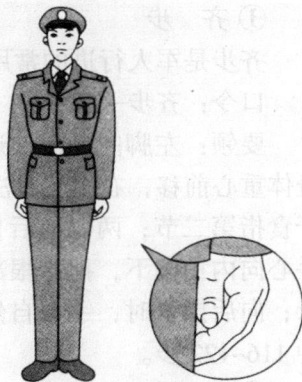

图附 1　徒手立正姿势

后背，左手握右手腕，拇指根部与外腰带下沿（内腰带上沿）同高，右手手指并拢自然弯曲，手心向后。

（3）稍息。稍息是队列动作中一种休息和调整姿势的动作。

口令：稍息。

要领：左脚顺脚尖方向伸出约全脚的三分之二，两腿自然伸直，上体保持立正姿势，身体重心大部分落于右脚。携枪（筒、炮）时，携带的方法不变，其余动作同徒手。稍息过久，可以自行换脚。

（4）停止间转法。停止间转法是停止间变换方向的方法，分别是向左转、向右转、向后转，需要时也可半面向左（右）转。

① 向右（左）转

口令：向右（左）——转；半面向右（左）——转。

要领：以右（左）脚跟为轴，右（左）脚跟和左（右）脚掌前部同时用力，使身体协调一致向右（左）转90度，体重落在右（左）脚，左（右）脚取捷径迅速靠拢右（左）脚，成立正姿势。转动和靠脚时，两腿挺直，上体保持立正姿势。半面向右（左）转，按照向右（左）转的要领转45度。

② 向后转

口令：向后——转。要领：按照向右转的要领向后转180度。

（5）行进。行进的基本步法分为齐步、正步和跑步，辅助步法分为便步、踏步和移步。

① 齐　步

齐步是军人行进的常用步法。

口令：齐步——走。

要领：左脚向正前方迈出约 75 厘米，按照先脚跟后脚掌的顺序着地，同时身体重心前移，右脚照此法动作；上体正直，微向前倾；手指轻轻握拢，拇指贴于食指第二节；两臂前后自然摆动，向前摆臂时，肘部弯曲，小臂自然向里合，手心向内稍向下，拇指根部对正衣扣线，并与最下方衣扣同高，离身体约 30 厘米；向后摆臂时，手臂自然伸直，手腕前侧距裤缝线约 30 厘米。行进速度每分钟 116~122 步。

② 正　步

正步主要用于分列式和其他礼节性场合。

口令：正步——走。

要领：左脚向正前方踢出约 75 厘米（腿要绷直，脚尖下压，脚掌与地面约 25 厘米），适当用力使全脚掌着地，同时身体重心前移，右脚照此法动作；上体正直；手指轻轻握拢，拇指伸直贴于食指第二节；向前摆臂时，肘部弯曲，小臂略成水平，手心向内稍向下，手腕下沿摆到高于最下方衣扣约 10 厘米处，离身体约 10 厘米；向后摆臂时（左手心向右，右手心向左），手腕前侧距裤缝线约 30 厘米。行进速度每分钟 110~116 步。

③ 跑　步

跑步用于快速行进。

口令：跑步——走。

要领：听到预令，两手迅速握拳（四指蜷握，拇指贴于食指第一节和中指第二节上），提到腰际，约与腰带同高，拳心向内，肘部稍向里合。听到动令，上体微向前倾，两腿微弯，同时左脚利用右脚掌的蹬力跃出 85 厘米，前脚掌先着地，身体重心前移，右脚照此法动作；两臂前后自然摆动，向前摆臂时，大臂略垂直，肘部贴于腰际，小臂略平，稍向里合，两拳内侧各距衣扣线约 5 厘米；向后摆臂时，拳贴于腰际。行进速度每分钟 170~180 步。

④ 便　步

便步用于行军、操练后恢复体力及其他场合。

口令：便步——走。

要领：用适当的步速、步幅行进，两臂自然摆动，上体保持良好姿态。

⑤ 踏　步

踏步用于调整步伐和整齐。

停止间口令：踏步——走。

行进间口令：踏步。

要领：两脚在原地上下起落（抬起时，脚尖自然下垂，离地面约 15 厘米；落下时，前脚掌先着地），上体保持正直，两臂按照齐步或者跑步摆臂的要领摆动。

⑥ 移步（5 步以内）

移步用于调整队列位置。

一是右（左）跨步。

口令：右（左）跨 × 步——走。

要领：上体保持正直，每跨 1 步并脚一次，其步幅约与肩同宽，跨到指定步数停止。

二是向前或向后退。

口令：向前（后）× 步——走。

要领：向前移步时，应当按照单数要领进行（双数步变为单数步）。向前 1 步时，用正步，不摆臂；向前 3 步或 5 步时，按照齐步的要领进行。向后退时，从左脚开始，每退 1 步靠脚一次，不摆臂，退到指定步数停止。

（6）立　定

口令：立——定。

要领：齐步和正步时，听到口令，左脚再向前大半步着地（脚尖向外约 30 度，两腿挺直，右脚取捷径迅速靠拢左脚，成立正姿势。跑步时，听到口令，再跑 2 步，然后左脚向前大半步（两拳收于腰际，停止摆动）着地，右脚靠拢左脚，同时将手放下，成立正姿势。踏步时，听到口令，左脚踏 1 步，右脚靠拢左脚，原地成立正姿势（跑步的踏步，听到口令，继续踏 2 步，再按上述要领进行）。

（7）步法变换。步法变换，均从左脚开始。

齐步、正步互换，听到口令，右脚继续走 1 步，即换正步或者齐步行进。齐步换跑步，听到预令，两手迅速握拳提到腰际，两臂前后自然摆动；听到动令即换跑步行进。

齐步换踏步，听到口令，即换踏步。

跑步换齐步，听到口令，继续跑 2 步，然后，换齐步行进。

跑步换踏步，听到口令，继续跑 2 步，然后换踏步。

踏步换齐步或者跑步，听到"前进"的口令，继续踏2步，再换齐步或者跑步行进。

（8）行进间转法

① 齐步、跑步向右（左）转

口令：向右（左）转——走。

要领：左（右）脚向前半步（跑步时，继续跑2步，再向前半步），脚尖向右（左）约45度，身体向右（左）转90度时，左（右）脚不转动，同时出右（左）脚按照原步法向新方向行进。

半面向右（左）转，按照向右（左）转走的要领转动45度。

② 齐步、跑步向后转走

口令：向后转——走。

要领：左脚向右脚前迈出约半步（跑步时，继续跑2步，再向前半步），脚尖向右约45度，以两脚的前脚掌为轴，向后转180度，出左脚按照原步法向新方向行进。

③ 转动时，保持行进时的节奏，两臂自然摆动，不得外张；两腿自然挺直，上体保持正直。

（9）坐下、蹲下、起立

① 坐　下

口令：坐下。

要领：左小腿在右小腿后交叉，迅速坐下（坐凳子时，听到口令，左脚向左分开约一脚之长），手指自然并拢放在两膝上，上体保持正直。

② 蹲　下

口令：蹲下。

要领：右脚退半步，前脚掌着地，臀部坐在右脚跟上（膝盖不着地），两腿分开约60度，手指自然并拢放在两膝上，上体保持正直。蹲下过久，可以自动换脚。

③ 起　立

口令：起立。

要领：全身协力迅速起立，成立正姿势或者成持枪（炮）、肩枪（筒）立正姿势。

（10）脱帽、戴帽

① 脱　帽

口令：脱帽。

要领：双手捏帽檐或者帽前端两侧，将帽取下，取捷径置于左小臂，帽徽向前，掌心向上，四指扶帽檐或者帽墙前端中央处，小臂略成水平，右手放下。

② 戴　帽

口令：戴帽。

要领：双手捏帽檐或帽前端两侧，将帽迅速戴正。

（11）整理着装

口令：整理着装。

要领：双手（持81式自动步枪、60迫击炮时，将枪、炮夹于两腿之间）从帽子开始，自上而下，将着装整理好。必要时，也可以相互整理。整理完毕，自行稍息。听到"停"的口令，恢复立正姿势。

2. 敬礼、礼毕

（1）敬礼。分为举手礼、注目礼和举枪礼。

① 举手礼

口令：敬礼。

要领：上体正直，右手取捷径迅速抬起，五指并拢自然伸直，中指微接帽檐右角前约2厘米处（戴无檐帽或者不戴军帽时微接太阳穴，与眉同高），手心向下，微向外张（约20度），手腕不得弯曲，右大臂略平，与两肩略成一线，同时注视受礼者。

图附2　举手礼

② 注目礼

要领：面向受礼者成立正姿势，同时注视受礼者，并目迎目送（左、右转头角度不超过45度）。

③ 举枪礼（用于阅兵式或者执行仪仗任务）

口令：向右看——敬礼。

要领：右手将枪提到胸前，枪身垂直并对正衣扣线，枪面向后，离身体约10厘米，枪口（半自动步枪准星护圈）与眼同高，大臂轻贴右肋，同时左手接握表尺上方（持半自动步枪时虎口对准枪面并与标尺上沿取齐），小臂略平，大臂轻贴左肋；同时转头向右，注视受礼者，并目迎目送（左、右转头角度不超过4度）。

（2）礼 毕

口令：礼毕。

要领：行举手礼者，将手放下；行注目礼者，将头转正；行举枪礼者，将头转正，右手将枪放下，使托前踵（半自动步枪托底钣）轻轻着地，同时左手放下，成持枪立正姿势。

3. 分队的队列动作

（1）队列队形。队列的基本队形为横队、纵队、并列纵队。需要时可以调整为其他队形。队列人员之间的间隔（两肘之间）通常约 10 厘米，距离（前一名脚跟至后一名脚尖）约 75 厘米。需要时可以调整队列人员之间的间隔和距离。

① 班的队形

班的基本队形，分为横队和纵队。需要时，可以成二列横队或者二路纵队。

② 排的队形

排的基本队形，分为横队和纵队。排横队由各班的班横队依次向后排列组成，排纵队由各班的班纵队依次向右并列组成。

排长的列队位置：横队时，在第一列基准兵右侧；纵队时，在队列中央。

③ 连的队形

连的基本队形，分为横队、纵队和并列纵队。连横队由各排的排横队依次向左并列组成，连纵队由各排的排纵队依次向后排列组成，连并列纵队由各排的排纵队依次向左并列组成。连部和炊事班，或者连部、炊事班和 60 迫击炮班分别以二列（路）或者三列（路）组成相应的队形，伴于本连队尾。

（2）集合、离散

① 集 合

集合，是使单个军人、分队、部队按照规范队形聚集起来的一种队列动作。集合时，指挥员应当先发出预告或者信号，如"全连（或者全排）注意"，然后，站在预定队形的中央前，面向预定队形成立正姿势，下达"成××队——集合"的口令。所属人员听到预告或信号，原地面向指挥员成立正姿势；听到口令，跑步到指定位置面向指挥员集合（在指挥员后侧的人员，应当从指挥员右侧绕过），自行对正、看齐，成立正姿势。

② 离　散

离散，是使列队的单个军人、分队、部队各自离开原队列位置的一种队列动作，分为离开和解散。

（3）整齐、报数

① 整　齐

整齐，是使列队人员按规定的间隔、距离，保持行、列齐整的一种队列动作。整齐分为向右（左）看齐和向中看齐。

口令：向右（左）看——齐；向前——看。

要领：基准兵不动，其他士兵向右（左）转头（持枪时，听到预令，迅速将枪稍提起，看齐后自行放下），眼睛看右（左）邻士兵腮部，前四名能通视基准兵，自第五名起，以能通视到本人以右（左）第三人为度。后列人员，先向前对正，后向右（左）看齐。听到"向前——看"的口令，迅速将头转正，恢复立正姿势。

口令：以×××为准，向中看——齐；向前——看。

要领：当指挥员指定"以×××为准（或者以第×名为准）"时，基准兵答"到"，同时左手握拳高举，大臂前伸与肩略平，小臂垂直举起，拳心向右。听到"向中看——齐"的口令后，其他士兵按照向右（左）看齐的要领实施。听到"向前——看"的口令后，基准兵迅速将手放下，其他士兵迅速将头转正，恢复立正姿势。一路纵队看齐时，可以下达"向前——对正"的口令。

② 报　数

口令：报数。

要领：横队从右至左（纵队由前向后）依次以短促洪亮的声音转头（纵队向左转头）报数，最后一名不转头。数列横队时，后列最后一名报"满伍"，或"缺×名"。连集合时，由指挥员下达"各排报数"的口令，各排长在队列内向指挥员报告人数，如"第×排到齐"或者"第×排实到××名"。

（4）出列、入列。单个军人和分队出、入列通常用跑步（5步以内用齐步，1步用正步），或者按照指挥员指定的步法执行；然后，进到指挥员右前侧适当位置或者指定位置，面向指挥员成立正姿势。

① 单个军人出列、入列

出列。口令：×××（或者第×名），出列。

要领：出列军人听到呼点自己姓名或者序号后应当答"到"，听到"出列"

的口令后，应当答"是"。

位于第一列（左路）的军人，按照本条上述规定，取捷径出列。

位于中列（路）的军人，向后（左）转，待后列（左路）同序号的军人向右后退1步（左后退1步）让出缺口后，按照本条的上述规定从队尾（纵队时从左侧）出列；位于"缺口"位置的军人，待出列军人出列后，即复原位。

位于最后一列（右路）的军人出列，先退1步（右跨1步），然后，按照本条有关规定从队尾出列。

入列。口令：入列。

要领：听到"入列"的口令后，应当答"是"，然后按照出列的相反程序入列。

② 班（排）出列、入列

出列。口令：第×班（排），出列。

要领：听到"第×班（排）"的口令，出列班（排）的指挥员答"到"，听到"出列"的口令后，由出列班（排）的指挥员答"是"，并用口令指挥本班（排），按照本条的有关规定，以纵队形式从队尾（位于第一列的班取捷径）出列。

入列。口令：入列。

要领：听到"入列"的口令后，由入列班（排）指挥员答"是"，并用口令指挥本班（排），以纵队形式从队尾（位于第一列的班取捷径）入列。

（5）行进、停止。横队和并列纵队行进以右翼为基准，纵队行进以左翼为基准（一路纵队行进以先头为基准）。

① 行　进

指挥员应当下达"×步——走"的口令。听到口令，基准兵向正前方前进，其他士兵向基准翼标齐，保持规定的间隔、距离行进。纵队行进时，排、连通常成三路纵队，也可以成一、二路纵队。行进中，需要时，用"一二一"（调整步伐的口令）、"一二三四"（呼号）或者唱队列歌曲，以保持步伐的整齐和振奋士气。

② 停　止

指挥员应当下达"立——定"的口令。听到口令，按照立定的要领实施，分队的动作要整齐一致。停止后，听到"稍息"的口令，先自行对正、看齐，再稍息。

（三）阅　兵

1. 阅兵权限和阅兵形式

（1）阅兵权限。阅兵是由党和国家领导人，中央军事委员会主席、副主席、委员以及团以上部队军政主要首长或者被上述人员授权的其他领导和首长实施。通常由1人检阅。

（2）阅兵形式。阅兵，分为阅兵式和分列式。通常进行两项，根据需要也可以只进行一项。

2. 阅兵程序

阅兵分为上级首长检阅和本级首长检阅，当上级首长检阅时，由本级军事首长任阅兵指挥；当本级军政主要首长检阅时，（由1人检阅，另1名位于阅兵台或者队列中央前方适当位置面向部队），由副部队长或者参谋长任阅兵指挥。步兵团阅兵程序是：

（1）迎军旗。迎军旗在阅兵式开始前进行。基本程序：将展开的军旗持入队列时，部队应当按预先规定的队形列队，整队举行迎军旗仪式。步兵团迎军旗时，主持迎军旗的指挥员下达"立正"、"迎军旗"的口令，听到口令后，掌旗员（扛旗）、护旗兵齐步行进，当由正前或者左前方向本团右翼进至距队列40~50步时，主持迎军旗的指挥员下达"向军旗——敬礼——"的口令。听到口令后，位于指挥位置的军官行举手礼，其余人员行注目礼；掌旗员（由扛旗换端旗）、护旗兵换正步，取捷径向本团右翼排头行进，当超过团机关队形时，主持迎军

图附3 三军仪仗队

旗的指挥员下达"礼毕"口令，部队礼毕；掌旗员（由端旗换扛旗）、护旗兵换齐步。军旗进至团指挥员右侧3步处时，左后转弯立定，成立正姿势。

（2）阅兵式。团阅兵式的队形，通常为营横队的团横队，或者由团首长临时规定。阅兵式程序：

① 阅兵首长接受阅兵指挥报告

当阅兵首长行至本团队列右翼适当距离时或者在阅兵台就位后（当上级首长检阅时，通常由团政治委员陪同入场并陪阅），阅兵指挥在队列中央前下达"立正"的口令，随后跑到距阅兵首长5~7步处敬礼，待阅兵首长还礼后礼毕并报告。如："师长同志，步兵第×团列队完毕，请您检阅。"报告后，左跨1步，向右转，让首长先走，然后在其右后侧（当上级首长检阅时，团政治委员在团长右侧）跟随陪阅。

② 阅兵首长向军旗敬礼

阅兵首长行至距军旗适当位置时，应当立正向军旗行举手礼（陪阅人员面向军旗，行注目礼）。

③ 阅兵首长检阅部队

当阅兵首长行至团机关、各营部、各连及后勤分队队列右前方时，团机关由副团长或参谋长，各营部由营长，各连由连长，后勤分队由团指定的指挥员下达"敬礼"的口令。听到口令后，位于指挥位置的军官行举手礼，其余人员行注目礼，目迎目送首长（左、右转头不超过45度）。当首长问候："同志们好！"或者"同志们辛苦了！"队列人员应当齐声洪亮地回答："首——长——好！"或者"为——人民——服务！"，当首长通过后，指挥员下达"礼毕"的口令，队列人员礼毕。

④ 阅兵首长上阅兵台

阅兵首长检阅完毕后上阅兵台，阅兵指挥跑步到队列中央前，下达"稍息"口令，队列人员稍息。当上级首长检阅时，团政治委员陪同首长上阅兵台，然后跑步到自己的列队位置。

（3）分列式。团分列式队形由团阅兵式队形调整变换或者由团首长临时规定。团分列式应当设四个标兵。一、二标兵之间，三、四标兵之间的间隔各为15米，二、三标兵之间间隔为40米。标兵应携带81式自动步枪或者半自动步枪，并在枪上插标兵旗。分列式程序：

① 标兵就位

分列式开始前，阅兵指挥在队列中央前，下达"立正"、"标兵，就位"的口令。标兵听到口令，成一路纵队持（托）枪跑步到规定的位置，面向部队成持枪立正姿势。

② 调整部（分）队为分列式队形

标兵就位后，阅兵指挥下达"分列式，开始"的口令，然后，跑步到自己的列队位置。听到口令后，各分队按规定的方法携带武器（掌旗员扛旗），团、营指挥员分别进到团机关和营部的队列中央前，各分队指挥员进到本分队队列中央前，下达"右转弯，齐步——走"的口令，指挥分队变换成分列式队形。

③ 开始行进

阅兵指挥下达"齐步——走"口令。听到口令后，第一个分队齐步前进。其余分队依次待前一分队离开约15米时，分别由营、连长及后勤分队指挥员下达

"齐步——走"的口令，指挥本分队人员前进。

④ 接受首长检阅

各分队行至第一标兵处，将队列调整好；进到第二标兵处，掌旗员下达"正步——走"的口令，并和护旗兵同时由齐步换正步，扛旗换端旗（掌旗员和护旗兵不转头）。此时，阅兵首长和陪阅人员应当向军旗行举手礼。阅兵指挥和各分队指挥员分别下达"向右——看"的口令，队列人员听到口令后（可喊"一、二"），按照规定换正步（步枪手换端枪）行进，并在左脚着地的同时向右转头（位于指挥位置的军官行举手礼，并向右转头，各列右翼第一名不转头）不超过45度注视阅兵首长。此时，阅兵台最高首长行举手礼，其他人员行注目礼。

进到第三标兵处，掌旗员下达"齐步——走"的口令，并与护旗兵由正步换齐步，同时换扛旗；其他分队由上述指挥员分别下达"向前——看"的口令，队列人员听到口令后，在左脚着地时礼毕（将头转正），同时换齐步（步枪手换托枪）行进。

当上级首长检阅时，团长和团政治委员通过第三标兵后，到阅兵首长右侧陪阅。各分队通过第四标兵，换跑步到指定的位置。待最后一个分队通过第四标兵，阅兵指挥下达"标兵，撤回"的口令，标兵按照相反顺序跑步撤至预定位置。

(4) 阅兵首长讲话。分列式结束后，阅兵指挥调整好队形，请阅兵首长讲话。讲话完毕，阅兵指挥下达"立正"口令，向阅兵首长报告阅兵结束。当上级首长检阅时，由团政治委员陪同阅兵首长离场。

(5) 送军旗。送军旗在阅兵首长讲话后或者分列式结束后进行。

步兵团送军旗时，主持送军旗的指挥员下达"立正"、"送军旗"的口令。听到口令后，掌旗员（成扛旗姿势）、护旗兵按照迎军旗路线相反方向齐步行进。军旗出列后行至团机关队形右侧前时，主持送军旗的指挥员下达"向军旗——敬礼——"的口令。听到口令后，掌旗员（由扛旗换端旗）、护旗兵换正步，全团按照迎军旗的规定敬礼。当军旗离开距队列正面40~50步时，主持送军旗的指挥员下达"礼毕"的口令，部队礼毕；掌旗员（由端旗换扛旗）、护旗兵换齐步，返回原出发位置。

二、轻武器射击

轻武器，亦称轻兵器，是指单个士兵携带和使用的武器，是用于近距离内消灭敌人有生力量并获得胜利的工具。现装备的轻武器，按用途可分为手枪、步枪、冲锋枪、机枪、火箭筒和榴弹发射器等。这里主要介绍我军目前最常用的81式自动步枪、56式半自动步枪和56式冲锋枪的基本常识及射击操作方法。

（一）轻武器常识

1. 81式自动步枪

81式自动步枪是一种近距离消灭敌人的自动武器，既可对400米距离内的单个人员目标实施有效射击，也可集中火力射击500米距离内的集团目标，弹头飞行至1500米处仍有杀伤力。该枪使用7.62毫米的子弹，既可进行半自动射击（打单发）又可进行自动射击（打连发），还可发射枪榴弹。弹匣可装30发子弹，当弹匣的最后一发子弹发射出去时，滑机退回到后面挂机。该武器在100米距离上，使用56式普通子弹，可穿透6毫米的钢板、15厘米厚的砖墙、30厘米厚的土层或40厘米厚的木板。

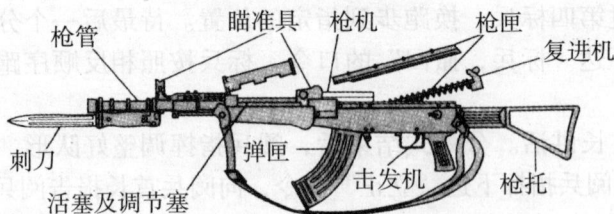

图附4　81式自动步枪

81式自动步枪主要由十大部件组成：刺刀（匕首）、枪管、瞄准具、导气装置、机匣、枪机、复进机、击发机、弹匣和枪托，另有一套附品。

2. 56式半自动步枪

56式半自动步枪是我军步兵分队装备较早的一种半自动轻武器，主要用于对400米距离以内的单个目标实施射击，精度较好。该枪使用7.62毫米子弹，弹仓（内装10发）送弹，每扣动扳机一次，发射一发子弹，不能打连发，当弹仓的最后一发子弹发射出去时，滑机退回至后面挂机。其侵彻力同81式自动步枪。该枪由十大部件组成，其各部件的名称同81式自动步枪。

3. 56式冲锋枪

56式冲锋枪是我军装备较早的一种近战消灭敌人的自动武器。对单个目标在 300 米距离内实施点射，在 400 米距离内实施单发射效果最好，必要时也可实施连发射，射弹飞行到 1500 米处仍有杀伤力。该枪使用 7.62 毫米子弹，弹匣（内装 30 发）送弹，子弹射完后不挂机。其侵彻力同 81 式自动步枪。该枪由十大部件组成，其各部件的名称同 81 式自动步枪。

上述轻武器的自动原理是：扣扳机后，击锤打击击针，撞击子弹底火，点燃发射药，产生火药气体，推动弹头沿膛线向前运动，弹头一经过导气孔，部分火药气体通过导气孔，涌入导气箍，冲击活塞，推动推杆，使枪机向后压缩复进簧，完成开锁、抛壳，并使击锤成待发状态；枪机退到后方时，由于复进簧的伸张，使枪机向前运动，推送下一发子弹入膛、闭锁；半自动步枪，此时由于击锤已被击发阻铁卡住，不能向前打击击针。若再次发射，必须松开扳机，再扣扳机。冲锋枪（自动步枪）如保险机定在连发位置，扳机未松开，击发阻铁不能卡住击锤，击锤再次打击击针，形成连发；如保险机定在单发位置，击锤被单发阻铁卡住不能向前，若再次发射，必须松开扳机，再扣扳机。

（二）简易射击原理

1. 发射与后坐

火药燃气压力将弹头从膛内推送出枪管现象，叫发射。射手将子弹推送进弹膛，然后扣动扳机，使击锤打击击针，击针撞击子弹底火，使起爆药发火，火焰通过导火孔引燃发射药，产生大量的火药燃气，在膛内形成很大压力，迫使弹头脱离弹壳，沿膛线旋转加速前进，直至推出枪口，即完成了发射过程。

发射时，武器向后运动的现象，叫后坐。这是因为，发射药燃烧时，产生的气体同时作用于各个方向，作用于膛壁周围的压力为膛壁所抵消；向前作用于弹头后部的压力推送弹头前进；向后作用于弹壳底部的压力经过枪机传给整个武器，使武器向后运动，形成后坐。

2. 弹道形状及实用意义

弹头运动中，其重心所经过的路线叫弹道。弹头脱离枪口后，如果没有重力和空气阻力的作用，它将保持其获得的速度，沿着发射线无止境地匀速飞行。实际上弹头脱离枪口在空气中飞行时，同时受到重力和空气阻力的作用，使弹道不能成为一条直线。

弹道包括起点、枪口水平面、射线、射角、发射线、发射角、弹道最高点、升弧、降弧、弹道高、最大弹道高、射程、落角诸元素。

弹道的实用意义还涉及危险界、遮蔽界和死角等问题。危险界分为表尺危险界和实地危险界。瞄准线上弹道高没有超过目标高的部分，称为表尺危险界；在实际地形上弹道高没有超过目标高的部分，称为实地危险界。遮蔽界，是指从弹头不能射穿的遮蔽物顶端到弹着点的一段距离。遮蔽界内包括危险界和死角。死角，是指目标在遮蔽界内不会被杀伤的一段距离。遮蔽界和死角的大小决定于遮蔽物的高低和落角的大小。

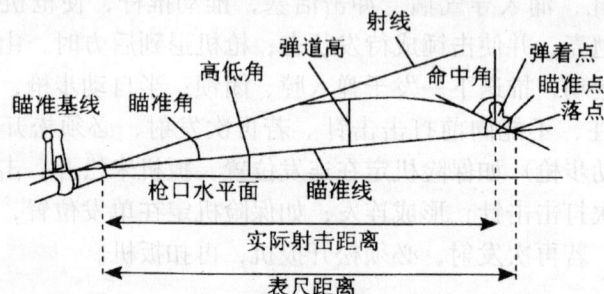

图附5　瞄准要素

懂得了危险界、遮蔽界和死角，在战斗中就能更好地隐蔽身体，发扬火力，灵活地运用地形地物，隐蔽地运动、集结和转移，以避开或尽量减少敌火力的杀伤。

3. 选定表尺分划和瞄准点

（1）瞄准具的作用。为了命中目标，必须使枪轴线和瞄准线之间形成一定的夹角，即瞄准角。瞄准角的大小，是根据射弹在不同距离上的降落量来确定的。距离越远，所需的瞄准角越大；距离越近，降落量越小，所需要的瞄准角也就越小。瞄准具就是根据这一原理设计制成的。瞄准具的作用，就是对一定距离上的目标射击时，赋予武器相应的瞄准角和射向。射击时，只要按照目标的距离装（选）定表尺分划瞄准射击，就能命中目标。

（2）瞄准要素。在水平面和垂直面内赋予火射轴线的一定的位置，以便使弹道通过目标，这种动作称为瞄准。其要素包括：瞄准基线、瞄准线、瞄准点、瞄准角、高低角、瞄准线上弹道高、落点、弹着点、命中角、表尺距离，实际射击距离。

（3）选定表尺分划和瞄准点。为了使射弹更准确地命中目标，射击时，射手应根据目标距离、大小和武器的弹道高，正确地选定表尺分划和瞄准点。

① 定实距离表尺分划，瞄目标中央。

② 定大于或小于实距离表尺分划，适当降低或提高瞄准点。

③ 定常用表尺分划，小目标瞄下沿，大目标瞄中央。

4. 外界条件对射击的影响及修正

（1）风对射击的影响及修正。风是一种具有速度和方向的气流，它能改变射弹的飞行方向和距离。在各种外界条件下，风对射弹的飞行影响最大。因此，必须准确地判定风向和风力，根据风对射弹的影响进行修正，以保证射弹准确命中目标。

① 风向和风力的判定

按风吹的方向和射击方向所形成的角度可分为：横风、斜风和纵风。横风：从左或右与射向成 90 度角的风。斜风：与射向成锐角的风。射击时，通常以射向成 45 度角的风计算。风与射向成 60 度角时，可按横风计算；小于 30 度角时可按纵风计算。纵风：从后或前与射向平行吹来的风。顺射向吹来的风为顺风；逆射向吹来的风为逆风。

在气象上把风划分为 12 个等级，在军事上为了便于区分和应用，按风力的大小划分为强风、和风和弱风三种。风力的大小，可用测风仪测出，也可根据人的感觉和常见物体被风吹动的情况来判定。对风力的判定，为了便于记忆，以和风为基准风归纳成如下口诀：迎风能睁眼，耳听呼声响，炊烟成斜角，草弯树枝摇，海面起轻浪，旗帜迎风飘，强风比它大，弱风比它小。

② 风对射弹的影响及修正

横（斜）风对射弹的影响及修正。横（斜）风能对弹头的侧面施以压力，使射弹偏向一侧，产生方向偏差（斜风还能使射弹产生距离偏差，因偏差很小，故不考虑）。风力越大，距离越大，偏差也就越大。风从左吹来，射弹偏右；风从右吹来，射弹偏左。为了便于记忆，修正量（人体）可归纳为：距离 200 米，修 1/4 人体，表尺"3"、"4"、"5"，减去 2.5，强风加一倍，弱斜风各减半。

纵风对射弹影响及修正。纵风能影响射弹的飞行距离。顺风时，空气阻力较小，使射弹打远（高）；逆风时，空气阻力较大，使射弹打近（低）。但在近距离内，风速为 10 米/秒时，纵风对射弹影响很小，一般可不修正。如对远距离目标射击时，适当降低或提高瞄准点。

（2）光对射击的影响及克服办法

① 阳光对瞄准的影响。在阳光下瞄准时，由于阳光照射作用，缺口部分产

生虚光，形成三层缺口：虚光部分、真实部分、黑实部分。如不注意辨清真实缺口的位置，就容易产生误差，使射弹产生如下偏差：若用虚光瞄准，射弹就偏向阳光照来的方向；若用黑实部分瞄准，射弹就偏向阳光照来的相反方向；在阳光照射下，缺口和准星尖同时产生虚光时，用虚光部分瞄准时射弹偏低，用黑实部分瞄准时射弹偏高。

② 克服方法。要克服阳光对射击的影响可采取如下方法：一是可在不同方向的阳光照射下瞄准，采取遮光瞄准不遮光检查或不遮光瞄准遮光检查的方法，反复练习，确实辨清真实缺口的位置和正确瞄准的景况。二是平正准星与缺口要细致，但瞄准时间不宜过长，以免眼花而产生误差。三是平时要注意保护好瞄准具，不使其磨亮而反光。

(3) 气温对射弹的影响及修正

① 气温对射弹的影响。气温的变化，空气密度即随之变化，对射弹的阻力也就不同。气温升高时，空气密度减少，射弹在飞行中受到的空气阻力就减少，射弹就打得远而高；反之，射弹就打得近而低。

② 修正方法。由于各地区各季节的气温不同，很难与标准气温（+15 摄氏度）条件相符。因此，应当在当地的气温条件下矫正武器的射效，并以矫正射效时的气温条件为准。射击时，若气温差别不大，在 400 米内对射弹命中的影响极小，不必修正。若气温差别很大或对远距离目标射击时，应适当提高或降低瞄准点射击。

（三）武器操作与实弹射击

1. 验枪及射击准备

(1) 验枪。听到"验枪"口令后，以右脚掌为轴。身体半面向右转，左脚顺势向前迈出一步（两脚约与肩同宽），同时右手移握护木将枪向前送出（半自动步枪右手将枪向前送出），左手接握下护木，左大臂紧靠左肋，枪托贴于右胯，准星约与肩同高；右手打开保险，卸下弹匣（半自动步枪打开弹仓），交给左手握于护木右侧，弹匣口向后、挂耳向下，右手移握机柄，当指挥员检查时，拉枪机向后，验过后，自行送回枪机，装上弹匣（半自动步枪关上弹仓），扣扳机，关保险，移握枪颈。

听到"验枪完毕"口令后，左手反握护木，将枪倒置于胸前，上背带环约与肩同高，右手挑起背带，身体半面向左转，在右脚靠拢左脚的同时，两手协力将枪送上右肩，恢复背枪姿势（半自动步枪右手握上护木，成持枪立正姿势）。

（2）射击准备。射击准备主要包括向弹匣（夹）内装填子弹和采取各种射击姿势装退子弹。

2. 据枪、瞄准、击发

在完成射击准备之后，一旦发现目标，就应正确地据枪，快速构成瞄准线，指向瞄准点，实施果断的击发。

（1）据枪。分有依托据枪和无依托据枪。

① 有依托据枪。自然、稳固、持久的据枪是准确射击的基础，要想做到稳固和持久，就应尽量充分利用地形，进行有依托射击。

② 无依托据枪。在战场上不可能时时处处都有依托物可利用，因此，我们还应掌握无依托据枪的动作。

（2）瞄准。正确的瞄准，是整个射击过程的重要环节。其方法是：右眼通视缺口和准星，使准星位于缺口中央，准星尖与缺口上沿平齐，指向瞄准点。此时，正确瞄准景况是，准星与缺口的平正关系看得清楚，而目标看得较模糊。

（3）击发。击发是完成射击的最后一个环节。均匀正直的击发是准确射击的关键。击发时，射手用右手食指第一指节均匀正直地向后扣压扳机（食指内侧与枪机应有一点空隙），余指力量不变。当瞄准线接近瞄准点时，开始预扣扳机，并减缓呼吸。当瞄准线指向瞄准点时，应停止呼吸，继续增加对扳机的压力，直至击发，击发瞬间应保持正确一致的瞄准。若瞄准线偏离瞄准点或不能继续停止呼吸时，应既不增加也不放松对扳机的压力，待修正或换气后，再继续扣压扳机，完成击发。操纵点射时，应稳扣快松，扣到底松开为 2~3 发。在扣扳机的过程中，应始终保持姿势稳固，操枪力量不变，以提高连发射击的命中率。

3. 常犯毛病及纠正方法

（1）抵肩、贴腮位置不正确。射击时，射手若不能正确地抵肩、贴腮，会使射弹产生偏差。在通常情况下，抵肩过低易打低，抵肩过高易打高。贴腮用力过大易打左高。纠正方法：要反复体会正确的抵肩位置，并通过他人摸、推的方法检查抵肩位置是否正确，强调贴腮要自然。

（2）两手用力不当。射击时，射手为了命中目标，往往以强力控制枪的晃动，造成肌肉紧张、用力方向不正、姿势不稳，使枪产生角度摆动，增大射弹散布。纠正方法：应强调据枪时正直向后适当用力，使用力与后坐方向一致。

（3）击发时机掌握不好。无依托射击时，有的射手常为捕捉瞄准点，造成勉强击发或猛扣扳机。纠正方法：应强调首先选择好瞄准点，并指出瞄准线的指向在瞄准点附近轻微晃动时，应达到适时击发；练习时可让射手反复体会在保持准星与缺口平正关系的基础上，自然指向瞄准点的景况；不断摸索枪的晃动规律，掌握击发时机。

（4）停止呼吸过早。射击时，停止呼吸过早，易造成憋气，使肌肉颤动、据枪不稳或猛扣扳机。纠正方法：应使射手反复体会在瞄准线指向瞄准点附近轻微晃动时自然停止呼吸的要领；在剧烈运动后无法按正常情况停止呼吸时，应进行深呼吸后再停止呼吸。

（5）耸肩、眨眼和猛扣扳机。射击时，由于射手过多地考虑枪响时机、点射弹数、射击成绩等原因，造成心情紧张，产生耸肩、眨眼和猛扣扳机等错误动作，影响射弹命中。纠正方法：应强调按要领操作，把主要精力、视力集中在准星与缺口的正确关系上，达到自然击发。

（6）枪面倾斜。瞄准时，如枪面偏左（右），射角减小，枪身轴线指向瞄准点左（右）边，射击时，弹着偏左（右）下。纠正方法：强调射手据枪应保持枪面平正。

三、战术基础训练

战术是进行战斗的方法。主要包括：战术基本原则、兵力部署、协同动作、战斗指挥、战斗行动方法和各种战斗保障措施等。根据大学生的实际需要，这里主要介绍步兵班（组）战斗类型和单兵战术动作。

（一）战斗类型

战斗是兵团或部队、分队在较短的时间和较小空间内进行的有组织的作战行动。基本类型分为进攻战斗和防御战斗。

1.进攻战斗

进攻战斗是主动进攻敌人的战斗，其目的是歼灭或击溃敌人，攻占重要地区或目标。步兵班在进攻战斗中，通常在排的编成内担任突击班，有时担任连（排）预备队，根据情况还可以担任穿插、渗透、开辟通路、扫清通路中残存障碍等任务。其基本要求是：

（1）合理进行战斗编组。步兵班在进攻战斗中通常以火箭筒和班用机枪射手为骨干进行战斗编组。要求是：各小组既能打坦克，又能打步兵；既便于指挥，又便于独立战斗。配属给班的无坐力炮、喷火器，通常由班长直接掌握。

（2）迅速完成战斗准备。步兵班受领进攻战斗任务后，可供利用的战斗准备时间非常短暂。为此，班在进行准备时，必须从最困难、最复杂的情况着眼，分秒必争，抓住重点，迅速、及时地完成。具体做到：任务、编组、打法要明确；武器、弹药、器材准备要充分；战斗动员要简短有力。当情况紧急来不及预先准备时，也可边打边组织，边打边准备。

（3）集中兵力、火力进击。进攻战斗中，班应在同一时间、同一地点（段）集中兵力、火力，充分发挥其效能，首先攻击对我威胁最大的目标，连续攻击，各个歼灭。

（4）采取多种手段歼敌。步兵班在进攻战斗中，应充分发挥小群近战的特长，采取贴、割、围、堵等战术手段，以打、迷、扰、炸相结合，火力、突击与爆破相结合，充分利用地形和烟幕迷盲的效果。

2. 防御战斗

防御战斗是抗击敌人进攻的战斗，其目的是保卫或坚守重要地区和目标，大量杀伤、消灭敌人，挫败敌人进攻或消耗、钳制、迟滞敌人或吸引、调动敌人，为主力歼敌创造有利条件。步兵班通常在排的编成内组织防御战斗，其主要任务是防守排支撑点内的一段阵地，防御正面可达80~120米。有时可单独防守一个阵地或担任上级的预备队；还可担负战斗警戒、阵前袭扰或防御纵深内打击空降之敌等任务。其基本要求是：

（1）顽强坚守，近战歼敌。步兵班在防御战斗中，必须善于防敌多种火力袭击，保存有生力量；要充分发挥主动性、灵活性，依托工事，结合障碍，以打、炸、阻、迷相结合的战术手段，抗击敌坦克、步兵的连续冲击；要敢于近战、夜战，善于以我之长击敌之短，与敌反复争夺，坚决守住阵地。

（2）合理地配置兵力、火器。步兵班在防御战斗中的兵力、火器配置要突出重点，便于指挥协同，既能独立坚守，形成整体，又能最大限度地减少伤亡。班的战斗队形通常成一线配置，有时也可成三角或梯形配置，士兵之间的间隔为6~8米。机枪通常配置在便于对阵地前和翼侧的主要地段进行射击的地点，火箭筒和配属的无坐力炮通常配置在敌坦克、步战车易于接近的地点。

（3）构筑便于打击坦克的防御阵地。步兵班在防御时应根据任务、地形、物资器材和准备时间，力争构筑以防坦克壕为骨干的、与交通壕相连接的、工事与障碍相结合的网状阵地，做到能打、能藏、能生存、能机动。在堑壕内构筑射击掩体、崖孔，主要火器应构筑便于圆周射击的基本发射阵地和预备发射阵地。在阵地翼侧或侧后，构筑便于进出的掩蔽部。在班阵地的翼侧便于敌坦克运动的地点，构筑必要的打、炸坦克的战斗工事。视情况在前沿前构筑打坦克火器发射阵地。

（4）灵活指挥，密切配合。战斗中，班长应沉着果断，机智灵活地处置情况，充分发挥战斗小组长的骨干作用，并以自己的模范行动带领全班顽强战斗。全班战士应主动配合，密切协同，坚决完成防御任务。

（二）单兵战术基础动作

士兵要想在战场上有效地躲避敌人火力杀伤和消灭敌人，就必须熟练掌握和灵活地应用战术基础动作。

1. 卧倒、起立

（1）卧倒。卧倒要领是：左脚向右脚尖前迈出一大步，左腿弯曲，上体前倾，两眼注视前方，左手顺左脚方向伸出，掌心向下，以左膝、左手、左肘的顺序着地，左小臂横贴于地面，右手腕压在左手腕上；两手握拢，手心向下，两腿伸直，两脚分开与肩同宽，脚尖向外。

（2）起立。起立要领是：起立时转身向右，两眼注视前方，左腿自然微弯，以左手、左膝、左肘的支撑力将身体支起，同时右脚向前迈出一大步，左脚再迈出一步，右脚靠拢左脚，成立正姿势。

2. 直身、屈身前进

直身前进通常是在距敌较远，地形隐蔽，敌观察、射击不到时采用的运动方法。要领是：目视前方，大步或快步前进。

屈身前进是在遮蔽物略低于人体时采用的运动方法。要领是：目视前方，上体前倾，头部不要高出遮蔽物，两腿弯曲，大步或快步前进。

3. 跃进、滚进

（1）跃进。跃进是在敌火威胁下迅速通过开阔地时采用的运动方法。要求跃起快、前进快、卧倒快，跃进前应先观察前方地形，选择好前进路线和暂停位置，尔后迅速突然前进。如卧姿跃起时，可先向左或右滚动以迷惑对方，再以左手、左膝、左脚的支撑力将身体支起，同时出右脚前进。目视前方，屈身快跑，每次跃进的距离为 15~30 米，当进到暂停位置时应迅速隐蔽或卧倒。

（2）滚进。在卧姿时，为避开敌人观察、射击而左右移动或通过棱坎时采用的运动方法。要领是：两臂尽量向里合，两脚腕交叉并紧紧并拢，全身用力向移动方向滚进。

4. 匍匐前进

（1）低姿匍匐。在遮蔽物高约 40 厘米时采用的运动方法。要领是：腹部贴于地面，屈回左腿，伸出左手，用右脚内侧的蹬力和左手的扒力使身体前移，在移动的同时，屈回右腿，伸出右手，用左脚内侧的蹬力和右手的扒力使身体继续前进，依次交替前进。

（2）高姿匍匐。在遮蔽物高约 60 厘米时采用的运动方法。要领是：用两小臂和两膝支撑身体前进。

图附 6　低姿匍匐　　　　　　　图附 7　高姿匍匐

（3）侧身匍匐。在遮蔽物高约 60 厘米时采用的运动方法。要领是：身体左侧及小臂着地，左大臂向前倾斜支撑上体，左腿弯曲，右腿收回，右脚靠近臀部着地，右手握枪，用左臂的支撑力和右脚跟的蹬力使身体前移。

（4）高姿侧身匍匐。在遮蔽物高约 80~100 厘米时采用的运动方法。要领是：左手和左小腿外侧着地，右手提枪，以左手支撑力和右脚蹬力使身体前移。

5. 敌火下运动

在敌人的火力威胁下运动时，应充分利用我方火力掩护和烟幕迷盲效果，抓住有利时机，采取不同姿势，迅速隐蔽地运动。运动前应根据地形的不同形态和遮蔽程度，选择好前进路线和暂停位置。运动中应不断地观察敌情、地形，灵活变换运动姿势和方法，保持前进方向和与友邻及支援火器的协同动作。通过开阔地时，应乘敌火中断、减弱、转移和我火力压制时跃起通过；通过道路时，应选择拐弯处、涵洞、行树等隐蔽地点迅速通过。若敌火力威胁不大，可不停顿地快跑通过。敌火封锁较严时应先隐蔽接近，周密观察道路的情况和敌火射击规律，尔后突然跃起，快速通过；通过隘路、山垭口时，应隐蔽观察敌射击规律，乘敌火间隙或沿隐蔽一侧快跑通过；通过较大的纵向冲沟时，应沿一侧的斜坡前进，不要走沟底，以便观察和处置情况。横向冲沟应快速通过，遇有断绝地应绕行，或与友邻协同搭人梯通过。遭敌火力封锁时应利用冲沟两侧的沟岔、弹坑等跃进通过；通过高地时应尽量利用高地两侧运动，不要从顶端通过。如必须通过顶端又无地物隐蔽时，动作力求迅速；通过街道时应沿街道两侧隐蔽地逐段前进，接近拐弯处前，应先察看对面街区，再迅速进到拐弯处，观察下一段的情况后继续前进。如需横穿街道时，应先观察左右和对面街区的情况，然后迅速通过。

6. 对各种情况的处置

遭敌机轰炸时，应快速前进或利用地形隐蔽，待炸弹爆炸后继续前进，也可利用敌机投弹间隙迅速前进。当敌攻击直升机发射火箭或扫射时，应立即利用地形隐蔽；当发现核爆炸闪光时，应迅速防护；当敌对我方施放生物战剂和气溶胶时，应戴防毒面具或戴简易防护口罩、自制防护眼镜、风镜等，做好对呼吸道、面部和眼睛的防护；如敌投掷带菌媒介物时，应戴手套、穿靴套、披上斗篷或穿上雨衣、扎紧袖口、领口、裤脚口，以防生物战剂和气溶胶污染或带菌昆虫叮咬皮肤；当通过敌炮火封锁区时，应察明敌炮火封锁的规律，利用敌射击间隙快跑通过，如封锁区不大，也可绕过；当遭敌步、机枪火力封锁时，应利用地形隐蔽，抓住敌火中断、减弱、转移等有利时机迅速前进，也可采取迷盲、欺骗和不规律的行为，转移敌视、射线，突然隐蔽地前进或以火力消灭敌人后迅速前进。

四、军事地形学知识

地形是地貌和地物的总称。不同地形对军队作战行动有着不同的影响。从军事需要出发，研究识别和利用地形的应用学科被称为军事地形学。它的主要任务是研究地形，揭示地形对作战行动的制约与影响规律，阐述地形分析的理论、方法和手段，为作战行动与实际地形的紧密结合提供依据。

(一) 地图的识别

1. 地图概述

地图，又叫地形图，是按照一定的数学法则，用规定的图式符号、颜色和文字标记，将地球表面的自然和社会要素，经过一定的制图原则，综合测绘到平面图纸上的图。

地图的种类很多，通常按其比例尺、内容、制图区域范围、用途和使用形式等划分。按其内容，地图可分为普通地图和专题地图。普通地图是综合反映表面自然和社会要素一般特征的地图。它以相对均衡的详细程度表示自然地理要素

（地貌、土质、水系、植被）和社会经济要素（居民地、道路网、行政区划分），广泛用于经济建设、国防建设、军队作战训练等方面。

专题地图，它是以普通地图为底图，着重表示某一专题内容的地图，如地貌图、交通图等。

2. 地图比例尺

地图是现地的缩影。缩小的比率就叫地图比例尺。具体定义为：图上某两点间长度与相应实地水平距离之比。一幅地图，当图幅面积一定时，比例尺越大，其图幅所包括的实地范围就越小，但图上显示的内容则越详细；比例尺越小，图幅所包括的实地范围就越大，但图上显示的内容则越简略。地图比例尺通常绘注在南图廓的下方，其表示形式有：①数字式。它是用比例尺或分数式表示的，如1：5万或1：50000。②文字式。它是用文字叙述的形式予以说明的。如："一百万分之一"、"二万五千分之一"或"图上一厘米相当于实地500米"等。③图解式。将图上与实地长的比例关系用线段、图形表示的，叫图解比例尺。地图上多采用直线比例尺。直线比例尺是用直线（单线或双线）表示的，如图为1：5万直线比例尺，从"0"向右为尺身，图上1厘米代表0.5千米；从"0"向左为尺头，图上1小格代表50米。

3. 地物符号

地物符号是图示规定的图形符号，与地貌符号并称为地图符号。地物符号大体分为以下四类：

（1）依比例尺符号（又叫轮廓符号）。实地面积较大的地物，如大居民地、森林、江河、湖泊等，其外部轮廓是按比例尺缩绘的，内部文字注记是按配置需要填绘的。在图上可了解其分布、形状和性质，量算出相应实地的长、宽和面积。

（2）半依比例尺符号（又叫线状符号）。实地的窄长线状地物，如道路、垣栅、土堤、通信线路等，其转折点、交叉点位置是按实地精确测定，其长度是按比例尺缩绘的，而宽度不按比例尺缩绘的。

（3）不依比例尺符号（又叫点状符号）。实地上一些对部队战斗行动有影响或有方位意义的地物，如突出树、亭、塔、油库等。因其实地面积较小，不能按照比例缩绘，只能用规定的符号表示。通过不依比例尺符号，可了解实地地物的性质和位置，但不能量取大小。

（4）符号的有关规定。

① 说明符号。用来说明地物某种情况的，如表示街区性质的晕线，表示江河流向的箭头等。

② 配置符号。用来表示某些地区的植被及土质分布特征的，如草地、果园、树林、路旁行树、石块地等。

③ 符号的颜色。为使地图内容层次分明，清晰易读，我国出版的地图中一般采用以下几种颜色表示地物的性质和种类：其中黑色表示人工地物和部分自然地物，如居民地、道路、独立石、溶洞；蓝色表示与水、冰雪有关的物体，如湖泊、水渠、冰川、雪山等；绿色表示与植被有关的物体；棕色表示地貌和土质，如等高线及其高程注记等。

4. 地貌判读

（1）等高线显示地貌。等高线是由地面上高程相等的各点连接而成的曲线。假想把一座山从底到顶按相等的高度，一层一层的水平切开，这样在山的表面就出现许多大小不同的截口线，再把这些截口线垂直投影到同一平面上，便形成一圈套一圈的曲线图形，因为同一条曲线上各点的高程都相等，所以叫等高线。地图就是根据这个原理来显示地貌的。

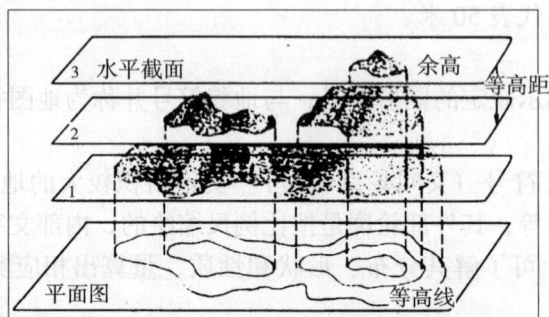

图附 8 等高线显示地貌的原理

利用等高线显示地貌具有以下特点：图上每一条等高线都表示实地的一定高度，在同一条等高线上各点的高程相等，每条等高线都是闭合曲线；在同一幅地图上，等高线多的山高，等高线少的山低；凹地则与此相反；在同一幅地图上，等高线间隔大的坡度缓，等高线间隔小的坡度陡；图上等高线的弯曲形状与相应实地地貌相似。

（2）等高距的规定。相邻两等高线各自所在水平截面间的垂直距离叫等高距，也指两相邻等高线间的高差。同一幅地图上，等高距越小，等高线越多、越密，图面越不清晰，但地貌显示越详细；等高距越大，等高线越少、越稀疏，图面越清晰，但地貌显示越简略。

等高线按其作用不同，分为四种：① 基本等高线（首曲线）：是按规定的等高距，由平均海平面起算而测绘的细实线，用以显示地貌的基本形态。② 加粗等高线（计曲线）：规定从高程起算面起，每隔四条首曲线（即五倍等高距的首曲线）加粗绘制的一条粗实线，用以数计图上等高线和判定高程。③ 半距等高线（间曲线）：是按 1/2 等高距描绘的细长虚线，用以显示首曲线不能显示的局部地貌，如小山顶、陡坡或鞍部等。④ 辅助等高线（助曲线）：是按 1/4 等高距描绘的细短虚线，用以显示间曲线不能显示的局部地貌。关于高程的起算和注记，我国 1985 年以前采用的是"1956 年黄海高程系"，1985 年以后改用"1985 国家高程基准"。以国家规定的高程基准面起算，高于高程基准面为正，低于该面为负（负值要加"−"号）。以该基准面起算的高程，叫真高，也叫海拔或绝对高程。以假定水平面起算的高程，叫假定高程或相对高程。地物、地貌由所在地面起算的高度，叫比高。起算面相同的两点间高程之差，叫高差。

（3）地貌识别。地貌虽然千姿百态，但它们都是由山顶、凹地、山背、山谷、鞍部、山脊和斜面等组成的。掌握了识别这些地貌元素的要领，即可识别各种地貌形态。

山顶，山的最高部位叫山顶。图上表示山顶的等高线呈小的闭合环圈。山顶依其形状可分为尖顶、圆顶和平顶等三种。

凹陷，经常无水的低地叫凹地。大面积的凹地称盆地。图上表示凹地的等高线是一个或数个小闭合环圈。为了区别凹地与山顶，表示凹地的环圈，都要加绘示坡线。

山背，是从山顶到山脚的凸起部分，很像动物的脊背。下雨时，雨水落在山背上向两边分流，所以最高凸起的棱线又叫分水线。图上表示山背地等高线以山顶为准，等高线向外凸出，各等高线凸出部分定点的连线，就是分水线。

山谷，是相邻山背、山脊之间的低凹部分。由于山谷是聚水的地方，所以最低凹部分的底线叫合水线。图上表示山谷的等高线与山背相反，以山顶或鞍部为准，等高线向里凹入（或向高处凸出），各等高线凹入部分顶点的连线，就是合水线。

鞍部，是相连两山顶间的凹下部分，其形状如马鞍状。图上是一对表示山谷的等高线和一对表示山背的等高线显示。表示两山背的一对等高线高程相等，表示两山谷的一对等高线高程相等。

山脊，是由数个山顶、山背、鞍部相连所形成的凸棱部分。山脊的最高棱线叫山脊线。

斜面，是指从山顶到山脚的倾斜部分，又叫斜坡或山坡。军事上以敌对双方占领区域为准，把朝向对方的斜面称为正斜面；背向对方的斜面称为反斜面。斜面按其起伏纵断面的形状分为等齐斜面、凸形斜面、凹形斜面和坡形斜面四种。

(4) 高程、起伏和坡度的判定

① 高程和高差的判定。首先了解本图等高距，在判定（目标）点附近找一等高线或点的高程注记；然后根据判断点与高程注记的关系位置，向上或向下数等高线，相应加减等高线，即可判定目标点的高程。两点的高程相减，即为两点的高差。

② 地面起伏的判定。判明行动地区和行进方向的起伏，可依等高线的疏密情况、高程注记、河流位置和流向，判定山脊、山坡、山谷的分布和地形，总的起伏状况。

③ 坡度的判定。判定地图上某段坡度时，用两脚规量取该段相邻两条或间隔相等的相邻 2~6 条等高线之间隔，然后保持张度不变，到坡度尺上相同的间隔上比量，读出下方相应的坡度。

5. 坐　标

确定平面上或空间中某点位置的有次序的一组数值，称为该点的坐标。地图上的坐标有：地理坐标和平面直角坐标。地理坐标，即确定地面某点位置的经、纬度数值。平面直角坐标，即确定平面上某点位置的长度值。这里只介绍地理坐标。地理坐标在地形图上构成坐标网，通常用度、分、秒表示，一般用来指示飞机、舰船位置等。地理坐标网由一组纬线和一组经线构成。地形图是按纬度和经度分幅的，南、北内图廓线是纬线；东、西内图廓线是经线。地图比例尺不同，表示地理坐标网的形式也有区别。

1:2.5 万、1:5 万、1:10 万的地形图，只绘平面直角坐标网，其四边图廓间绘有经、纬度分度带，分度带的每个分划表示 1 分，将它们对应的度、分连接起来，即构成地理坐标网。

1:25 万、1:50 万、1:100 万的地形图，只绘地理坐标网。横线是纬线，纵线是经线，经、纬度数值注记在内外图廓间，在四边内图廓线上还绘有表示分、秒的短线。

　　在大比例尺地形图上量度某点的地理坐标时，可通过该点分别向经、纬分度带作垂线，直线在分度带读取坐标，也可连接对应的分度带，即可绘成地理坐标网。量读地理坐标时，一般按先纬度后经度的顺序进行。

　　6. 方位角与偏角

　　(1) 方位角。从某点的指北方向线起，依顺时针方向到目标方向之间的水平夹角，叫该点至目标的方位角。根据现地用图的需要，在地图上定向，采用了真子午线、磁子午线和坐标纵线三种不同的起始方向线，因此，从某点到同一目标，就有三种不同意义的方位角。

　　(2) 偏角。由于真子午线、磁子午线、坐标纵线（简称三北方向线）三者方向不一致，所构成的水平夹角叫偏角或三北方向角。偏角共有磁偏角、磁坐偏角、坐标纵线偏角三种。

　　(3) 方位角量测与换算。用量角器量读坐标方位角。量读某点至目标点的坐标方位角时，先将两点连成直线，使其与坐标纵线相交；然后用量角器按方位角的定义量读。

　　当坐标方位角大于 30-00（180 度）时，应将量角器放在坐标纵线的左边，使零分划朝南，将量读出的密位数加上 30-00，即为所求坐标方位角。

　　磁方位角与坐标方位角的换算。

　　当坐标方位角已知时，求磁方位角的计算公式是：

　　磁方位角=坐标方位角-磁坐偏角

　　当磁方位角已知时，求坐标方位角的计算公式是：

　　坐标方位角=磁方位角+磁坐偏角

(二) 现地使用地图

　　现地使用地图，是在掌握了一定的地图基本知识的基础上，利用地图分析研究地形，熟悉和掌握地形情况，按照实际地形组织部队各种作战行动。

　　1. 现地判定方位

　　判定方位就是在现地辨明站立点的东、南、西、北方向，明确周围地形关系位置。判定方位的方法主要有：

　　(1) 利用指北针判定。平置指北针，待磁针静止后磁针北端所指的方向就是北方。常用的指北针为 62 式和 65 式。使用指北针前应检查磁针是否灵敏，使用时应避开高压线和钢铁物体。指北针在磁铁矿和磁力异常地区不能使用。

（2）利用北极星判定。北极星是正北天空一颗较亮的恒星，位于小熊星座的尾端，距北天极约1度，肉眼看来，北极星在正北方。夜间找到北极星，就找到了正北方向。寻找的方法是：利用与北极星有关联的大熊星座和仙后星座来寻找。大熊星座（北斗七星）和仙后星座位于北极星的两侧，遥遥相对。根据北斗七星或仙后星座就很容易找到北极星。大熊星座，主要亮星有7颗，像一把勺子，我国俗称北斗，是北半球夜间判定方位的主要依据。将勺端甲、乙两星的连线向勺子口方向延长，约在两星间隔的5倍处，有一颗比大熊星座略暗的星，就是北极星。

（3）利用太阳和时表判定。一般说来，在当地时间6时左右，太阳在东方，12时在正南方，18时左右在西方。根据这一规律，便可利用时表根据太阳概略判定方位。方法是将时表放平，以时针所指时数（每日24小时计时制）折半的位置对准太阳，"12"所指的方向就是北方。如在当地时间上午9时，应以折半的位置"4"与"5"之间对准太阳；下午2时（14时）40分，应以7时20分对准太阳。为便于判定，可在时数折半的位置垂直竖一细棍或细针，使其阴影通过表盘中心。判定时，应以当地时间为准。我国大部分地区使用北京时间，即东经120度经线时间。由于经度不同，在同一北京时间内，各地所见太阳的位置也不同，应适当增减。

（4）利用自然特征判定。有些地物由于受阳光、气候等自然条件的影响，形成了某种特征，可用来概略地判定方位。独立大树，通常南面的枝叶较茂密，树皮较光滑，北面的枝叶稀疏，树皮粗糙；独立树砍伐后，树桩上的年轮，通常北面间隔小，南面间隔大。突出地面的地物，如土堆、田埂、土堤和建筑物等，通常南面干燥，北面潮湿，易生青苔；南面积雪融化快，北面积雪融化慢。土坑、沟渠和林中空地则相反。北方平原地区较大庙宇、宝塔的正门和农村住房的门窗多数朝南开。

2. 现地对照地图与定位

现地对照地图，确定站立点、目标点在图上的位置，是现地用图的主要内容。

（1）标定地图方位。现地标定地图方位，就是使地图的上北、下南、左西、右东方位与现地方位一致，以便于现地使用地图。其主要方法有：用指北针标定，利用直长地物标定，利用明显地形点标定等。用指北针标定时，用指北针的准星朝向地图上方，直尺边切于地图磁子午线，然后转动地图使磁针北端指零，则地图方位即已标定。

（2）现地对照地形。现地对照地形，就是在现地把图上的地形符号与现地的地物、地貌——对应判别出来。同时要求把现地有而图上没有，或图上有而现地已不存在的各类地形元素在图上或现地的位置找到。它通常是在标定地图方位之后进行的，先通过观察实地地形概貌，判定出站立点的概略位置；再依次进行全面、详细的现地对照；然后准确判定站立点的图上位置。因此说，现地对照与判定站立点的图上位置是交替进行互相联系的一项工作。现地对照地形的一般顺序是：先现地后图上，再由图上到现地，反复进行。

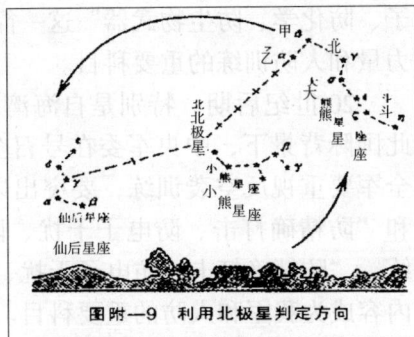

图附 9　利用北极星判定方向

（3）确定站立点在图上的位置。现地用图需随时确定站立点在图上的位置，以便利用地图了解周围地形和遂行作战任务。确定站立点的主要方法有：地形关系位置判定法、侧方交会法、后方交会法、磁方位角法等。这里主要介绍地形关系位置判定法。先标定地图方位，按照现地对照的方法步骤，逐一判定出站立点四周明显地形点在图上的位置；再依它们对于站立点的关系位置，在图上确定出站立点的位置。

（4）确定目标点在图上的位置。作战中常需将新增和新发现的地形目标与战术目标标绘在地图上，以便量取坐标、指示目标和确定射击诸元。确定目标点在图上的位置，是在确定站立点在图上位置之后进行的，主要方法有：地形关系位置判定法、前方交会法、截线法等。

五、综合训练

（一）"三防"训练

"三防"训练是我军在不同历史时期针对作战对象武器装备和作战手段的不同发展提出的具有我军特色的战场防护方法和军事训练内容。在不同历史时期，"三防"有着本质区别。

20世纪中期，针对美、苏等核大国的军事威胁和"核讹诈"，我军从"立足于早打、大打、打核战争"这一军事战略方针出发，提出了"打坦克、打飞机、打空降，防原子、防化学、防生物武器"的"三打三防"军事训练方针。"防原子、防化学、防生物武器”这一简称为“三防”的军事训练内容就成为我军武装力量和人防训练的重要科目。

20 世纪后期，特别是自海湾战争以来，战争形态初显信息化战争雏形。在此国际背景下，中央军委在号召全军开展科技练兵的同时，于 1999 年 5 月指示全军要重视反空袭训练，要突出以“打巡航导弹、打隐形飞机、打武装直升机”和“防精确打击、防电子干扰、防侦察监视”为主要内容的新“三打三防”训练。“防精确打击、防电子干扰、防侦察监视”这一简称为“三防”的军事训练内容成为我军和人防的重要科目。

新“三防”训练的主要方法：一是理论学习与教学，通过专家讲课和自学，从理论上了解基本原理和方法；二是观摩研讨，通过对部队新“三防”武器装备的观摩了解，研究探讨战术方法；三是模拟训练，运用现代模拟、电子计算机和网络技术，对战术战法进行模拟评估；四是实兵演习，通过红蓝对抗，在逼真的环境中掌握基本技能，提高防护水平。

（二）行　军

1. 行军的目的与要求

行军，是军队徒步或乘坐建制内和配属的车辆沿路线进行的有组织的移动。目的是为了争取主动，转移兵力，造成有利态势。

行军，有常行军和强行军。行军的速度，应根据任务、道路状况、天候季节而定。常行军，是按正常的日行程和时速实施的行军，通常徒步每小时 4~5 千米，每日行程 25~35 千米；强行军是加快行进速度和延长行进时间的行军，通常在奔袭、追击、迂回或摆脱敌人时采用。要求徒步日行程 50 千米以上，乘车日行程 300 千米以上。

2. 行军的组织准备

受领行军任务后，应当在规定时限内迅速做好行军准备，保证准时出发。组织与准备的主要内容包括：认真研究敌情、任务、地形、道路、天气、社情、疫情等情况，拟定行军方案、绘制行军路线要图、建立单位责任制、进行行军动员、下达行军命令、组织后勤保障和装备保障、妥善安置不能随队行动的人员。单位组织行军时，还应当组织道路侦察组（设营组）和收容组。

3. 行军的管理

行军时，通常按照先头分队、本队和收容分队的顺序进行编组。徒步行军时，成一路或数路沿道路右侧或两侧行进，两队之间距离约 100 米。行军途中应适时组织休息，通常每 1~2 小时休息一次，时间为 10~20 分钟。休息时人员及车辆应靠道路右边，保持原队形；在完成当日行程半数后进行大休息，时间约 1~2 小时。大休息时，应抓紧时间用餐，并派出警戒，防止丢失物品。夜间休息时，人员不准随意离队，装备物品随身携带，出发前清点人数，检查装备物品。通过山口、隘路、桥梁、渡口、岔路口、居民地或与友邻队伍相遇时，应按规定的顺序和交通调整哨的指挥迅速通过，不得争先拥挤。

4. 特殊条件下的行军

(1) 夜间行军。夜间行军，应当加强行军的侦察、警戒和通信联络；预先研究和熟记行军道路及两侧地形特征，行进间可适当缩小行军长径，注意掌握行进方向，随时判明所到位置。必要时，可请向导带路行进，严格控制灯火，保持肃静。夜间行军通常不进行大休息，可以适当增加小休息的次数。

(2) 山地行军。山地地形复杂，道路路面窄、坡陡且弯多，气象多变，常有低云浓雾，对行军的指挥、观察、通信联络均有一定的影响。在组织行军时，要注意加强侦察，遇有危险地段和大雾时，应放缓行军速度，派人引导前进。

(3) 严寒地区和高原地区行军。严寒和高原地区空气稀薄、气温低、风雪多、江河冻结、交通不便、物资缺乏。雪大时，道路不易辨认、易暴露；车辆不易发动、易打滑，行驶困难，影响行军速度，人员易被冻伤。行军前，要查明道路和积雪情况，组织好道路保障，采取防冻、防滑、防雪盲和保暖措施。

(4) 热带山岳丛林地行军。热带山岳丛林地山高坡陡，河 (溪) 多且水流急，应当加强道路的侦察。炎热潮湿，多雨多雾，昼夜温差大，毒虫多，瘟疫流行，暑季应采取防暑、防虫害和防疫措施，雨季还应当采取防洪、防滑、防塌方和防雷电措施，尽可能利用日出或日落凉爽时间行军。行军前，应当带足饮水和消毒防暑药品，并适当增加小休息的次数或者延长休息时间；休息位置应当尽量靠近水源。

(5) 水网稻田地行军。水网稻田地河流、沟渠纵横交错、稻田泥泞、道路少、路面窄，不便行驶。行军中，应当特别注意加强道路和渡河保障，做好连续克服河流、沟渠和泥泞地等障碍的准备工作。

(6) 荒漠、草原地行军。荒漠、草原地区地形开阔，明显标志的方位和物体少，易迷失方向，不易伪装，气候干燥，变化大，常有暴风沙，物资水源缺乏。行军前，应当做好在高温和无道路条件下行军的准备工作，增大给养和水的携带量，并规定用水标准。行军中，注意查看路线。休息时，应当尽量靠近水源并节约用水，避免在暑气停滞地段停留。

（三）宿营知识

宿营是离开营房或学校常驻宿舍后的临时住宿，目的是为了得到休息和整顿。通常可采取露营、舍宿或两者相结合的方法宿营。

1. 宿营地的选择

宿营地的选择，应根据敌情、地形、任务和行军编成而定。既要能保证分队安全休息，又要便于迅速投入战斗。平时组织野营训练应以能够达到训练目的为标准。通常应符合下列条件：① 避开大的集镇，交通枢纽等明显目标；② 避开疫区、传染病流行村落；③ 要方便生活，尽量靠近水源的地方；④ 有通畅的进出道路，便于疏散、隐蔽，便于机动和迅速投入战斗；⑤ 有适当的地幅。通常师、团、营的宿营面积分别为 600 平方千米、60 平方千米、6 平方千米；⑥ 适宜露营地域。

2. 宿营管理

露营时，通常以班、队为单位，选择和利用有利地形，疏散配置。人员可以利用就便器材或挖掩体宿营，也可以在车辆上露营；车辆应离开道路，停放在便于进出的地方；舍宿时，应尽量选择在居民地边缘的房舍内，并离开重要岔路口、桥梁和明显地物的街区。车辆停放在建筑物外便于启动的地方。

宿营前，应派出设营组。设营组通常由指定人员率各班、队代表组成，负责到现地去区分各班、队宿营位置，选择指挥部和停车场位置；调查当地社情、疫情、水源和水质等情况，分配水源，组织警戒，引导自己的班、队进入。队伍到达宿营地域时，应在设营人员引导下进入指定宿营位置，并根据上级领导的指示，派出警戒，指定值班员，明确集合场所，督促人员按时休息，并为次日继续行军做好准备；同时，还应向上级领导报告宿营情况。

离开宿营地域时，应清点人员、装备物品，打扫卫生，掩埋垃圾，并归还向群众借用的物品。

（四）野外生存知识

野外生存，即人在食宿无着的山野丛林中求生。在当代，无论是军人还是学生，在非作战的特殊情况下，如进行旅游、探险等活动时，有时也会迷途于荒岛、丛林、大漠，作为单个人陷入困境，野外生存知识掌握得越多，生存几率越大。因此，即使没有战争，掌握一些野外生存知识也是十分必要的。

野外生存主要有两种情况：一是预有准备，一般是为从事某项活动，提前数月或数天进行有目的的准备，然后有计划、有步骤地开展野外生存活动；二是毫无准备的、在意外情况下的野外生存活动。无计划、无准备的野外生存活动是对一个人意志和知识的考验。这里简单介绍后一种情况下的一些野外生存知识。

1. 复杂地形行进方法

在山地行进，为避免迷失方向，节省体力，提高行进速度，应力求有道路不穿林翻山，有大路不走小路。如果没有道路，可选择在纵向的山梁、山脊、山腰、河流、小溪边缘，以及树高林稀、空隙大、草丛低疏的地形上行进。要力求走梁不走沟，走纵不走横。

攀岩石时，应对岩石进行细致地观察，慎重地识别岩石的质量和风化程度，确定攀登的方向和路线。攀登岩石的基本方法是"三点固定"法，即两手一脚或两脚一手固定后，再移动剩余的一手或一脚，使身体重心上移。手脚要很好地配合，避免两点同时移动，一定要稳、轻、快。根据自己的情况选择最合适的距离和最稳固的支点，不要跨大步和抓、蹬过远的支点。

河流是山区和平原地区经常遇到的障碍，遇到河流不要草率入水，要仔细地观察之后再确定渡河的地点和方法。山区河流通常水流湍急，水温低，河床坎坷不平，涉渡时，为了保持身体平衡，应当用一根竿子支撑在水的上游方向，或者手执重达 15~20 千克的石头。集体涉渡时可 3~4 人一排，彼此环抱肩部，身体最强壮的位于上游方向。

2. 获取饮用水的方法

获取饮用水的途径通常有两条：一是从地表获取饮用水；二是净化地表水。

通常雨水可以直接饮用。下雨时，可用雨布，塑料布大量收集雨水，也可用空罐头盒、杯子、钢盔等容器收接雨水。冬季可以化冰、雪为水，沉淀后即可饮用。有些植物如椰子树、枫树、仙人掌等，在早晨时节可从这类富含水分的树上汲取汁液。竹子的竹节也经常储存有水，摇动它们就可听到有水的声音。

当没有可靠的饮用水又无检验设备时，可以根据水的色味、温度、水迹概略鉴别水质的好坏。纯净水在水层浅时，无色、透明，深时呈浅蓝色，可以用玻璃杯或白瓷碗来观察。通常水越清水质越好，水越浑说明杂质多。一般清洁的水是无味的，而被污染的水则时常带有异味。地面水的水温，因气温变化而变化，浅层地下水受气温的影响小，深层地下水水温低而恒定。如果取样的水不符合这些规律，则水质一般都有问题。此外还可用一张白纸，将水滴在上面晾干后观察水迹。清洁的水无斑迹，如有斑迹则说明水中有杂质，水质差。

在野外最好不要饮用从杂草中流出的水，而以从断崖或岩石中流出的清水为佳。饮用河流或湖泊中的水时，可在离水边1~2米的沙地上挖个小坑，坑里渗出的水较之直接从河湖中提取的水清洁。

在野外，可以用饮水清毒片、漂白精片以及明矾等药品净化水。在专家指导下，还可以用一些含有黏液质的野生植物净化水。切记：无论多么口渴都不要饮用不洁净的水。万不得已时，也要把水煮开再喝。

3. 野外常见伤病的防治

（1）毒蛇咬伤的防治。在山野丛林中活动时，一旦被毒蛇咬伤应立即采取紧急救护措施。首先，马上用布条或布绳等缚住伤口处靠近心脏一端，以减少毒血上流。随后，用刀子在毒蛇咬伤处划一个十字口，挤出毒液，也可用口吸出毒液（口内有溃疡、生疮、出血等不能用口吸，以免中毒），随吸随吐，有条件还可进行冲洗，然后尽快就医，不可延误。一般情况下，在毒蛇较多的地区活动时，应备有蛇药。

（2）昆虫叮咬的防治。在野外为了防止昆虫的叮咬，人员应着长袖衣和长裤，扎紧袖口、领口。皮肤暴露部位涂擦防蚊药。不要在潮湿的树阴和草地上坐卧。宿营时，燃点艾叶、香蒿、柏树叶、野菊花等驱赶昆虫。被昆虫叮咬后，可用氨水、肥皂水、盐水、小苏打水、氧化锌软膏涂抹患处止痒消毒。

蚂蟥是危害很大的虫类。遇到蚂蟥叮咬时，不要硬拔，可用手拍打，或用肥皂液、盐水、烟油、酒精滴在其前吸盘处，或用烧着的香烟烫，让其自行脱落，然后压迫伤口止血，并用碘酒洗涤伤口防止感染。部队行进中，应经常查看有无蚂蟥爬到脚上，在鞋面上涂些肥皂、防蚊油，可以防止蚂蟥上爬。涂一次的有效时间为4~8小时。此外，将大蒜汁涂抹于鞋袜和裤脚，也能起到驱避蚂蟥的作用。

（3）昏厥。野外昏厥多是由于摔伤、疲劳过度、饥饿过度等原因造成的。主要表现是脸色突然苍白，脉搏微弱而缓慢，失去知觉。遇到这种情况时，不必惊慌，一般过一会儿便会苏醒。醒来后，应喝些热水并注意休息。

（4）中毒。其症状是恶心、呕吐、腹泻、胃痛、心脏衰弱等。遇到这种情况时，首先要洗胃，快速喝大量的水。用手指触咽部引起呕吐，然后吃蓖麻油等泻药清肠，再吃活性炭等解毒药及其他镇静药，多喝水，以加速排泄。为保证心脏正常跳动，应喝些糖水、浓茶、暖暖脚，立即送医院救治。

（5）中暑。在炎热暑季，人体的体温调节和其他生理机能发生障碍或活动量过大，休息不足，水盐补充不及时，衣服不通气等都会引起中暑。其症状是突然头晕、恶心、昏迷，无汗或湿冷，瞳孔放大，发高烧。发病前，常感口渴头晕，浑身无力，眼前阵阵发黑，此时，应立即在阴凉通风处平躺，解开衣裤带，使全身放松，再服十滴水、仁丹等药。发烧时，可用凉水洗头，或冷敷散热，如昏迷不醒，可掐人中穴、合谷穴使其苏醒。

（6）冻伤。当气温在0摄氏度以下时，人长时间在户外活动，耳、鼻、手、脚、脸都容易冻伤，当发现皮肤有发红、发白、发凉、发硬等现象，应用手或干燥的棉布摩擦伤处，促进血液循环，减轻冻伤。轻度冻伤用辣椒泡酒，涂擦便可见效。如发生身体冻僵的情况，不要立即将伤者抬到温暖的室内，应先摩擦肢体，做人工呼吸，待伤者恢复知觉后，再到较温暖的地方抢救。也可将冻伤部位放在28℃左右的温水中缓缓解冻。

（7）蜇伤。被蝎子、蜈蚣、黄蜂等毒虫蜇伤后，伤口红肿、疼痒，并伴有恶心、呕吐、头晕等症状。要先挤出毒液，然后用肥皂水、氨水、烟油、醋等涂擦伤口，或用马齿苋捣碎，汁冲服，渣外敷，也可用蜗牛洗净后捣碎涂在伤口处。此外，蒜汁对蜈蚣咬伤也有疗效。

（8）出血。如发生出血，应立即采取果断措施进行止血。由于野外缺医少药，主要是利用指压止血法和包扎止血法进行止血。准确判断出血种类是进行有效止血的第一步。动脉出血颜色鲜红，呈喷射状，有搏动，出血速度快、量多。静脉出血颜色暗红，呈滴出状或徐徐外流，出血量也多，但速度不及动脉出血快。毛细血管出血颜色鲜红，从伤口向外渗出，出血点不易判明。利用指压止血法时应注意，较大的动脉出血，临时用手指或手掌压迫伤口近心端的动脉，将动脉压向深部的骨头上阻断血液的流通，可达到临时止血目的。

4. 取火的方法

火在野外生存中具有重要的作用，它可以用来热熟食物、烧水、烘烤衣物、取暖御寒、驱除猛兽和有害昆虫，必要时还可以作为信号使用。在没有火柴或打火机的情况下，可采取以下几种方法取火：

（1）摩擦起火。这种原始取火方法，在野战求生条件下仍然适用。但在取火前要准备好引火媒，引火媒可选用干燥的棉絮、纱线、草屑，或撕成薄片的干树皮、干木屑等。用强韧的树枝或竹片绑上绳子或鞋带做成一个弓，将弓弦放在一根 20 厘米长的干燥木棍上缠绕 2 圈，将木棍抵在一小块硬木上，来回拉动弓使木棍迅速转动。这样会钻出一些黑粉末，继续拉弓钻木，最后这些黑粉末会冒烟而生出火花，点燃引火媒。

（2）击石取火。找两块质地坚硬的石头，互相击打将其迸发出的火花落到引火媒上，当引火媒开始冒烟时，缓缓地吹或扇，使其燃起明火。如果两块石头击不出火，可以另找两块石头再试。用小刀的背或小片钢铁，在石头上敲打，也能很容易地产生火花，引燃引火媒。

（3）利用凸透镜取火。用凸透镜将太阳光聚焦成一点，光点上的温度可以将棉絮、纸张、树叶、受潮的火柴等物引燃，夏季雾气较大或者冬季阳光较弱时，可以等到正午阳光强烈时取火，然后保存火种以备使用。

5. 求救的方法

（1）利用声音求救。有时陷入低洼的地方、密林中、塌陷物内，或遇大雾、暗夜等情况时，间断性地呼救是十分必要的。不少类似遇险者，意志坚强，不断地呼救，最后终于获救。也可就地取材，利用哨声，击打声呼救。

（2）利用烟火、光源求救。在大漠、荒岛、丛林等处遇险时，可点燃树枝、树皮、树叶、干草等，白天加湿，用烟作为求救信号；夜间用火，向可能获救的方向点三堆火，用火光传送求救信号；白天还可用镜子、眼镜、玻璃片等借阳光反射，向空中救援飞机发出求救信号，通常光信号可达 20 多千米的距离。

（3）利用求救信号求救。利用求救信号求救，就是利用当今高科技的一些产品发出求救信号。现代科学的发展，各种现代化的工具如手机、电脑、卫星电话等都可以十分方便快捷地发出求救信号。最广为人知的是"SOS"国际通用的求救信号。"SOS"是"Save Our Soul"（救救我们）的缩写，在荒原、草地、丛林的空地上都可以各种形式写上"SOS"大字求救，往往能够取得良好的效果。